CB000780

Périplo

MIGUEL PORTAS
CAMILO AZEVEDO

Périplo

ALMEDINA

Biblioteca Nacional de Portugal – Catalogação na Publicação

PORTAS, Miguel, 1958-
Périplo
ISBN 978-972-40-3879-7

CDU 910
    821.134.3-992
    77.04

I – AZEVEDO, Camilo

a Cláudio Torres,
e ao seu modo encantado
de olhar para a vida
em comunidade

Périplo

TEXTO
Miguel Portas
FOTOGRAFIA
Camilo Azevedo

DESIGN GRÁFICO
FBA.

IMPRESSÃO E ACABAMENTO
Tipografia Peres

EDIÇÃO
Edições Almedina, SA.
Av. Fernão de Magalhães, nº 584, 5º
3000-174 Coimbra
www.almedina.net

Este livro inclui dois DVD's com
todos os episódios da série "Périplo"

EDIÇÃO DA SÉRIE
RTP – Rádio e Televisão de Portugal

Maio 2009
Depósito Legal 294258/09
ISBN 978-972-40-3879-7

Nesta página: souk de Tripoli, Líbia. Ao lado: Egipto, Cairo. Página ao lado: traseiras de Amã, Jordânia.
Nas páginas ar teriores: pormenor da locomotiva a vapor do comboio que liga Damasco a Amã, imagem de Istambul coberta de neve; homens passeando em Apameia, Síria; Café em Fustat, Cairo; souk de Alepo, Síria

PREFÁCIO
DO QUE TRATA E DO QUE NÃO TRATA ESTE LIVRO

Este é um livro em três andamentos.

Comecemos pelo fim: *Périplo* inclui a série documental para televisão que lhe está na origem, realizada por Camilo Azevedo, e que a RTP emitiu em 2005. Foram as filmagens que então fizemos e o trabalho de preparação documental que exigiram, que se encontram na base deste livro.

Périplo é, em segundo lugar, um livro com fotografias embora não seja um livro de fotografias. Por vezes, elas pontuam passagens da escrita; outras, voam sobre esta. São apontamentos de viagem sem encenação. Muitas foram tiradas durante as visitas de preparação para o documentário, como material de trabalho, ou seja, como lembretes de memória visual para as filmagens que se seguiriam; outras revelam o modo como o Camilo foi captando os quotidianos dos lugares por que passava. São fotografias de viagem num livro de viagens. Este "texto" de instantâneos não se obriga às leis da concordância com a narrativa, antes a complementa. Faz-se de paisagens com e sem rostos, de ofícios e objectos, de cafés, montras e pormenores.

Finalmente, algumas observações sobre o livro escrito. *Périplo* conta histórias, mas não é um livro de história; detém-se em paisagens, gentes e sonhos deste tempo, mas não é uma reportagem; visita ruínas e obras de arte, mas distancia-se do registo ensaístico. Na verdade, mistura estas distintas linguagens. Talvez se deva colocar na prateleira dos livros de viagens, talvez. Mas nem é um guia turístico, nem a escrita é a da introspecção do narrador em face das grandezas e misérias deste mundo. *Périplo* é um livro de viagens porque viaja. Por vezes, começa onde o documentário termina; noutros casos, conclui-se onde as imagens se iniciam. Pode ser lido do principio para o fim, mas o leitor pode escolher o seu próprio itinerário. Não se perderá se o fizer do meio para cada um dos lados ou às "arrecuas", do fim para o princípio. No fundo, *Périplo* é um livro em forma de mosaico porque o próprio Mediterrâneo é um mosaico.

Se este é um livro de viagens no Mediterrâneo, ele não visita todo o Mediterrâneo. *Périplo* segue as rotas de Oriente para Ocidente e de Sul para Norte mais do que o inverso. Foi uma opção ditada pelas circunstâncias. Quando partimos para a série documental deparámo-nos com uma dificuldade: como surpreender, se o Mediterrâneo fora mil vezes filmado e historiado? Este problema não se colocara na anterior série que tínhamos feito para a RTP, o *Mar das Índias*. Os lugares que então visitámos não eram conhecidos da grande maioria dos telespectadores. Com o grande lago interior dos romanos, pelo contrário, o risco era o da saturação das imagens. Instintivamente, a nossa pesquisa dirigiu-se para lugares e monumentalidades menos divulgadas. Os produtores da série gostaram da ideia. Saía mais barato filmar ruínas gregas e romanas na Líbia do que em Atenas ou Roma. Gostaríamos de nos ter perdido pelos canais de Veneza, claro, mas em seguida faltariam os recursos para as areias. Por isto e por aquilo, a opção pelo Sul acabou por se projectar no próprio livro.

Périplo podia, por exemplo, ter começado por um fragmento das minhas notas de viagem:

> "*Revejo as fotografias do Camilo Azevedo e selecciono as de igrejas e mesquitas erguidas sobre antigos templos pagãos. Nota: os lugares sagrados são eternos. Mas nem sempre o novo se ergue sobre os despojos do velho. Por vezes, enxerta-se nele. Foi o que sucedeu, por exemplo, na basílica de Santa Sofia em Istambul ou na mesquita de Córdoba*." [1]

Se tivesse incluído o Norte do Mediterrâneo no *Périplo* escrito, seguramente teria divagado sobre os motivos que me levam a considerar mais delicada a intromissão islâmica na basílica bizantina do que o implante cristão na grande casa dos arcos. A minha hipótese especularia sobre a cultura dos conquistadores de um e de outro lado. O otomano, Methmet II, preferiu erguer ao lado de Santa Sofia uma rival que a suplantasse. A mesquita azul é belíssima por dentro, mas o resultado fintou a intenção. Esta construção valoriza, acima de tudo, o milagre que os "rumis", quase mil anos antes, tinham oferecido ao seu Deus. Se o paraíso existe, acrescentaria, é em Santa Sofia que tem a sua sala de espera.

O passo seguinte do meu argumento iria direitinho para Córdoba. Se em Santa Sofia o visitante ainda hoje se sente um grão de areia na casa do Senhor, na mesquita andaluz, pelo contrário, devia perder-se. Claro que o incomoda a enxertia da catedral católica no seu interior. O incruste é como uma cruz cravada em terra de infiéis. No entanto, é esta estranheza arrogante que acaba por revelar a altura da construção islâmica, até aí oculta na harmoniosa monotonia da floresta de arcos em que assenta. O mesmo Deus era, portanto, diferente, consoante se adorava em Istambul ou em Córdoba. Para os rumis era grande, inacessível e omnipotente; já para os muçulmanos andaluzes o seu aspecto era o de uma luz no interior da floresta de calcário.

Não precisavam os de Córdoba de uma antecâmara do paraíso na sua casa de oração? Talvez não, porque a tinham ali perto, quase ao alcance da mão, na Alhambra dos nazarís de Granada. Esta cidadela inacabada é um pecado. Tem o arrojo da torre de Babel e a delicadeza dos contos de fadas. No mundo dos meus sonhos ela ocupa o topo da montanha mais alta. Mas deixemos as divagações e regressemos ao que importa: aqui e ali, *Périplo* viaja para Norte sem nele se deter mais do que o estritamente necessário. Porque um dia destes, outro livro completará este.

Passemos das obras encantadas pelo Mediterrâneo às páginas que o encantam, que a algumas delas também este livro se dedica. O olhar do viajante raramente é virgem e muito menos é neutro. Marca-o a intencionalidade da própria viagem, os sentidos e as experiências porque passou antes, bem como os olhares de terceiros, os que se descobrem nas leituras que se fazem. Estas, por sua vez, são influenciadas pelos lugares onde decorrem. A *Odisseia* não é a mesma, deleitada num sofá, ou lida junto a um pilar grego em Cirene, com o Mediterrâneo no horizonte. Ler em viagem sobre os lugares da própria viagem é uma experiência que recomendo vivamente. Os bons livros no sítio certo, adquirem as cores, os cheiros e os encantos desses lugares. Não estranhe, por isso, que, de quando em quando, a viagem desta narrativa seja a da própria leitura e que a escrita vista a pele e o olhar do outro.

Ao longo do livro, o leitor encontrará as referências bibliográficas que usei. Não as reúno no fim, porque este livro não é, de facto, um ensaio e muito menos aspira à mundividência. Ele foi escrito retirando tempo às férias e aos fins de semana dos últimos dois anos. Por exemplo, não inclui qualquer referência a um dos livros que que, seguramente, maior prazer me deu: o *Breviário Mediterrânico*,[2] de Predrag Matvejevitch. O dom deste jugoslavo, dissidente no tempo das dissidências e dissidente na era do pensamento que se julgou definitivo, é o do pormenor. O seu *Breviário* é como uma gravura de Piranesi ou como uma carta geográfica antiga, de imaginativa precisão. Abusando de uma imagem usada por Ohran Pamuk, diria que a escrita de Matvejevitch exige a atenção de uma lupa. Abro o *Breviário* numa página à sorte e leio:

> *"Os mediterrânicos não têm todos o mesmo gosto pela natação. Aos antigos repugnava molharem-se no mar, e sobretudo proibiam-no às mulheres: no Mediterrâneo isto passava por um sinal de amor."* [3]

Apesar de vacinado contra as ideias apressadas, sempre associara a escassez de homens e mulheres nas praias do sul do Mediterrâneo a um qualquer interdito religioso. Se ele existe, sei-o agora, é-o em consequência e não por causa. Iluminado, puxo pela memória e lembro-me de como eram frequentadas as praias do Alentejo e do Norte de Portugal na minha infância. Também por cá as mulheres iam a banhos de negro e só molhavam os pés. *Périplo* perde-se em pequenas histórias e apontamentos deste tipo, que desfazem ideias feitas e nos ajudam a descodificar a vida dos outros, olhando para nós próprios. Afinal, os portugueses são herdeiros das histórias cruzadas deste mar, apesar de nele pouco terem navegado. Predrag Matvejevitch, listando equívocos e prevenções, ajuda a compreender porquê:

> *"O Mediterrâneo não tolera medidas excessivamente acanhadas. Seria traí-lo encará-lo sob o aspecto do eurocentrismo, como um produto puramente latino, romano ou românico, observá-lo do ponto de vista do pan-helenismo, do pan-arabismo ou do sionismo, julgá-lo de acordo com este ou aquele*

[2] Esgotado, o Breviário foi recentemente reeditado pela Quetzal.

[3] Predrag Matvejevitch, in *Breviário Mediterrânico*, pág. 82; Quetzal; 1994.

particularismo étnico, religioso ou político. A sua imagem foi muitas vezes deformada por tribunos fanáticos e por exegetas parciais, por sábios sem convicção e por pregadores sem fé, por cronistas oficiais e por poetas de circunstância. Estados e Igrejas, monarcas e prelados, legisladores laicos e religiosos esforçaram-se por dividir o espaço e os homens. Mas os laços interiores resistiram às partilhas. O Mediterrâneo é mais do que uma simples pertença." [4]

Quem deseje compreender este mundo deve saber que não foram apenas os deuses que se lançaram ao mar e que a mesma ideia ocorreu às suas criaturas. Sem se fazerem rogadas, fizeram meninos e meninas em portos e enseadas e viajaram sempre para longe, cada vez para mais longe, por terra e por mar. Os povos do grande lago são mestiços sem excepção. Não acreditem quando vos disserem que houve quem preservasse o sangue e apurasse a raça. Com nenhum povo foi assim porque o Mediterrâneo é o lugar onde a vida se fez Tempo e este livro é sobre esse casamento feito de festas e amores, zangas e equívocos.

Talvez *Périplo* seja, acima de tudo, um livro de viagens no Tempo. Claro que a actualidade morde, amiúde, a escrita. Estas páginas têm política e economia, lutas de classes, desavenças tribais e ingerências, exércitos e petróleo. Contudo, este livro não é um ensaio sobre política. Quando muito, o leitor ficará a conhecer o universo de interrogações e referências que acompanham o meu exercício de responsabilidades enquanto eurodeputado. Propositadamente, deixei para o fim uma pergunta para a qual não tenho resposta definitiva: porque se esvaziam, a Norte, as igrejas e as vocações e se enchem, a Sul e a Oriente, as mesquitas? Apenas intuo que ela se encontra algures no modo como as diferentes sociedades reagem à compressão de todos os tempos do Tempo no tempo presente.

Nas cidades deste livro, os últimos modelos das marcas de automóveis rivalizam com o camelo e o burro e o magnífico apelo do *muezzlin* disputa as ondas hertzianas aos vídeos da Madona e da Shakira. Não se fica por aqui a concorrência desleal entre os sinais do futuro e a perenidade dos passados. Antinomias deste tipo multiplicam-se à exaustão porque este mundo entrou em curto-circuito temporal. O véu, por exemplo, regressou em força; mas as mulheres subverteram a circunstância e rapidamente o transformaram

4 Idem, pág. 20.

numa moda. Mais ainda, muitas passaram a sair à rua, a trabalhar e a conquistar as universidades sem acusação ou suspeita. O Mediterrâneo é assim: dribla os seus guardiões.

Gosto particularmente do modo como uma socióloga marroquina, Fátima Mernissi, olha para as diferenças entre o Norte e o Sul do Mediterrâneo:

"A diferença entre nós e o ocidente reside no modo como consumimos a morte, o passado. Os ocidentais fazem dele uma sobremesa, nós um prato de resistência. Os ocidentais consomem o passado como um entretém e um passatempo, para repousarem do stress do presente. Nós fazemos dele uma profissão, uma vocação e um horizonte." [5]

Esta diferença de olhar, aliada a um sentimento de superioridade, cega a perspectiva. A velha Europa dispôs de dois séculos para concretizar a sua transição para a Modernidade. Esta revolução não foi propriamente um passeio. Esquecemo-nos facilmente das duas guerras mundiais que atravessaram o continente. Contudo, os mais idosos ainda se lembram. Recordam-se dos que ficaram pelo caminho e têm dificuldade em acompanhar o mundo, tal como ele hoje se apresenta. Se é assim como os nossos avós, imaginem como está a ser no Sul do Mediterrâneo, obrigado a percorrer em cinquenta anos a estrada que fizemos em duzentos. Esta marcha forçada não perdoa.

Regresso às fotografias do Camilo Azevedo. Selecciono agora as que mostram lojas nos souks e nos bazares. São quadros de orgulho e aprumo. É quase um pecado retirar o que quer que seja do seu lugar. Os homens deste mar tratam as suas lojas com o desvelo que as mulheres põem no asseio das casas. Rico ou pobre, essa é a regra.

[5] Fátima Mernissi, in *Le Harém Politique*, pág. 29; Editions Complexe; 1992.

Um fio invisível liga os exercícios de precisão. A minúcia do comerciante é a mesma do antigo calceteiro de mosaicos em Eféso ou em Cartago, do carpinteiro dos tectos de madeira da capela palatina de Palermo, do estucador da Alhambra ou do pintor da mesquita Azul. Este desvelo apaixonado é ainda o do ourives, o do relojoeiro ou o das mulheres dos altos planaltos da Anatólia, que juntam a inspiração dos seus kilins ao rigor dos tapetes. Rico ou pobre, masculino ou feminino, este mundo tem queda para a filigrana.

Fixo-me agora noutras fotografias. São o exacto oposto das anteriores. Registam o lastimável estado em que se encontra o espaço público. A rua e a praça, conquistadas pelo plástico, são o reino do desleixo. Em Amã, no Cairo ou em Palermo, o lixo ao abandono só varia no grau de intensidade. As cidades deste mundo têm montra e traseiras. Porque será? Que mundo é este que abandona o que é de todos e se esmera no que a cada um pertence? Arrisco: só pode ser um mundo surpreendido pela vertigem do futuro. Este livro também é sobre perguntas – com resposta e sem resposta.

O Mediterrâneo é como os seus mosaicos, espesso e denso. As fotografias do Camilo Azevedo registam um mundo prisioneiro de sucessivas camadas de história justapostas. Mas há um outro lado, o das antecipações futuristas que, em regra, lhe chegam de fora e que modelam os sonhos. A fotografia que fecha este livro, tirada junto ao bazar de Istambul, diz mais sobre estes do que mil palavras.

Submetido a uma pressão excessiva, o mosaico quebra-se e dispara fragmentos de histórias inacabadas em todas as direcções. Comunidades com séculos de delicada edificação estão a ser expropriadas do mais precioso dos seus bens, o Tempo. É por isso que os passados se projectam como lugar de refúgio e reinventam como arma letal. Este mundo, garanto-vos, tem tudo a seu favor. Mas terá tempo para de novo, poder?

MESOPOTÂMICOS
O TEMPO DOS PRINCÍPIOS

A 20 de Fevereiro de 2003 estávamos em Damasco, a capital da Síria. Nesse dia, em centenas de cidades do planeta, milhões de pessoas saíram à rua num derradeiro esforço para evitar uma guerra anunciada – a que se iniciaria um mês mais tarde nas areias do país vizinho. Tínhamos a intenção de filmar no Iraque. Aí repousam os restos da mítica Ur, do colosso de Ninive ou o que resta das muralhas da outrora orgulhosa Babilónia. Sucede que quando chegámos a Mári, antiga cidade mesopotâmica junto à fronteira entre os dois países, a guerra já estava por dias e só o material de filmagem tinha licença para entrar.

São as circunstâncias que fazem as viagens. Na ausência de imagens dessas ruínas, o Camilo Azevedo decidiu abrir o primeiro episódio do nosso *Périplo* em Berlim, no Museu do Próximo Oriente, também chamado de Pérgamo.[6] Aí se encontra uma portentosa reconstituição da Porta de Ishtar, uma das sete da antiga Babilónia, e ainda os mosaicos da alameda da procissão em honra da deusa. O nome desta grande via é singular – Ai Ibur Sabu, literalmente, "*que não floresça o orgulho*". Maltratados pelo Antigo Testamento, os babilónios eram, aparentemente, reservados em matéria de grandiloquência.

O Museu de Pérgamo abriu as suas portas em 1930. Não ganha em tesouros ao Louvre nem ao Museu Britânico. Mas oferece as reconstituições de época mais espectaculares porque a sua especialidade é a arquitectura. Impressiona a escala. Após um breve e estreito corredor, o visitante entra directamente

6 Em regra, adaptamos para português os nomes de lugares e objectos, salvo quando tal opção prejudica a inteligibilidade. Por exemplo, Pergamon pode escrever-se em português como Pérgamo ou como Bérgamo. Optámos pela primeira variante. Quando o leitor tiver dúvidas sobre um lugar ou um protagonista, é provável que encontre referências complementares no glossário que se encontra no fim do livro.

para a sala onde se reconstituíram as escadarias frontais de um dos templos da cidade helénica que deu o seu nome ao museu. O efeito de um templo, à escala de um por um, no interior de quatro paredes é esmagador. Quase se fica sem ar.

Mais adiante, nova surpresa espera o visitante: a Porta de Ishtar. O azul vivo dos ladrilhos esmaltados, os escritos cuneiformes na fachada e a louca inventividade dos animais que guardam os muros, arrebatam. A sequência de leões que marginam, de um e de outro lado, a alameda ainda se pode considerar dentro dos parâmetros do realismo. Mas o mesmo não se pode dizer das criaturas que guardam a Porta. Em particular aquele ser, o Mushussu, a representação do deus Marduk, o protector da cidade, com cabeça de víbora, corpo escamado de réptil, patas dianteiras de leão e traseiras de águia. Definitivamente, aquela gente era "especial". Eles davam nomes modestos às suas alamedas, mas gostavam de impressionar. Porquê? A explicação mais conhecida é a que se sugere no episódio da Torre de Babel: eles tinham a arrogância da imitação do Criador. A tese dos próprios, menos conhecida, era bem diversa: porque a cidade é a residência dos deuses, há que fazer, por eles, o melhor. A nossa, de cépticos encantados, navega entre as duas: porque os deuses eram a melhor projecção da Humanidade, a arrogância tem desculpa e merece elogio.

BAGDADE CAFÉ

No documentário, as imagens voam dos pequenos cones que decoram as paredes mesopotâmicas do museu alemão para os muros de terracota do palácio real da cidade de Mári. Milagres da montagem. Na realidade, a carripana em que viajámos, desde Damasco, percorreu 700 quilómetros para chegar a essas ruínas, bem perto do lugar onde o Eufrates se encontra com a fronteira sírio-iraquiana.

Entre partida e chegada, mandam as areias. Primeiro, o deserto surpreende; depois cansa e adormece. Era nesse estado de letargia que nos encontrávamos quando, no meio de nenhures, surgiu o café Bagdade. Miragem? Não, simplesmente um café. Uma cabana, para sermos precisos. Lá dentro, o proprietário tinha exposta uma pele de ovelha onde alguém desenhara o mapa de uma terra que, não há muito, ainda desconhecia as fronteiras que britânicos e franceses lhe traçaram, sob os escombros do último dos grandes impérios do Mediterrâneo – o dos otomanos.

As fronteiras têm a virtude e o defeito das coisas simples. Distinguem "o que está para cá" do que "fica para lá", talvez porque os homens precisem de suplementos de conforto e segurança. Esta é a interpretação benigna das nações, instituto que as pessoas julgam muito antigo, mas que, na realidade, é historicamente recente. Karl W. Deutsch sugere uma outra leitura, bem menos benevolente e seguramente mais cínica, para este conceito:

Síria, estrada de Damasco para Palmira. Atrás, na entrada do capítulo: Síria, Tell Mardikh © SL

"Uma nação (…) é um grupo de pessoas unidas por um erro comum sobre os seus antepassados e por uma aversão comum face aos seus vizinhos". [7]

Seja como for, por causa das fronteiras se têm soltado ao longo da História as mais desvairadas ambições. A Síria e o Iraque, que conquistaram as suas independências em meados nos anos 40 do século passado, queriam-se regiões de uma só nação, a dos árabes. Na verdade, as respectivas lideranças cedo rivalizaram e nesse estado se encontravam em 2003. Apesar da animosidade que os de cima sempre projectam nos de baixo, algures entre Damasco e Palmira um árabe sírio tinha dado ao seu café o nome da capital do país vizinho. Esta foi a primeira miragem de uma longa viagem.

A AURORA DA HUMANIDADE

Por que é que a Humanidade, que não conhecia fronteiras, as inventou? Desde muito novo convivo com esta interrogação e ainda hoje não sei se gosto das respostas que encontro. A primeira é a mais terrível: os animais, que não primam pela inteligência, também demarcam territórios. Os lobos, por exemplo, urinam em redor.

Imagino que a primeira fronteira possa ter sido o resultado de uma disputa idiota no bando primacial. E também a segunda e a terceira e por aí adiante.

[7] Le Nationalisme et ses Alternatives, 1969, citado por Slomo Sand em *Comment le peuple juif fut inventé*, pág. 9; Fayard, 2008.

Terá sido esse o pecado original? Deve ser mais fácil descobrir a origem do Universo, simulando-a no grande acelerador de partículas europeu, do que encontrar o motivo da primeira disputa. Tanto quanto sabemos, a vida humana terá começado na África profunda há cerca de sete milhões de anos. Quem diz sete, pode escrever seis ou oito. Foi há tanto tempo que o melhor é acelerar. Foram precisos três novos milhões de anos para que os nossos primeiros antepassados se aguentassem sobre duas patas. E mais outro milhão e meio de anos para adquirirem o distinto estatuto de "erectus". Mas, com franqueza, eles estavam tão longe do que somos hoje, que podemos voltar a acelerar na máquina do tempo. Passamos por cima do "homo sapiens", que deve o seu título académico à capacidade de manipular o fogo. Ter ou não ter fogo deve ter dado azedas disputas e aqui podemos situar a primeira lição da vida:

"As chamadas bênçãos da civilização são mistas." [8]

Aterremos agora, algures entre a Europa e a Ásia ocidental, há 130 mil anos. Este território era então habitado por neardentais, uma variante bípede atarracada que já enterrava os seus mortos e possuía cérebros maiores do que os nossos. Tal atributo não lhes serviu de muito, porque acabariam por se extinguir há cerca de 30 mil anos. O mesmo não sucedeu com uma outra linhagem, a dos homens Cro-Magnon, que pela mesma época já se tinha espalhado pela África oriental, pelo Próximo Oriente e pelo Sul da Europa. Foram eles que liquidaram a concorrência sem remorsos, antes de partirem à conquista do planeta? Durante algum tempo, os arqueólogos admitiram esta hipótese. Evitariam, contudo, a palavra remorsos. Ela faz pouco ou nenhum sentido quando nos reportamos aos primórdios. Outra nos serve melhor – superioridade. O Cro-Magnon era mais alto, usava utensílios de pedra e osso, caçava com armas que permitiam projectar sólidos à distância e, principalmente, dominava uma subtil e decisiva tecnologia, a linguagem. O esqueleto deste predador já era muito parecido com o nosso e a sua vontade de conquista também. Dito isto, nada prova que tenha sido o responsável pela extinção dos neardentais. Uns e outros eram poucos para tanta terra e só ocasionalmente se terão encontrado. Um arqueólogo português, João Zilhão, admite mesmo que se possam ter miscigenado, ou seja, que nem sempre se tenham travado de razões.[9] Verdade ou mentira, quando o Cro-Magnon chegou, há 12 mil anos, ao Alasca já levava muito treino de vida na bagagem. Tinha aprendido a vestir-se e a coser as peles dos animais antes de se aventurar pela Sibéria. De onde terá partido este explorador? Muito provavelmente da cadeia de montanhas e altos planaltos que se inicia no Mediterrâneo e se dirige para Oriente, atravessando o actual Sul da Turquia e o Norte da Síria até ao Iraque e aos montes Zargo, na extremidade Noroeste do Irão. Nesta imensa faixa de "terras altas", a que chamamos Crescente Fértil,

[8] Jared Diamond, in *Armas, Germes e Aço*, pág. 17; Relógio d'água, 2002.

[9] O número da National Geographic Magazine de Novembro de 2008, edição portuguesa, inclui um dossier sobre *"O Último Neardental"* onde se procede a um ponto de situação sobre esta discussão.

Líbia, ksar de Nalut

se anunciou, há 10 ou 11 mil anos, "*a aurora da Humanidade*", para usarmos uma expressão feliz de Fernand Braudel. Foi nesses planaltos húmidos, entre os 600 e os 900 metros de altura, bons para pastagens e gramíneas selvagens, que emergiu a produção alimentar. Ela define um antes e um depois. À luz desta revolução, os milhões de anos que ficaram para trás foram um longo aperitivo. É no Crescente Fértil que a História encontra o seu primeiro prato de resistência.

NÓMADAS E SEDENTÁRIOS

Durante muito tempo pensou-se que a aventura humana tinha sido, primeiro, caçadora e recolectora, depois agrícola e finalmente urbana. Esta visão por etapas simplifica em demasia. Vários investigadores admitem, por exemplo, que a "cidade" possa ter precedido a agricultura, ou seja, que foi o assentamento do bando que impôs o cultivo das zonas envolventes. Esta hipótese é interessante, mas o mais provável é que não tenha existido um modelo único de passagem do nomadismo à sedentarização. Esta é a opinião de Jared Diamond, autor, entre outros, de um fabuloso livro – *Armas, Germes e Aço* – que se encontra editado em português. Este biogeógrafo está convencido de que existiram grupos de caçadores-recolectores que se fixaram, sem por isso se terem transformado em agricultores, assim como sustenta que houve outros que, mantendo-se nómadas, tratassem da terra

Líbia, Nalut

de modo a que esta pudesse continuar a produzir em estado selvagem. Este autor sustenta igualmente que os produtores de alimentos não eram apenas agricultores e que recorriam, amiúde, à caça. No dia-a-dia, insiste Diamond, as opções deviam ser prosaicas, do género *"hoje cavo a horta, apanho marisco ou caço veados?"*. Descontemos o marisco e retenha-se a ideia: a agricultura não se inventou, foi-se inventando. É o resultado de uma lenta, muito lenta acumulação de práticas e conhecimentos ditados pela experiência. "Lenta"? O Cro-Magnon aprendeu mais e muito mais depressa do que os que o tinham precedido. Só pelos nossos padrões, ele foi desesperante. Ao longo deste livro, o leitor deve precaver-se. O nosso tempo é apenas o nosso tempo. Não o projectemos como arma de arremesso contra os que até aqui nos trouxeram.

A segunda razão para nos afastarmos de modelos rígidos é de natureza geográfica: o Crescente Fértil cobre realidades ambientais e humanas muito diferentes. Nos primórdios da produção alimentar não existiam curdos, xiitas ou sunitas. Existiam os humanos das terras altas e os da planície, sendo estes de dois grupos com origens aparentemente distintas: a norte, os acádios, e mais a sul, os sumérios. A mudança nos padrões de vida não teve forçosamente as mesmas motivações nuns lugares e noutros.

Diamond coloca, em certo momento, uma pergunta curiosa: porque é que a "aurora da Humanidade" ocorreu há 10 mil ou 11 mil anos e não há 20 mil? A sua explicação é desarmante: os humanos só mudam de vida quando precisam. Foram caçadores-recolectores enquanto a vida selvagem chegava para os alimentar e começaram a deixar de o ser quando ela começou a escassear. Há 20 mil anos haveria caça bastante; há 10 mil anos, ou ela tinha diminuído ou a população passara a reproduzir-se a uma velocidade excessiva para os recursos disponíveis. Possivelmente, combinaram-se os dois factores. Foi a escassez que levou os homens, ainda antes da agricultura, ao desenvolvimento de técnicas de recolha e armazenamento de víveres. O aprovisionamento também pode ter justificado as primeiras aldeias.

Gosto particularmente desta hipótese porque a visualizo sem dificuldade. Sugiro-vos um breve desvio até ao Sara, a uma região acidentada que se situa algures entre a Líbia ocidental e o Sul da Tunísia. Até há bem pouco tempo, foi um território nómada, ocupado por tribos berberes de pastores. O solo é pobre e nos topos de vários maciços erguem-se ruínas estranhas. O que, ao longe, julgamos serem muralhas, não passam, afinal, de contrafortes para construções que, vistas do interior, se assemelham a colmeias gigantes. Cada um dos "favos" desses complexos tem, contudo, dimensões modestas e apenas uma abertura para o exterior. Num dos episódios da trilogia da *Guerra das Estrelas*, George Lucas usou estas singulares construções como habitações. De facto, anões, gnomos, elfos e crianças poderiam usá-las para esse efeito, mas não os adultos. O cineasta estimulou a fértil imaginação infantil que cada um de nós esconderá dentro de si e revelou ao grande público uma paisagem até então quase desconhecida – a dos ksares.

No mundo real, estes complexos serviam, não de dormitório, mas como dispensários. Era nos ksares que os berberes da região guardavam os bens alimentares de que precisavam. O ksar é menos do que uma aldeia e mais do que um acampamento. Pode dizer-se que estruturou uma das mais antigas divisões do trabalho – as mulheres, mais fixas, como garante da distribuição de alimentos no clã, e os homens como caçadores, pastores ou guerreiros. Esta rede de equipamentos permitia aos pastores seguirem os rebanhos na sua incessante busca de pastagens, minimizando os riscos da fome. Os ksares eram pontos de apoio, marcos de segurança, num ambiente que obrigava ao nomadismo.

Ao contrário do que se possa pensar, as tribos nómadas não saltitam de um lado para o outro. Passam longos períodos no mesmo lugar, antes de se deslocarem de novo. São as pastagens que ditam o ritmo da vida e fundam a cultura. Na Anatólia curda e no Norte da Síria não vi nada de comparável aos ksares. Não é de estranhar. Pelo padrão largo da História, os ksares da Tunísia e da Líbia são história recente. Se os invocamos é porque exemplificam um modo de vida a meio caminho entre o nomadismo e a sedentarização, determinado pelo armazenamento colectivo de bens.

OS TAPETES VOADORES

Podemos chegar à mesma conclusão por outra via: quando uma população nómada se sedentariza, projecta hábitos e tradições da sua anterior condição durante muito, muito tempo. É nos kilins que esta continuidade melhor se exprime. Estes "tapetes toscos", por vezes rudes e pouco atentos aos detalhes, são uma típica herança do nomadismo, que é indissociável do rebanho. É ele que proporciona à tribo o leite, o iogurte, o queijo e a carne. Mas isto é apenas o começo. Dos animais, tudo se aproveita. Os intestinos servem para guardar e transportar água, a pele para calçado, selas e cintos e a lã para tudo o resto. É com esta que se fazem as sacas onde se guardam os cereais e a farinha, se tecem as tendas e fazem vestidos, mantas e kilins. A vida dos nómadas depende tanto dos rebanhos quanto estes das pastagens disponíveis. Por exemplo, na Anatólia, a obtenção de bom leite e boa carne exige que as ovelhas e as cabras subam aos altos planaltos antes do Verão e regressem às estepes no Outono. A qualidade da lã também é condicionada pela alimentação. Por outras palavras: as comunidades de pastores não aceitaram o nomadismo por vocação, mas porque o ciclo da vida a isso as obrigava. Ainda hoje, estes movimentos pendulares começam por uma grande festa onde se sacrificam alguns animais. Porque a caminhada será penosa; e porque o correr do sangue é uma protecção contra a má sorte. Na manhã seguinte, ao alvorecer, cada um sabe o que deve fazer:

> *"Os homens preparam as ovelhas, as mulas e os camelos; as mulheres tratam das crianças, desfazem as tendas e carregam os animais com o que é necessário. A viagem começa. Cada paragem é uma cópia da precedente. As mulheres são rápidas e as tendas ficam prontas em 40 a 45 minutos. O lume é acendido (...) e a comida preparada. De manhã, tudo recomeça e a viagem continua. A tribo passa seis meses nas planícies e nos vales, três meses nos altos planaltos e outros três em viagem".* [10]

A festa acompanha o ciclo da vida, tanto entre os nómadas como entre os aldeões sedentários. Não raro, as festas de uns e de outros integram um calendário único, porque boa parte das tribos de pastores se dedica, também, ao cultivo. Entre Junho e Julho, a tosquia e a lavagem da lã são pretexto para celebrações nas aldeias camponesas. A tecelagem dos kilins deixou de ser um exclusivo das mulheres nómadas para passar a ser uma ocupação de Inverno das aldeias. Em contrapartida, as primeiras trabalham nas sementeiras e nas colheitas durante o longo Verão, enquanto os maridos seguem os rebanhos. Há quanto tempo é assim? Nem os próprios sabem. Mas esta é a narrativa que cada kilim, cada um a seu jeito, nos conta. Com efeito, as suas cores e motivos não são fruto do acaso. Se a coloração ganhou, ao longo de milénios, alguma liberdade, os motivos, pelo contrário, continuam a obedecer a padrões rígidos

[10] Mehmet Ates, in *Les Kilims et leurs Symboles*, pág. 16; Symbol Yayincilik, 1997.

Istambul, mulher sacudindo tapete

e aparentemente imutáveis. São símbolos e não mera decoração. Um kilim é como um pergaminho, um papiro ou uma folha de papel. Nele se relatam histórias e sentimentos. Quem os saiba "ler" fica a conhecer a região de origem da mulher que o fez, a fase da vida em que se encontra e os medos, sonhos e esperanças que a atravessam. E sabe, também, que tais urdiduras vêm de longe porque os anos são lentos e se repetem e repetem e repetem.

Nem sempre a interpretação dos kilins é linear. As tecedeiras nunca desenham previamente. Motivos e cores resultam de um longo processo de acumulação de saber. É como se esta arte viesse do berço. Elas "escrevem" de memória. Nem sempre conhecem o significado dos vários símbolos que usam. Alguns perderam-se; outros adquiriram, entretanto, novos atributos. Mas as mulheres sabem sempre como os colocar, porque as tradições se perpetuam. O consciente e o subconsciente das tecedeiras interagem em cada kilim. Mas é o subconsciente a continuidade profunda da consciência ou, pelo contrário, é o ponto de partida a partir do qual se desenvolvem os processos conscientes? Como se sabe, Sigmund Freud e Karl Jung têm, a este propósito, opiniões bem diversas.

O detalhe não é dispiciendo porque se admite que os primeiros tecidos possam ter começado a ser fabricados há cerca de 8 mil anos nos planaltos do Crescente Fértil. Os primeiros kilins são mais "recentes". Podem ser contemporâneos da coloração vegetal. Infelizmente, os teares de madeira não resistem à prova do tempo e a lã dá-se mal com a humidade. Não podemos afirmar, sem margem para dúvida, que nasceram há seis mil anos. Apenas sabemos que as primeiras inscrições conhecidas que fixam o valor de troca de diferentes tecidos têm 4 mil anos e foram descobertas na região de Kayseri, na Capadócia. O mais antigo kilim, milagrosamente preservado em gelo, foi encontrado em Pazyryk, nos montes Altai, e pode ser visitado no Metropolitan Museum de Nova Iorque. Supõe-se que tenha 2600 anos de idade. Resumindo: o kilim vem de muito longe e os símbolos que nele se inscrevem também. Na verdade, remontam aos tempos em que não existia

> *" (…) qualquer diferença entre criar um símbolo ou erguer uma cabana. Nos dois casos, a finalidade era a protecção: do frio, da chuva, do vento e do sol, graças à cabana; contra a má sorte, por obra e graça do símbolo."* [11]

Aqui anuncio a minha primeira declaração de interesses: sou um apaixonado por kilins. Reconheço que os tapetes, seus sucedâneos, têm outro refinamento, mas não há nada a fazer. Do que gosto mesmo é da energia primacial que se inscreve nos primeiros. Olho para um kilim como um analfabeto para uma carta de amor. Sei que mesmo os mais recentes são de um tempo longínquo, onde os símbolos falavam dos céus e da terra com devoção e reverência. Mas intuo, também, que pertençam ao futuro porque o têm antecipado. Por um lado, são ferozmente regionais; por outro lado, apropriam-se de símbolos distantes porque as suas cores e motivos viajaram em caravanas de camelos e em barcos de vela durante três milénios.

Outro dia, olhei com mais atenção para um kilim que adquiri na Capadócia e entretive-me a cotejar alguns dos seus motivos com as estilizações que aparecem na literatura da especialidade. Lá estava a "árvore da vida", que é também a da sabedoria, o "olho de vidro", que protege contra o mau olhado, a letra S deitada, que simboliza a capacidade de falar e ouvir e a romã aberta, que os turcos associam ao fruto do paraíso. Mas o que eu não esperava encontrar era o Yin-Yang, o símbolo do eterno equilíbrio da criação e que sempre associara às culturas do Extremo-Oriente. Pois ele ali estava. Deve ter chegado a Kaysery num tapete voador há muito, muito tempo.

DAS VANTAGENS DO CRESCENTE FÉRTIL

Regressemos a Jared Diamond e às suas interrogações. Pergunta ele: porque é que a produção alimentar nasce no Crescente Fértil e não em qualquer outro lugar? Porque era aí que se encontrava o melhor "pacote" de requisitos, responde. O autor regista cinco grandes centros iniciais de produção alimentar no planeta, entre si independentes, e compara-os. O Crescente Fértil ganha em todos os itens. Desde logo, porque foi o mais antigo. O trigo emmer, de espiga que não quebra, a espelta e a cevada surgem aí há 10.500 anos. A sua difusão

11 Idem, pág. 34.

Líbia, ceifa de berberes perto de Apolónia

45

foi lenta. O trigo emmer, por exemplo, precisou de dois mil anos para chegar à Grécia e quase três mil para atingir o Egipto. Por outro lado, a combinação de cereais, leguminosas e fibras do Crescente Fértil era imbatível. Antes de terem sido domesticadas, estas plantas já existiam em estado bravio, o que deu ao homem todo o tempo do mundo para as ir conhecendo. O mesmo sucedeu com os mamíferos domesticáveis – a cabra, a ovelha, o porco e os bovinos.

As restantes vantagens comparativas da região decorriam do clima, da morfologia do terreno e da sua extensão. O Crescente Fértil beneficiou do clima mediterrânico, que apresenta invernos moderados e longos verões quentes e secos. As plantas adaptaram-se bem a este clima.

"No seu limitado ano de vida, muitas preferiram investir preferencialmente na produção de grandes sementes, que se mantêm adormecidas durante a estação seca e estão prontas para despontar quando vem a chuva. Desta forma, desperdiçam pouca energia a criarem caules fibrosos ou de madeira, não comestíveis, como os troncos das árvores e dos arbustos." [12]

Espertas, as plantas, hem! Mas a sorte do Crescente Fértil não se ficou por aqui. Uma elevada percentagem da flora domesticável era hermafrodita, auto-suficiente, e geradora de híbridos. Um deles, o trigo do pão, ainda hoje é o cereal mais valioso do mundo.

[12] Jared Diamond, in *Armas, Germes e Aço*, pág. 147; Relógio d'água, 2002.

Líbano, padaria cristã em Biblos

"As primeiras oito culturas significativas que foram domesticadas no Crescente Fértil são auto-suficientes. Dos três cereais, os trigos ofereciam a vantagem adicional de um elevado conteúdo proteico. Em contraste, as mais importantes culturas de cereais do leste da Ásia e do Novo Mundo – arroz e milho – tinham um conteúdo proteico reduzido." [13]

Finalmente, a morfologia: a elevada gama de altitudes em curtas distâncias, permitia épocas de colheitas alternadas.

Com os animais domesticáveis, a história não é menos aliciante. O planeta oferece uma gama relativamente reduzida de mamíferos herbívoros ou omnívoros susceptíveis de domesticação: 148. Eles não foram democraticamente distribuídos pelos continentes. A Eurásia ficou com a parte de leão. Contudo, do leque de candidatos, só 14 espécies passaram o teste de aptidão. A domesticação depende pouco do domesticador. Por exemplo, a zebra, ao contrário do cavalo, nunca foi domesticada porque envelhece rezinga e morde o tratador; o búfalo, o urso pardo e os hipopótamos também têm mau carácter; já as gazelas se dão mal com cercas – encurraladas, suicidam-se; quanto à chita, o mais veloz dos animais de caça, não gosta de acasalar em público, o que, de resto, só abona em seu favor. Ou seja, por esta ou por aquela razão, são poucas as espécies que se podem desenvolver em cativeiro.

[13] Idem, págs. 149 e 150.

Na pegada de um autor se resumiram os factores que fizeram do Crescente Fértil o berço da história da Humanidade. Para chegar a esta conclusão, Diamond não teve que *invocar quaisquer vantagens pressupostas dos próprios habitantes da região*. Pois não. Os mesopotâmicos tiveram simplesmente a sorte de terem nascido no lugar certo, e de lá estarem quando se tornou recomendável mudar de vida. Por isso chegaram primeiro do que todos os outros à invenção da cidade.

A INVENÇÃO DA CIDADE

Há cinco mil anos, alguns acádios montaram acampamento num lugar a que deram o nome de Mári. Instalaram-se à prudente distância de três quilómetros do rio Eufrates. O palácio, as instalações para provisões e as primeiras habitações foram construídos sobre uma colina artificial – um tell – que era servida por um porto. Este, por sua vez, rematava uma rede de canais e diques que ligavam o rio ao assentamento.

Mári é criada de raiz, do nada e no nada, como cinco milénios mais tarde o seriam Brasília, São Petesburgo ou Washington. Apesar da sua provecta idade, já obedecia a uma ideia precisa de organização do espaço – os "equipamentos" foram colocados no topo de uma colina, prudentemente protegidos da subida das águas. A zona envolvente, por sua vez, era servida por vias de comunicação. Mais do que uma aldeia, Mári tinha a ambição das cidades. Ela é mais recente do que Ur ou Uruk e mais antiga do que Ninive ou Babilónia. Durante mil anos, até ser destruída pelos exércitos de Hamurabi, foi uma cidade-estado do Eufrates, com relações políticas e comerciais que chegaram até Biblos, na costa do Mediterrâneo, a mil quilómetros de distância.

Não lhe faltava água. Mári, como as suas congéneres do Centro e do Sul da Mesopotâmia, cresceu em terras baixas, mas pantanosas. Por estranho que possa parecer a quem diariamente se confronta com as imagens da guerra do Iraque, grande parte da população do Sul da Mesopotâmia vivia em barcaças e habitações provisórias que se podiam abandonar às primeiras cheias. Fotografias do início do século XX mostram que assim era ainda há bem pouco tempo.

As cidades mais antigas, de sete e oito mil anos de idade – Eridu, Ur, Uruk – nasceram a Sul do Crescente Fértil, na região entre Bagdade e o Golfo Pérsico, numa vasta planície aluvial de elevado conteúdo mineral, mas com pouca chuva. Isto não era obrigatoriamente uma má notícia. A água que faltava nos céus era a que sobrava nos rios.

É verdade que os dilúvios – melhor dizendo, as cheias – espalhavam o pânico e tornavam precárias as vidas; mas também sedimentavam as terras, excelentes para a cultura de arado, a horticultura e o gado, desde que o rio pudesse ser amansado. As cidades do Sul são viabilizadas pela irrigação artificial. Ocasionalmente, a Natureza fazia das suas e os guerreiros do vizinho outro tanto, mas as cidades mesopotâmicas apresentam, em regra, uma espantosa longevidade. Nelas cresceu uma Humanidade habituada às contrariedades, crente e extraordinariamente resistente. Se tem dúvidas, pense no Iraque actual. Os iraquianos apanharam, nas últimas três décadas, com um ditador irresponsável, uma guerra entre vizinhos que fez um milhão de vítimas dos dois lados, um bloqueio infame que durou dez anos e ainda com uma guerra de ocupação que entrou no seu sétimo ano e já fez centenas de milhares de mortos. Pior do que isto, só um dilúvio bíblico ou um inapelável castigo de Deus. Como é que ainda existem iraquianos no Iraque? Como é que não partiram todos?

ADIVINHAR O PASSADO

É muito difícil filmar ruínas de adobe. Não têm cor e são, por assim dizer, muito rústicas. Os olhos televisivos fartam-se rapidamente da pasmaceira. Ao vivo, não é menos estranho. Quando se chega ao sítio, nada se vê. A colina que se encontra diante de nós é apenas uma colina. Nela, nem palácio nem colunas. É preciso subir ao *tell* para, olhando para baixo, nos confrontarmos com os baixos-relevos da mão do Homem. Sem guia, o visitante não faz a menor ideia do que possam significar. São simples muretes que formam figuras vagamente geométricas. Como imaginar o palácio real, se ele "cresce para baixo", se está enterrado no interior da colina? Só descendo às entranhas se percebe que, afinal, as suas paredes têm cinco metros de altura. É pouco? Ponha-lhes cinco mil anos em cima e verá como a perspectiva muda de imediato.

Em seguida, há que dirigir a atenção para os pormenores. Aquelas paredes não são meras paredes. Elas falam, se as soubermos ouvir. Cada uma se faz de várias, porque o palácio onde nos encontramos também é feito de outros antes dele, porventura mais elementares e mais pequenos. Essa é a história que os investigadores descascam. "Descascar" é a expressão. Os modernos arqueólogos não são como os seus congéneres do século XIX, que dirigiam movimentos sincopados de baterias de operários com pás e picaretas. Esse tipo de escavação em estilo industrial revelou a arquitectura antiga e encheu de objectos os museus da Europa, mas liquidou boa parte da cerâmica, essencial para a datação das diferentes camadas de tempo que as evidências guardavam.

Os arqueólogos modernos são mais atentos ao pormenor. Armam-se de mil atenções e outras tantas paciências, e preferem os pincéis e as colheres. Lidam com o tempo como se o tivessem todo para eles. Só para nós, visitantes cegos e surdos, aquelas paredes são o que parecem. Os descascadores, pelo contrário, sabem porque é que elas, à altura do joelho, mudaram de aspecto, ou seja, foram de outro palácio; ou porque é que um pouco mais acima há um extracto rosado, que estudos complementares revelarão terem sido os de uma destruição. Neste exercício temos uma admirável dose de "adivinhação". O método científico não dispensa o "suponhamos". Afinal, a pergunta é sempre a mesma: que nos dizem – sobre os vivos de então – os veios sulcados na terra, os materiais usados nas paredes, os cacos, os cemitérios e até os dentes dos esqueletos? Falem, falem, que sabemos ouvir. Fantástico, não é? Foi em Mári que aprendemos a invejar a paciência, o mais escasso dos bens da civilização contemporânea.

Durante muito tempo, a Mesopotâmia foi *"um arrabalde da Bíblia"*, escreveu Jean Botéro, um reputado historiador das civilizações mesopotâmicas. Na verdade, como comparar o adobe de Mári às grandezas egípcias e ao génio dos gregos? Como colocar no mesmo plano esta pobreza poeirenta e a inigualável qualidade da "cópia" romana, um jeito que foram buscar aos fenícios, os grandes inventores da contrafacção em escala mediterrânica? Quando, no século XIX, os europeus cultos começaram a entusiasmar-se com as suas origens, era inevitável que dirigissem a sua atenção para o que mais brilhasse. Este olhar displicente sobre os inventores da cidade só mudou quando um jovem alemão, Georg Friederich Grotefend, decidiu dedicar a sua vida a um outro exercício de paciência – a descriptagem da escrita cuneiforme.

A ESCRITA POR CUNHAGEM E O "SMS"

Foi na Mesopotâmia que a escrita deu, há cinco mil anos, os seus primeiros passos. Não era como a que conhecemos hoje, alfabética. Nem como as fantásticas tirinhas de desenhos egípcias, embora obedecesse ao mesmo princípio, o da escrita por logogramas, também dita ideográfica – onde o esboço de uma cabeça de boi queria dizer «boi». A correspondência, tão óbvia quanto possível, entre o símbolo e o que ele queria significar, era democrática e elegante, mas pouco prática. Algumas escritas mesopotâmicas chegaram a ter 1500 caracteres diferentes. Os sumérios tinham ainda o problema do suporte. O Egipto conseguia fazer "papel" a partir das canas de papiro, mas na baixa Mesopotâmia o único material à disposição era o barro. Espertos, optaram pela incisão. Fizeram-no inicialmente com objectos duros e pontiagudos, até que um belo dia descobriram as virtudes do estilete de cana. A nova tecnologia abriu um mundo de novas possibilidades. A pouco e pouco os símbolos simplificaram-se. A cabeça de boi foi cada vez menos uma cabeça de boi e cada vez mais um rabisco que a estilizava. A inventividade nunca mais parou:

> *"Novos símbolos foram criados: por exemplo, o símbolo para cabeça foi combinado com o símbolo para pão a fim de produzir um novo símbolo que significava comer."* [14]

Mais tarde, alguém, porventura com dificuldades nas artes figurativas, achou que se podiam associar esses símbolos simplificados, não a "coisas", mas a sons. Progressivamente, os "riscos" deixaram de corresponder aos

[14] Ibidem, pág. 238.

Egipto, artesão no Vale dos Reis

seus antigos significados e passaram a servir para compor palavras. Esta foi a revolução que inventou a representação fonética:

> *"É fácil desenhar uma imagem reconhecível para seta, mas difícil se for para vida. Contudo, ambas se pronunciavam 'ti' em linguagem suméria, pelo que o mesmo desenho passou a ter dois significados. (...)*
> *Alcançado o princípio fonético, os sumérios começaram a usá-lo para mais do que substantivos abstractos. (...) É como se um falante do inglês escrevesse a palavra acreditar – believe – pela imagem de uma abelha – bee – seguida da imagem de uma folha – leaf."* [15]

O passo final desta viagem em direcção à abstracção já não foi mesopotâmico. Na verdade, a escrita dos egípcios não era simplesmente ideográfica. Além dos "bonecos", possuía 24 símbolos para 24 consoantes. É difícil entender porque é que não deitaram os desenhos às urtigas. Suspeito que se encantavam tanto com a sua arte, que se recusaram a arquivá-los. Em consequência, foram os semitas da costa do Levante, que conheciam a escrita mesopotâmica e também a egípcia, que somaram os saberes e chegaram aos dois primeiros alfabetos modernos. Há cerca de 3500 anos, pela mão dos escribas de Biblos e de Ugarit, a Humanidade deu um novo grande salto. Os alfabetos das duas cidades da costa mediterrânica

15 Ibidem, pág. 240.

tinham, respectivamente, 22 e 31 letras. Alinhadas e ordenadas a preceito em placas de barro cosidas, eram mesmo alfabetos – os primeiros que a História conheceu.

Os monarcas e os reis afeiçoaram-se a esta invenção com inusitado desvelo. Rapidamente perceberam que lhes podia servir para quase tudo. Foi por isso que nenhum se lembrou de a distribuir pelo povo. O pai da antropologia, Claude Lévi-Strauss, foi cáustico com a principal função da extraordinária descoberta – *"facilitar a escravização de outros seres humanos"* – mas nem por isso menos rigoroso. Como já antes se escrevera, *"as benesses da civilização são mistas".*

Os escribas sumérios e acádios, com a santa paciência dos burocratas, registaram em barro tudo o que lhes parecesse digno de tal sorte. Só em Mári, os arqueólogos retiraram das areias cerca de 20 mil tabletes com inscrições cunhadas. Uma verdadeira biblioteca, dir-se-ia. Na realidade, este espólio é uma gota de água no meio milhão de fragmentos actualmente à disposição dos investigadores.

A vastidão da literatura não evitou, contudo, as discussões de interpretação, bem pelo contrário. A escrita mesopotâmica não possuía vogais e, para todos os efeitos práticos, foi durante muito tempo uma mistura de logogramas – para palavras ou nomes – com símbolos fonéticos – para partes de palavras – e sinais determinativos para eliminar as ambiguidades de sentido. Também não era propriamente floreada, salvo quando se prostrava em honras ao soberano. De facto, no dia-a-dia, os escribas escreviam como os adolescentes de hoje teclam "esse-éme-ésses" nos seus telemóveis. A frase *"hoje, pelas 21 horas, temos jantar de família. Não faltes!",* escrevia-se de forma abreviada porque a tanto obrigava quer a carência de vogais, quer a escassez de gramática. Devia ser qualquer coisa no género – *"hj 21.00 jtr fm nf!".* Os escribas mesopotâmicos eram, portanto, pós-modernos *avant la lettre.* Mas, como se pode imaginar, deixaram um vasto campo de possibilidades interpretativas aos tradutores contemporâneos. Nem as referências aos monarcas são indiscutíveis. Por exemplo, o nome do rei David é mencionado numa única estela. Os davídicos exultaram com a descoberta: finalmente, uma fonte independente da Bíblia confirmava a existência do pequeno grande rei. Sucede que ainda hoje os historiadores não se entendem sobre o que aquelas consoantes nomeiam. Perceberam, agora, porque é que o ofício de historiador é tão duro como divertido.

Com mais SMS ou menos SMS, a informação escrita da Mesopotâmia, entre o V e o III milénios antes da era comum,[16] abrange os mais diversos aspectos da vida – actos administrativos e contabilísticos, provérbios, adivinhações e preces, jurisprudência, relatos de acontecimentos, poesia, religião... É um filão inesgotável. As cidades da Mesopotâmia dependiam de uma eficiente burocracia e esta tinha imenso para contar...

[16] Adoptamos "antes da era comum" – aec – em vez de "antes de Cristo" – aC. Do mesmo modo, "era comum" – ec – aplica-se às datas posteriores ao nascimento de Jesus, sempre que tal se justifique.

A ORDEM SOCIAL

Também as evidências maiores, as reveladas pelas escavações, não autorizam conclusões lineares. Elas abrangem um período histórico que se estende por milénios, numa vastíssima extensão geográfica e envolvem comunidades muito diferentes entre si. A "assiriologia" está condenada a trabalhar mais sobre hipóteses do que sobre certezas. Com um exemplo, percebe-se melhor: entre os investigadores é consensual a ideia de que as cidades mesopotâmicas eram sagradas porque aí residiam os deuses. O zigurate, o templo, é sempre colocado no tell e a sua arquitectura aponta na direcção do céu. Pergunta: revela a arquitectura uma lógica hierárquica transponível para o conjunto da vida social? É plausível. Contudo, em Uruk, a maior das mais antigas cidades, um dos templos recuperado às areias, com a impressionante dimensão de 62 metros de comprimento por 11 de largo, apresenta um desenho onde o espaço central se encontra rodeado por habitações secundárias acessíveis do exterior. Este tipo de permeabilidade entre interior e exterior do templo repete-se noutros templos de construção posterior.

A assirióloga Gwendolyn Leick publicou em 2001 um livro – *Mesopotâmia* – onde procede a uma análise comparada das diferentes escavações arqueológicas em dez das cidades de entre-os-rios, bem como aos debates interpretativos, e escreve:

> *"A impressão global que decorre dos monumentos de Uruk é o de que eram espaços públicos bem planificados, de propósitos desconhecidos, mas desenhados para obter a maior acessibilidade possível e uma circulação fluida (…) Esta acessibilidade sugeriria uma orientação comunitária e igualitária da sociedade de Uruk, como assim o indica também a similar transparência da primeira arquitectura pública grega."* [17]

Repare no cuidado que a investigadora põe no tempo verbal que usa. A hipótese comunitária não é mais do que isso mesmo, uma hipótese. Leick coloca-a em paralelo com outras de sentido oposto e situa-a nos tempos mais antigos da civilização mesopotâmica. Ela jamais diria o mesmo da Babilónia da era de Hamurabi, onde a estratificação social já era clara. O reinado deste monarca (1792-1750 aec) corresponde ao primeiro período de glória da cidade, onde esta se afirma como um Estado e não como um mero domínio entre vários na região. Hamurabi é um conquistador e um construtor. Dito assim, soa como um elogio. Na verdade, se a centralização do poder possibilitava a concretização de obras e serviços impensáveis em escalas territoriais mais diminutas, nem sempre assim aconteceu. A explicação para este facto reside numa observação que, de resto, mantém uma singular actualidade:

[17] Gwendolyn Leick, in *Mesopotâmia*, pág. 75; Paidós, 2002.

Síria, vale do Eufrates. No plano seguinte: Síria, interior de casa rural no deserto de Palmira © SL

"A diferença entre um cleptocrata e um homem de Estado judicioso, entre um barão do roubo e um benfeitor público, é apenas de grau: uma questão relativa ao valor da percentagem do tributo que é retida e ao grau de satisfação dos populares com os usos públicos nos quais é empregado o tributo redistribuído." [18]

Hamurabi era, portanto, um cleptocrata com características de benfeitor. A descoberta de uma estela com 2800 linhas, datável de 1750 aec,[19] mostra como ele procurou estabilizar o seu reinado recorrendo ao que, mais tarde, se viria a chamar Justiça e como esta variava em função da posição social do réu. Por exemplo:

"Se um homem de condição esbofeteou outro, pagar-lhe-á 500 gramas de prata; se for um súbdito simples, 80 gramas. Mas se um servo esbofeteou um homem de posição, ser-lhe-á cortada a orelha."

Apesar desta nítida diferenciação, o código de Hamurabi não era insensível à correcção das desigualdades por via legal:

"O médico que curou 'um homem de condição' deve ganhar 80 gramas de prata; ganha 5 se for um 'súbdito simples', e 2 se for um escravo." [20]

[18] Jared Diamond, in *Armas, Germes e Aço*, pág. 298; Relógio d'água, 2002.

[19] Popularmente conhecida por Código de Hamurabi.

[20] Jean Botero in *No Princípio Eram os Deuses*, págs. 90 e 104; Edições 70.

A ordem social da Babilónia de Hamurabi assentava, grosso modo, em três grupos sociais. Eles existiam ainda quando a cidade, há 2500 anos, é indiscutivelmente a maior e mais cosmopolita metrópole do mundo. Uma adivinha bem-humorada desses tempos, registada numa tablete, prova que nem por isso estava ao abrigo da crítica social: *"Qual é a coisa qual é ela que, entrada, nada acrescenta à riqueza, e saída, nada lhe retira?"* Resposta: algo que pertença ao rei...

SEXO, MACHISMO & PROSTITUTAS

Eram os mesopotâmicos «machistas»? Depende. Para os nossos padrões, sim; para os de gregos e romanos, não. Eis como o Código de Hamurabi trata o adultério:

> *"Se a esposa de um homem foi apanhada em flagrante delito de adultério, os dois culpados serão acorrentados e lançados à água. Se, contudo, o marido quiser poupar a vida da mulher, o rei poupará também a vida do seu cúmplice. E se a mesma mulher «foi acusada pelo marido sem nunca ter sido apanhada em flagrante delito, prestará juramento de inocência e voltará para casa sem ser incomodada."* [21]

Se deixarmos a jurisprudência e passarmos ao mundo dos provérbios, a conclusão também não é linear. Alguns revelam os machismos de sempre. Por exemplo, *"uma esposa gastadora em casa é pior do que um demónio mórbido".* Mas também é possível encontrar ditos que ainda hoje poderiam ser úteis nalgumas regiões do Médio Oriente: *"rapariga, não é o teu irmão que te escolherá um marido."*

Se admitirmos que os humanos projectavam nos deuses as suas experiências e expectativas, as hipóteses da mulher melhoram substancialmente. Dediquemo-nos, por alguns momentos, a Ishtar (Inanna em babilónico), a mais popular das deusas do panteão. Apaixonada por Dumuzi, um pastor, ela transfigura-se em poetisa:

> *"Quando pintar os olhos com khol*
> *Quando as suas mãos encantadoras me agarrarem as costas*
> *Quando, encostado a mim, me acariciar os seios leitosos e suculentos*
> *Quando pousar a sua mão na minha vulva preciosa*
> *Quando o seu membro, semelhante a uma proa, nela introduzir a vida*
> *Então, também eu o acariciarei longamente*
> *Ele pousará a mão na minha mão e o coração junto do meu coração."* [22]

[21] Idem, pág. 90.

[22] Ibidem, pág. 84.

A deusa reclamava para si o direito ao prazer. Aliás, a vida só correu bem ao pobre pastor enquanto ele deu a Isthar a plenitude do orgasmo, uma sensação que em acádio se escrevia *nîsh libbi*, literalmente, o "levantar do coração". Quando o pobre pastor esgotou os seus recursos ante a exigente deusa, esta despachou-o sem dó nem piedade.

Tanto quanto se sabe, a sociedade babilónica era, ao mesmo tempo, monogâmica e praticante daquilo a que hoje chamaríamos "amor livre". A tradição hebraica critica asperamente a cidade e em particular as suas prostitutas. Mas, como sublinha Leick:

> *"Os relatos bíblicos da Mesopotâmia são um reflexo das recordações de um povo oprimido pelo imperialismo assírio ou babilónico. A Babel bíblica é, portanto, sinónimo de decadência, de crueldade e de excesso (...) sem entusiasmo algum pelas maravilhas arquitectónicas da antiga cidade".* [23]

Uma vez mais, são as tabletes que nos podem ajudar. *A Epopeia de Gilgamesh*, o mais conhecido poema mesopotâmico, relata como o companheiro de viagem deste rei acádio descobriu o amor e "se fez homem" através das artes de uma prostituta:

> *"Ela deixou cair a roupa*
> *E descobriu a sua vulva para que ele pudesse desfrutar dela*
> *Audaciosamente, beijou-o na boca e tirou-lhe a roupa*
> *Em seguida, ele deitou-se sobre ela*
> *Que lhe mostrou, a esse selvagem,*
> *O que uma mulher pode fazer."* [24]

As prostitutas eram, portanto, respeitadas, embora não se quisessem para casamento. A razão para este paradoxo é tão antiga quanto o próprio Homem, que sempre preteriu as mulheres estéreis. Apesar disso, é pouco provável que a horrorosa expressão "mulheres de má vida" se aplicasse ao ofício. As prostitutas podiam ser sacerdotisas e, neste caso, eram equiparadas às mulheres da alta sociedade. Há 4 mil anos, o rei assírio Teglat-Falazar I decretou uma lei cuja função era, precisamente, a distinção entre mulheres, em função do seu estatuto social:

> *"As mulheres casadas que saem à rua devem trazer a cabeça coberta. A concubina que acompanha a sua dona, deve ter a cabeça coberta. A prostituta sagrada, casada, andará coberta na rua. Mas aquela que não foi tomada por um homem, irá de cabeça descoberta. A prostituta que não é sagrada também não andará velada."* [25]

Por este trecho se pode ver que o véu não foi uma invenção das religiões monoteístas nem se destinava a discriminar as mulheres. O véu começou

23 Gwendolyn Leick, in *Mesopotâmia*, pág. 297; Paidós, 2002.

24 Jean Botero, in *No Princípio Eram os Deuses*, pág. 78; Edições 70.

25 Benslama, in *Le Voile de l´islam*, Intersignes, nº 11, pág. 68; 1998.

por ser uma exigência de distinção social de tipo aristocrático entre as próprias mulheres. Paradoxalmente, esta mesma exigência se encontra presente, mas através do gesto contrário, quando, no primeiro quartel do século XX da nossa era, os primeiros movimentos feministas no Médio Oriente começaram a reagir à obrigatoriedade do véu, sob a protecção dos poderes laicos emergentes ou de homens de religião reformistas. Em causa não estava apenas a vontade de inserção das elites no mundo moderno e cosmopolita que o colonialismo do século XIX trouxera na bagagem; estava também a afirmação de uma vontade de diferenciação das novas elites face ao conservadorismo dominante. Mas a este assunto chegaremos lá bem mais para a frente.

Regressemos a Ishtar: a deusa era servida por mulheres e em sua honra se faziam festas religiosas que incorporavam o sexo no próprio rito. Só mais tarde estes hábitos, que hoje classificaríamos de liberais ou libertinos, se acabariam por esfumar. Aliás, as tabletes também nos falam de prostitutos, que o sexo era hetero e homossexual, e que a sodomia não carregava consigo o selo da culpa. É provável que as relações amorosas tivessem começado por ser relativamente igualitárias e que obedecessem a padrões "modernos", mesmo nas suas interdições. Por exemplo, os pais não podiam ter sexo com os filhos, nem o sogro com a nora.

Não se descobriram, infelizmente, "cartas de amor". Em barro, tais declarações seriam um pouco pesadas e mais do que provável seria que não tivessem como ser lidas pelo ou pela destinatária. Em contrapartida, existem referências na literatura médica e de adivinhação às doenças venéreas e aos "males de amor". Sobre estes, uma tablete de arrepiante actualidade parece saída de uma telenovela... Desespera a mulher, certa de que o marido a trai:

"Ela não te ama! Que Isthar, a soberana, a perturbe. Que ela perca o sono, como eu! E passe noites transtornadas e abatida!"

Um passo adiante, o ciúme é controlado pela "táctica":

"Sim, beijarei o meu amado. Dar-lhe-ei beijos e não pararei de o comer com os olhos. Assim, ganhá-lo-ei à minha rival (...) que é do teu amor que tenho sede."

Nesta dramática exposição conjugal, o marido é, obviamente, um moita-carrasco resmungão:

"O teu amor, agora, é só chatice e aborrecimento!" [26]

[26] Jean Botero, obra citada, pág. 82.

Só apetece perguntar: e no fim, qual delas ganhou o coração do amante?

MITOS DA CRIAÇÃO

Da vida passemos à filosofia. Que nos dizem as tabletes sobre o princípio da vida?

Dizem-nos que a cidade mesopotâmica é filha da água. É uma "ilha" que se eleva no pântano, o Apsu, fonte da vida. O primeiro Éden não é um jardim, mas uma cidade. Essa ilha é um lugar sagrado, criado pelos deuses para seu próprio deleite, bem antes da invenção da Humanidade.

Nesta narrativa os humanos são um acidente, o resultado de um conflito de gerações no panteão das divindades. Com efeito, devemos a nossa existência a uma greve geral dos deuses menores que serviam os mais antigos. A turba, liderada por Enki (*Ea* em babilónico), revolta-se e apresenta o seu caderno reivindicativo às altas instâncias que passavam o tempo a dormir. A sua objecção era óbvia: porque hão-de os deuses trabalhar? Na sequência, o "engendrador", o deus da Criação, delega em Nammu a tarefa de criar quem pudesse substituir a mão-de-obra divina.

Nammu – que numa versão mais antiga do mito é a verdadeira origem de toda a vida – modelou os sete primeiros casais a partir do barro. É a nossa *Mãe*. Os deuses alegraram-se e celebraram com um banquete. A invenção dos humanos tinha acabado de alijar a carga de trabalhos dos deuses menores, restabelecendo a concórdia no panteão.

Foi nesse banquete que outra deusa, Nimmah, num estado de alarve bebedeira, decidiu criar seis novos humanos. Saíram todos com defeito. Ela cedo se desinteressou dos seus brinquedos, mas não Enki, que tentou remediar: ao cego atribuiu a função de cantor, à estéril o papel de sacerdotisa, à criatura assexuada a condição de cortesã/cortesão, e por aí adiante... Tanto se entusiasmou que, ébrio entre ébrios, inventou mais dois. Do primeiro, nada se sabe; do segundo, logo constatou que não prestava para o trabalho. Saiu pequenino e, portanto, inviável. Foi o primeiro dos bebés...

Perceberam agora porque somos como somos? As criaturas que nos inventaram pareciam-se demasiadamente connosco. Fomos feitos para servir e saímos com defeito. O maior de todos eles é o de, ao contrário dos deuses, ainda hoje pensarmos que o trabalho liberta.

O EPISÓDIO DO DILÚVIO

São evidentes os ecos desta narrativa na Bíblia. No *Génesis*, também a água precede a Criação e o barro a criatura. A versão mesopotâmica original é mais divertida do que as duas variantes canónicas da tradição monoteísta. Para começar, em nenhuma delas há banquete e bebedeira. Para o "engendrador" bíblico a Criação foi uma trabalheira e não uma festa. Incansável, só repousou ao sétimo dia. O que surpreende no relato bíblico é que, apesar de tanto esmero, saímos de novo com defeito. Com um único defeito, mas irremediável: quisemos, desde o início, ser como Ele, o deus. A mais inquietante

descrição bíblica é a do episódio do fruto proibido, a da mordidela na maçã que se encontrava na árvore da sabedoria. Mas disso falaremos bem mais adiante, no epílogo.

Comparando narrativas, pode dizer-se que o "engendrador" pré-bíblico foi mais previdente do que Eloím. Evitou meter a mão no barro, delegando a tarefa nos que exigiam um "upgrade" da sua condição de deuses menores. Estes, por sua vez, tiveram o cuidado, ou o desleixo, de nos tirarem algumas peças – um olho aqui, um sexo ou um útero acolá. Também não nos deram a mania de querer saber, talvez porque eles próprios fossem um pouco tolos. Com este paralelismo não pretendemos ofender a sensibilidade de quem quer que seja e muito menos desejamos diminuir o deus da Bíblia. Nesta brevíssima viagem entre mitos, apenas quisemos sublinhar que estes, embora se refiram, sempre, a actos e pensamentos divinos, é de nós que realmente falam. Os mitos acompanham a nossa viagem pelo espaço e pelo tempo. O viajante leva-os na bagagem e, mal chega ao seu destino, transforma-os. Porque quem conta um conto, acrescenta sempre um ponto.

Encontramo-nos agora no museu arqueológico de Damasco, um edifício modernista por fora e conservador por dentro. As histórias da História Antiga sucedem-se, umas atrás das outras, em salas vazias de gente, mas recheadas de artefactos. Numa delas, logo à entrada, encontra-se uma estátua de um metro de altura que representa um dos reis de Mári em posição de oração.

Imagine-o pedindo explicações a Élil, o deus que, residindo no templo que os humanos lhe ergueram, nos quis exterminar... por fazermos muito barulho. Elil era uma criatura caprichosa. Primeiro, enviou sobre os nossos antepassados uma epidemia. Em seguida, uma seca das antigas. Finalmente, e porque um deus nunca se dá por vencido, reuniu o panteão em assembleia-geral e impôs a mais radical das soluções: a "abertura das eclusas celestiais". Contudo, Enki, o deus da revolta dos deuses menores e que tentou, sem grande sucesso, corrigir os nossos defeitos, avisou Atrahasis, um dos sete sábios de Shuruppak e, através de um sonho, disse-lhe para construir uma barca onde colocasse a família e as "sementes" dos seres vivos que encontrasse.

O dilúvio durou sete dias e sete noites e a Humanidade sobreviveu-lhe. Élil ficou furioso – esse era o seu estado preferido sempre que acordava da sesta – mas Enki apaziguou-o. Se o problema era a barulheira dos humanos, melhor seria controlar a sua natalidade, explicou-lhe, e foi assim que se inventaram as estéreis nesta singular versão do mito. Um tipo curioso, este Enki: nunca perceberemos se era verdadeiramente nosso amigo ou um simples preguiçoso que, acima de tudo, não queria correr o risco de voltar a trabalhar.

Sobrevivente, Atrahasis ofereceu aos deuses um grande banquete, porque há sempre um banquete nas estórias com deuses. Felizes, estes concederam-lhe autorização para o paraíso, ou seja, a vida eterna. A eternidade de Atrahasis selou a primeira aliança: os homens honrariam os deuses e estes não mais repetiriam o dilúvio.

Quando esta narrativa foi ouvida na Europa, na Sociedade de Arqueologia Bíblica de Londres, corria o ano de 1872. Apresentou-a George Smith a um público estupefacto, que não sabia o que pensar. De um só golpe, a versão bíblica do dilúvio deixava de ser a primeira e de ser a única. Nem houve tempo para reparar que esta, aliás como no relato da Criação, se fazia de duas, entre si litigantes em matéria de facto e até de deuses, que Eloím e Iavé apresentam, não raro, diferentes visões do Mundo. Como escreveu Piergiorgio Odifreddi, um matemático racionalista e bastante cínico:

"No relato bíblico do dilúvio não se percebe se Noé leva um ou sete pares de animais puros na arca, se entra nela no princípio do dilúvio ou uma semana antes, se a subida das águas dura 40 ou 150 dias, se a arca pousa no monte Ararat depois de sete ou dez meses, se é enviado um corvo ou uma pomba para explorar, se a terra secou no primeiro dia do mês ou no 27º do segundo e assim sucessivamente." [27]

O RIO AMANSADO

Colorido o mundo antigo, é tempo de regressar à nossa viagem. Subir o Eufrates de Mári até ao lago Assad, no Norte da Síria, é uma experiência frustrante. O rio dos dilúvios foi amansado. Os pescadores são raros e as margens

61

[27] Piergiorgio Odifreddi, in *Por Qué No Podemos Ser Cristianos*, pág. 33; RBA, 2008.

despiram-se de vegetação. As famílias de camponeses ainda cultivam as terras, mas não se sabe por quanto tempo. Por aquelas margens ninguém hoje seria capaz de inventar histórias diluviais.

A regularização do Eufrates convoca uma das mais difíceis palavras da Modernidade: o progresso. Com uma mão, ele trouxe a electricidade; com a outra, o empobrecimento das terras – temporariamente compensado pelo uso de químicos – e a salinização. A fina manta branca de sal que cobre as terras é dolorosa de se ver. Contaminadas pelos cristais das águas adormecidas, elas deixarão, mais tarde ou mais cedo, de sustentar as comunidades do rio.

Sem desprezar as alterações climáticas e os efeitos de séculos de desflorestação, o que está a mudar radicalmente a paisagem do Eufrates é a concretização de um megaprograma de 26 barragens que a Turquia desenvolve na Anatólia. Retendo as águas nas terras altas, Ancara pressionou sucessivamente a Síria e o Iraque. Damasco não se fez rogada e avançou com o seu próprio programa de aprovisionamento. No norte construiu uma grande barragem, a da "Revolução", e nasceu um grande lago, que deve o seu nome ao líder que decidiu a obra. Não é difícil adivinhar quem perdeu: o país de "fim de linha". Por mais de uma vez, sírios e iraquianos estiveram a um passo da guerra pelo direito às águas de um rio que, até ao século XX da nossa era, nunca reconhecera as fronteiras dos homens.

As famílias que vivem do rio também não são as da antiga Mesopotâmia. Nem, em rigor, as que nos habituámos a imaginar pela Europa. Digo "imaginar", porque a ideia de que existe, ou existiu, um modelo universal e cristão de família não passa disso mesmo – de uma saudade em forma de lenda.

Convoque-se de novo o "progresso". Nos nossos países, a multiplicação dos tipos de família e a quebra de muitos dos elos de solidariedade tradicional foram compensadas pelo Estado-providência, no fundo a resposta que a democracia encontrou para enfrentar os custos sociais do capitalismo e do processo de individualização nas nossas sociedades. Esta mutação está a ocorrer também nos vários países do Leste e do Sul do Mediterrâneo, mas ainda se encontra num período incipiente do seu desenvolvimento, convivendo com uma estrutura social onde a família alargada se confunde com o clã.

Ligado ao trabalho do campo, ao comércio ou às manufacturas, o clã representou, e representa ainda, a mais importante instituição de protecção e amparo. Os waqf, espécie de fundações particulares que administram as dízimas dos mais abastados, continuam a ser decisivos para enfrentar os dramas mais urgentes da pobreza. Pertence ainda ao clã, e por cima deste à tribo, o exercício da justiça de acordo com os preceitos religiosos de cada comunidade. Os homens de religião são, em regra, pagos pelo Estado. A justiça clânica coexiste com a civil que, a par e passo, se vai consolidando, mais ou menos contaminada pelos valores da primeira. No fundo, os mecanismos de solidariedade e poder da família alargada sobrevivem e coexistem com a construção do Estado moderno. É inevitável, porque neste mundo a família ainda é a certeza e o Estado a promessa.

Entretanto, a notável melhoria das condições sanitárias e alimentares prolongou, por um lado, a esperança de vida e, por outro lado, o número de nascimentos bem sucedidos. Nos campos, por mais uma geração ainda, continuar-se-á a fazer o número de filhos que exija o trabalho da terra. O trabalho agrícola continua a ser muito duro e não poupa as mulheres. Nada poupa as mulheres deste mundo. Mas será com elas e por elas que este lado do Mediterrâneo acabará por resolver os seus problemas. Nas cidades, não faltam os homens a contar o tempo e as moscas pelos cafés e o desemprego não é a única explicação para tal hábito. Ao invés, nunca se encontra uma mulher que não esteja ocupada. As mulheres são o grande segredo deste mundo feito à imagem e semelhança de um deus que as detestou ao ponto de as ter criado de uma costela masculina.

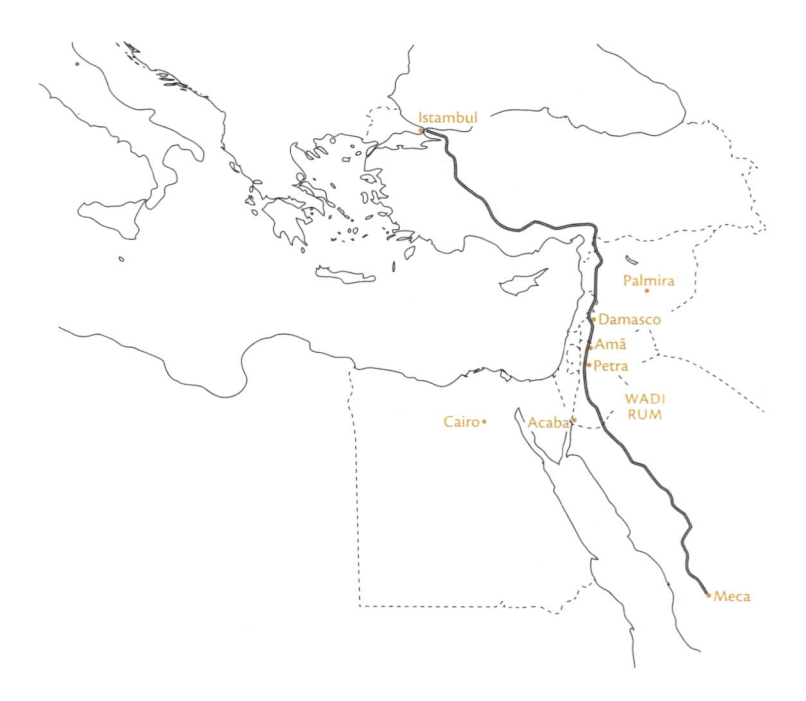

POVOS DO DESERTO
A ÚLTIMA OLIVEIRA

A primeira vez no deserto foi uma epifania. Não me interpretem mal. Só o conhecia do cinema e dos livros e humildemente admito sempre o ter encarado com prudente relutância.

"O deserto é como o esqueleto do ser, frugal, rarificado, austero, absolutamente bom para nada." [28]

Tinha apontado religiosamente esta frase no bloco de notas antes de mergulhar no inevitável. "Absolutamente bom para nada", pois. Mas há sempre uma primeira vez e devo confessar que tive sorte, muita sorte. Não é por acaso que as associações entre as areias e os mares são recorrentes. No "mar" de areia, o oásis é uma "ilha" e foi por aí mesmo que comecei. Pelo fragmento de deserto que é o seu contrário, o que não foi feito pela mãe Natureza mas pelo esforço dos homens. Habituámo-nos, todos, a imaginar os oásis como pequenos lagos arredondados protegidos por palmeiras. Devem existir oásis assim, mas não conheço nenhum. O da minha primeira vez foi uma preguiça estendida ao longo de 300 quilómetros, entre maciços montanhosos. Nem redondo nem palmar. Apenas deslumbrante. Permitam, então, que vos conte.

Partimos de Aden, no Sul do Iémen, em dois Toyotas. Rumámos na direcção de Oriente. A estrada comportava-se bem, seguindo paralela à costa, até começar a desaparecer diante dos nossos olhos, submersa por

[28] Edward Abbey, in *Désert Solitaire*, 1968, citado em *Désirs de Désert*; Autrement, hors série, 2000.

ventos de areia que insistiam em mergulhar no Índico. Perto de um porto abandonado, imitámo-las. Creio que o fizemos como viemos ao mundo, ante o olhar complacente e distraído de uns quantos camelos. Refrescados, retomámos a rota, agora para Nordeste, na direcção das montanhas. Os jipes subiram durante uma boa hora. Tínhamos a estrada e a paisagem só para nós, quando um deles começou a ficar, a pouco e pouco, para trás. Naquela montanha careca e pedregosa, sem vivalma, o atrasado quase não subia e o dianteiro prometia vertigens na descida, o que viria a acontecer quando os seus travões se decidiram por uma greve de zelo. Lembrei-me logo de outra frase de bolso, que parecia feita de encomenda para a situação:

"Na cidade, a aventura é um evento excepcional num cenário normal; no deserto, é um acontecimento normal num fundo excepcional." [29]

Numa curva larga da ascensão, o condutor da frente encostou e decidiu esperar pelos atrasados. Enquanto não chegavam, abriu a sua porta, desceu pela encosta umas dezenas de metros, procurou uma pedra lisa e em cima dela colocou uma lata de Coca-Cola. Depois regressou ao jipe e dele retirou a sua kalaschnikov e ainda uma pistola de fabrico soviético que guardava no porta-luvas. Acto contínuo, entregou-ma. Será que quer um duelo ao sol? Cogitei comigo mesmo. Não, apenas queria divertir-se à nossa custa. Em rigor, à minha custa. Tinha acabado de lhe colocar umas questões incómodas sobre a poligamia entre os árabes e agora era a sua vez.

Num lugar de nenhures, um tipo não se arma em pacifista. Oferece o peito ao destino, respira fundo e pede secretamente ao Altíssimo que o ajude. Ele deve ter-me inspirado porque ao primeiro tiro a lata voou com graça pelo ar. Inchado, passeei ao vento a minha altivez, tomada de empréstimo a Peter O'Toole em *Lawrence da Arábia*. Os árabes da expedição devem ter apreciado o estilo porque, a partir daí, me trataram como um senhor. Estava apto a entrar no deserto e a enfrentar o desconhecido.

O VALE ESCONDIDO

"O deserto é a ideia que dele se tem." [30]

A estrada atravessa agora um extenso planalto basáltico despido de qualquer vegetação. Assim foi por outra boa hora, até que vislumbrámos, ao longe, um vago sinal de civilização. De início, não passava de uma minúscula excrescência na paisagem. Depois, à medida que nos aproximámos, percebemos que se tratava de uma casa longilínea, de um só piso. A memória que dela retenho é a de uma construção que se parecia com o Centro Cultural de Belém, embora em formato miniatura. Duas paredes de pedra cega, muito simples,

[29] Alain Laurent, in *Désirs de Désert*, pág. 22; Autrement; 2000.

[30] Tahar Ben Jelloun in *L'Express*; 16.3.2000.

enquadravam uma entrada recuada ao centro. A parede da direita dava para a casa e a outra para um pátio que se rematava noutra habitação, mais recuada. Era discreta por fora, à maneira dos árabes, e espaçosa por dentro. Os proprietários, hospitaleiros, ofereceram-nos um chai, ou seja, uma mistura de chá com leite de cabra. Eram beduínos. Viviam com o seu pequeno rebanho numa paisagem infinita e abasteciam de gasolina as raras viaturas que por ali passavam.

Retomámos viagem com os travões em ordem, o que se revelou de grande utilidade. Mais adiante, a estrada mergulhou por uma ravina que parecia não ter fim. Sem transição, o planalto cinzento e áspero transformara-se num cenário de western entre o Texas e o México. Os jipes desceram durante uns bons minutos por entre maciços amarelados e consumidos pela erosão. Depois... mais uma curva, a derradeira do desfiladeiro, e eis que se apresenta, inteira, a grande paisagem da minha vida. Lá em baixo, entre falésias secas de terra avermelhada, um grosso traço de verde, intenso, serpenteava até ao alcance do olhar. E de um e de outro lado, nas encostas do canyon, viam-se aldeias com a dignidade de cidades, que as casas, camaleónicas da terra, eram de quatro, cinco e seis andares, com terraços caiados que brilhavam ao sol. Não, não era uma miragem, mas a porta de entrada no paraíso. É assim que recordo a chegada ao vale do Hadramaut.

As paisagens, como os grandes quadros, ganham em ser vistas de longe. Mais perto, a pincelada revela defeitos que a distância ignora. O traço verde que rasgava a paisagem era realmente o de um rio, mas ele estava seco. Este oued só enche quando, em Dezembro ou Janeiro, se abrem as comportas do céu e, durante três ou quatro dias, caem chuvas torrenciais. Nós estávamos em fins de Maio e o rio era um caminho de seixos escondido entre árvores baixas e canaviais ressequidos.

Almoçámos na pintura. Um grupo de beduínos montara tenda no leito do rio e, ali mesmo, à nossa frente, mataram e assaram um cabrito. O nosso *camera man*, o Jorge Meireles, não conseguiu comer. Filmou muita coisa na vida, tragédias incluídas, mas, para a sua sensibilidade, foi demais. O mesmo não se pode dizer da restante comitiva de carnívoros de estômago vazio. Talvez recorde o memorável repasto porque pertencia à paisagem. Enquanto escrevo recupero os sabores. Lembro-me que metemos à boca com a mão direita, quer o pobre animal, quer a pirâmide de arroz que os beduínos empilharam num tapete, como se fosse um cuscuz.

Assim reparados, prosseguimos pelo trilho do rio à velocidade dos camelos. Se "aquilo" era o deserto, eu tinha mudado radicalmente de opinião sobre ele. Este era agradavelmente fresco e as aldeias com aspecto de cidades, que surgiam ao longo do canyon, não paravam de surpreender. Com o Sol a esconder-se, os edifícios recortavam-se em jogos de luz e sombra, adquirindo tonalidades contrastadas. Aprecio pouco os adjectivos, mas, neste caso, abro excepção. Muitos não seriam de mais.

Foi já com o Sol nas últimas que abandonámos o trilho do rio seco e chegámos a um planalto para onde pareciam convergir, de todos os lados do cenário, os diferentes caminhos do mundo. Nova revelação: ao centro, rodeada de nada, ali estava a capital do paraíso, a cidade das alturas, com edifícios de terra de nove, dez e onze andares, rigorosamente alinhados e perfilados. De Shibbam dizem os guias ser a Manhattan do deserto. Por uma vez, não exageram. Se isto é o deserto e Shibban a sua capital, pensei, então é por aqui que quero acabar os meus dias.

O MILAGRE DA ARQUITECTURA

Quando chegámos ao Hadramaut, já levávamos duas semanas de viagem pelas terras altas do centro do país. Estávamos apaixonados pela arte deste estranho povo de arquitectos e era improvável que algo nos pudesse ainda surpreender. Digo "estranho", porque têm o hábito de localizar as suas cidades e casas no mais alto e difícil lugar que ofereça a paisagem. Suspeito que quando não estão a dormir ou num mafraj a mascar qat – o que acontece invariavelmente entre o meio-dia e as seis da tarde – levantam a cabeça, viram os olhos para o céu e sonham acordados com cidades inacessíveis.

Uns dias antes de chegarmos ao vale do Hadramaut, tínhamos passado por Hababah, um ninho de águias situado a três mil metros de altitude. Quem visite esta louca cidade de pedra, fica convencido de que já viu tudo o que há para ver. Mas isso foi antes de Shibbam e Tarzim. A arquitectura de terra dos iemenitas suplanta a que fazem em pedra e não tem comparação com a de qualquer outro deserto.

Há lugares no mundo que dispensam o engenho humano. Por exemplo, na Capadócia, que se situa na Anatólia turca, a natureza tratou de si e os homens limitaram-se a escavar grutas no interior dos maciços de calcário e basalto que a erosão vem esculpindo. Aí, a Humanidade aplicou a lei do menor esforço e fez bem. Mesmo quando a população começou a crescer, foi ainda a solução rupestre que se revelou como a mais apta à sobrevivência. Contudo, a maioria dos lugares agrestes exige da Humanidade carradas de esforço e engenho. No Sul de Marrocos, nos contrafortes do Alto-Atlas, o viajante fica encantado com a inteligência e a elegância das construções de terra da região. Várias delas têm o porte e a dignidade dos palácios. Em Dezembro e Janeiro, com sol, brilham ao longo de uma estrada mágica – a que liga Er-Rachidia a Ouarzazate – através de um extenso vale de areias calcificadas entre duas cadeias de montanhas de ocre, com neve nos topos. Deserto e neve, eis uma combinação linda de morrer, exclamei quando vi. Porque ainda não conhecia o Hadramaut.

Os iemenitas do Hadramaut constroem em altura há pelo menos dois mil anos. O principal segredo da sua arquitectura reside nos tijolos que utilizam. Como nas outras regiões desérticas, fazem-se de nada, ou seja, do que há:

Iémen, vista de Shibbam. Atrás, na entrada de capítulo: Jordânia, Wadi Rum: comboio de fosfatos para Acaba. Na página seguinte: Turquia, Capadócia © MP

terra, palha, um pouco de água e muito sol. O truque está nos moldes onde a argamassa é cozida ao sol, que têm quase um metro por um metro. Os tijolos assim formatados são grandes e achatados. Sobrepostos até onde chega a inspiração, sustentam os prédios como se tivessem vigas. Enquanto a espessura das paredes garante a frescura das habitações, a altura e a densidade de construção dão sombra às ruas e ruelas. Nenhum elogio se deve poupar a esta arquitectura. Se os iemenitas do Sul fossem preguiçosos, teriam optado pelo comprimento. Mas porque a preferiram conquistar, escolheram a altura. Bate tudo certo nesta arquitectura. Os arranha-céus diminuem a superfície exposta às borrascas e rematam-se em terraços caiados, impermeabilizando os edifícios; e juntos, são mais sólidos que a melhor das muralhas. Shibban tem muralhas. Mas elas quase não se notam.

O segundo segredo das cidades do Hadramaut é a emigração. Boa parte dos edifícios pertence a famílias que enviaram os seus filhos para os confins do Extremo-Oriente. Quando regressam, trazem consigo pedaços desse mundo. É sempre assim com os emigrantes e estes não foram excepção. Por exemplo, no Centro e Norte de Portugal, o efeito de imitação produziu resultados de gosto duvidoso. Os telhados alpinos e os azulejos de casa de banho nas fachadas das moradias são exemplos conhecidos. Já no Atlas marroquino, sobre a costa mediterrânica entre Ceuta e Tanger, algumas famílias poderosas não hesitaram em erguer palacetes à moda dos pagodes chineses.

É, no mínimo, estranho, mas estão longe de ser uma excepção. Nas montanhas libanesas, as famílias mais ricas não deixaram os seus créditos por mãos alheias e construíram moradias que são réplicas de templos gregos e romanos. Lembro-me em particular de uma delas que, exibindo desmesurada vaidade, é uma cópia do Capitólio de Washington. O novo-riquismo, já se vê, prefere a imitação à invenção. Apesar disso, nem sempre dá mau resultado. No vale do Hadramaut, a combinação entre a tradição arquitectónica local e os saberes importados foi benigna. Os retornados trouxeram do Extremo-Oriente o gosto pelo rendilhado. Em consequência, romperam com a tradição árabe da discrição para o exterior. Há qualquer coisa de "asiático" nos edifícios de referência em forma de palácio. Curiosamente, é esse lado "rococó" que encanta as paredes de terra sem anular a força e a simplicidade das volumetrias.

Antes que os efeitos da descoberta de petróleo no Iémen façam deste vale uma periferia pobre da Arábia Saudita, hei-de lá voltar. Por agora aguardo, porque neste paraíso as mulheres ainda são sombras na paisagem. Mas sei que será ainda nesta vida.

PALMIRA, A GRACIOSA

A segunda vez no deserto foi mesmo no deserto. Não no do Iémen, que realmente começa para lá do vale de Hadramaut e se estende para Norte, mas no sírio-jordano, que é de areias calcinadas pelo Sol. Há tantos tipos de deserto como oásis. O deserto real não é o das fotografias de dunas com promessas de chá ao pôr-do-sol. É muito agradável chegar a um desses lugares na companhia de beduínos ou de berberes e assistir ao decantar do precioso líquido, precipitado vezes sem conta de um bule nas alturas, para pequenos copos de vidro colocados num tabuleiro de prata gasta, enquanto o Sol faz a sua última exibição do dia. Esse deserto gentil e "pronto a servir" é a excepção e não a regra. Desconfie das fotografias, que são como as miragens, e acredite nos nómadas e nos geólogos, que deram aos desertos diferentes nomes, consoante a dimensão dos calhaus e a morfologia do terreno.

A entrada no deserto sírio, por exemplo, tem poucos encantos para oferecer. De Damasco, chega-se a Palmira com a boca seca. A vegetação vai-se tornando progressivamente mais rara e a planura é de uma sonolenta monotonia. Parece lá ter sido colocada para que o viajante se convença que o melhor do deserto não é a travessia, mas a chegada. De facto, a primeira visão de Palmira é a de um oásis com todos os pergaminhos. Ainda por cima, o viajante tem à sua espera elegantíssimas ruínas romanas, escondidas entre palmeiras e oliveiras. Orlando Ribeiro, o "pai" da Geografia portuguesa, tomou de empréstimo uma ideia antiga para definir os limites do Mediterrâneo: ele fina-se onde repousam as últimas oliveiras. A Leste, deve ser por ali.

Esta fronteira não é apenas a da Natureza. Palmira foi uma cidade "tardia", do primeiro século da nossa era. No seu apogeu, em meados do século III ec, era mestiça: falava e escrevia em aramaico, pedia favores a Bel, um deus babilónico, e a sua arquitectura, de influência grega, tinha a rigidez dos persas e assinatura romana. Quanto ao povo, esse era maioritariamente árabe. Por esta descrição se percebe que a importância da cidade se devia à sua localização, na fronteira entre os dois impérios de então, o parta e o romano.

A cidade acolhia as caravanas de seda e especiarias da China e da Índia que se dirigiam para o Mediterrâneo. Embora pertencesse ao Império Romano, Palmira gozava de autonomia. A avaliar pelas ruínas, deve ter taxado em conformidade a sua vocação de entreposto comercial. A avenida das colunas de Palmira tem bem um quilómetro e o templo de Bel, com uma praça de 200 por 200 metros, não lhe fica atrás em grandeza. Quem caminhe por estas ruínas imagina facilmente como seria a cidade. Pode, até, enchê-la de patrícios e comerciantes, animar-se com a chegada da mais recente caravana e passear-se no bulício do mercado. São poucas as cidades antigas que propiciam este tipo de reconstituições imaginárias. Das que conheço, só Éfeso lhe pede meças. Mas esta cidade da costa da Anatólia tem tudo a seu favor: situa-se num vale entre montanhas, apresenta um declive suave que favorece vistas e detalhes e conserva em magnífico estado, quer a calçada principal da cidade e os seus passeios em mosaico quer alguns dos principais monumentos. Palmira, em contrapartida, oferece do alto da sua principal colina uma visão de conjunto que, por si só, justifica a visita. É, aliás, por aí que se deve começar.

À direita do olhar temos a cidade dos mortos, que é um vale de túmulos, à maneira dos egípcios ou dos gregos. As sepulturas mais discretas estão assinaladas com pilhas de pedras. Mas no período áureo da cidade, os aristocratas e os comerciantes mais ricos construíram torres funerárias. Algumas alinham-se como se fossem parte de uma muralha em ruínas. No interior destes mausoléus, as sepulturas foram decoradas com baixos e altos-relevos dos defuntos e as paredes apresentam séries alinhadas de gavetos, com espaço para os corpos de toda a família e respectivas serventias.

Ao centro, podemos apreciar a grande avenida das colunas e as ruínas principais que mergulham no enorme palmar que ainda é habitado por algumas dezenas de famílias rurais que cultivam a oliveira e dela extraem o azeite. A grande maioria da população vive na cidade moderna, que se alinha mais à esquerda ao longo de uma estrada que atravessa o palmar. Ainda mais ao fundo no horizonte de visão, lá está o rio que viabiliza o oásis, enquadrado pelas areias do deserto. As grandes vistas, repito, dispensam os pormenores. Da colina onde nos encontramos não se distingue, nos confins da cidade moderna, a prisão que a remata. Mas essa é outra história, a que por agora vos poupo.

Síria, Palmira. Em baixo: o seu templo dedicado a Bell. Plano seguinte: Vista do Vale dos Mortos em Palmira

Síria, torre funerária em Palmira

AS AMBIÇÕES DE ZENÓBIA

Por que se perdeu Palmira? Por excesso de ambição. Em 266 ec, o governador da cidade, Odainath, derrotou o rei persa Sapor. Esta vitória foi preciosa para o império romano de Oriente, forçado a combater em várias frentes simultâneas. Contudo, o vencedor não desfrutará do seu triunfo. Dois anos mais tarde é misteriosamente assassinado e será Zenóbia, a viúva, a beneficiar com a ocorrência:

> *"Zenóbia recebia as honras à maneira dos persas, mas aparecia nas assembleias públicas como os romanos, com um casco na cabeça e um cinto ornamentado com um fio de cor púrpura. (...) Os seus olhos eram negros e penetrantes (...), o seu espírito de uma profundidade divina e a sua beleza inacreditável."* [31]

Garantem ainda as crónicas que, além de divina e inteligente, Zenóbia falava fluentemente aramaico, grego e egípcio e era dotada de desmesurada coragem. Talvez fossem qualidades a mais para uma pessoa só, ou os cronistas exagerassem. Ou talvez não fosse questão de exagero, mas de projecção masculina de sonhos e temores. Com efeito, todas as mulheres lendárias do antigo mundo mediterrânico foram descritas como Zenóbia, o que me leva a supor que em tais descrições pesava mais a exorcização do que o apego

[31] In *L'Histoire Auguste.*

Síria, ruínas do palácio de Zenóbia em Palmira

aos factos. Cleópatra era como Zenóbia e tramou-se; a Kahina, grande líder berbere judaizada, além dos atributos acima referidos, seria insaciável com os homens e também se estampou; mesmo Aicha, a mais nova das esposas do profeta Maomé, mãe dos crentes, que era igualmente bela e despachada, se finou quando dirigiu as suas tropas contra Ali na batalha que selou a fractura entre os muçulmanos.

Fossem quais fossem os atributos da divina Zenóbia, a verdade é que ela aproveitou uma conjuntura de disputas intestinas em Roma para lançar as suas tropas sobre o Egipto, a Sul, e a Ásia Menor, a Norte. Este esforço militar perseguia um sonho: a rainha guerreira queria que Roma a nomeasse imperatriz das terras orientais. Quem não esteve pelos ajustes foi o imperador Aureliano, que derrotou o exército de Palmira em Homs, antes de cercar os insurgentes na sua própria cidade. Durante meses, os sitiados foram intratáveis. A rainha ainda procurou furar o cerco e reverter o sistema de alianças, mas foi detida quando se preparava para atravessar o Eufrates, solicitando a ajuda dos partas.

A história transforma-se em lenda porque Aureliano a leva cativa para ser exibida no desfile do triunfo, em Roma e não se sabe o que depois lhe aconteceu. As versões dividem-se. Há quem sustente que Zenóbia morreu no caminho; outros afirmam que participou na cerimónia, coberta por correntes de ouro, e que teria desposado um senador romano, vivendo o resto da sua

Jordânia, estação de comboios de Amã.

vida como *domina* romana. Uma terceira variante, mais sangrenta, acusa Aureliano de a ter assassinado após o desfile. Escolha a que mais lhe agradar. Para a história fica a memória da sua tenacidade entre os palmirenses, que se revoltam de novo um ano após os acontecimentos narrados. Desta, foi de vez. Os romanos preferiram destruir a cidade que tinham ajudado a construir e ela caiu no esquecimento.

O CAMELO DE FERRO OTOMANO

O apogeu de Palmira coincide com o ocaso de Petra, que se situa na Jordânia. Em linha recta, são quatrocentos quilómetros através do deserto que não se recomendam. Mais sensato é que regresse a Damasco, recupere forças e, ao cair da noite, vá passear pela cidade velha, que se encontra repleta de restaurantes e oferece uma variada gama de bares nocturnos. A "noite" de Damasco não é a de Telavive nem a de Beirute e muito menos concorre com a inesgotável movida de Istambul, que pede meças a boa parte das capitais europeias. Mas também não é a tristeza socialista dos anos de chumbo, onde a distracção era um exclusivo dos hotéis ou ocorria no segredo das casas dos privilegiados. Poucas cidades do Médio Oriente estão a mudar tão rapidamente como Damasco.

Com um revigorante banho de civilização ocidental temperada com sabores orientais, o viajante fica preparado para o segundo lance desta etapa pelos pequenos desertos. A sugestão é simples: apanhe o trem para Amã, a capital do reino hachemita: avança à velocidade do comboio do Tua, mas não descarrila. De ferro e madeira, é uma graça que não ilude a idade que tem. Quando o vi pela primeira vez recordei-me da infinita admiração infantil que nutria pelos comboios, em particular, pelos mais pequenos. Humildemente vos confesso: sempre tive inveja dos meninos ricos que tinham comboios eléctricos em cima da mesa de um grande salão, com montanhas e rios de papelão e tufos de erva. Isso, sim, era um presente! Foi esta a memória de infância que assaltou o meu espírito quando, pela primeira vez, vi a antiga linha otomana que ligava Istambul a Meca. Tudo, da bitola dos carris à locomotiva a vapor, passando pelas estações que mais pareciam apeadeiros, me parecia digno, não de um comboio a sério, mas de uma prenda imperial. Não, aquele comboiozinho de quase trazer por casa não podia ser o que levara o progresso às areias do deserto. Aquela jóia califal parecia-se bem mais com um brinquedo de luxo oferecido por um "comandante dos crentes" ao seu pequeno príncipe.

Não me interpretem mal. Na viragem para o século XX, as duas versões não se excluíam mutuamente. O progresso era uma herança outorgada pelo monarca ao seu sucessor. Não raro, eles dirigiam os seus impérios ou domínios com elevados índices de capricho, apenas compreensíveis em crianças mimadas. Se prefiro a versão "presente de luxo" é porque ela é a que me oferece uma explicação convincente para o facto de este ser o único comboio do mundo que, não ultrapassando os 40 km/hora, consegue adiantar-se aos horários anunciados. Este tipo de partida só pode ocorrer a um príncipe brincalhão. A sério, passou-se connosco. Chegámos ao apeadeiro com meia hora de avanço e quase tivemos de correr para o apanhar. Já na carruagem, senti-me num conto de fadas. Imaginei o pequeno candidato a califa no salão dos brinquedos do palácio, colocando-nos a nós, pobres bonecos, no apeadeiro do seu comboio eléctrico; depois, o puto colocava as suas mãozinhas delicadas e roliças no acelerador e o comboio partia, deixando os viajantes em terra. E ele a rir-se e a rir-se, daquele modo malvado e gaiato que só as crianças sabem.

Abandonemos agora o salão das fantasias e passemos ao cinema, ao grande fresco que sir David Lean nos ofereceu em *Lawrence da Arábia*. O filme mostra como, entre 1917 e 1918, este caminho-de-ferro foi objecto de inúmeras operações de sabotagem que passaram à história como actos de bravura. Foram mesmo? Suponho que sim, embora pelos critérios actuais elas se catalogassem como "terroristas". Há uma razão simples para esta divergência de olhares: foi um britânico, Thomas Edward Lawrence, que as dirigiu e quem ganha as guerras é que estabelece a verdade oficial sobre elas. Deixemos, portanto, as classificações – que tantas vezes iludem mais do que esclarecem – e detenhamo-nos na epopeia que o filme evoca: a revolta árabe.

A linha dos otomanos representava, de facto, o progresso. O problema é que este nunca é uma via de sentido único. A vitória do comboio favorecia os grandes comerciantes de Istambul, as tribos árabes sedentárias e as elites urbanas. Era, também, um poderoso instrumento de centralização imperial e de locação de recursos. Em duas palavras, acelerava o tempo. Mas não há bela sem senão. O caminho-de-ferro representava igualmente a derrota do monopólio do comércio de longa distância pelas caravanas de camelos. De um só golpe, rasgava os equilíbrios milenares em que assentava a economia das areias e as relações de força entre as tribos árabes. As caravanas não davam alimento e ganho apenas aos comerciantes que nelas seguiam. Eram também uma importante fonte de rendimento para as castas guerreiras das tribos nómadas que as protegiam e para as que cobravam direitos de passagem. A intrusão do comboio neste mundo afectou ainda as tribos que faziam das razias uma forma de sustento e prestígio simbólico. Para este mundo antigo, aquele progresso sobre carris era uma usurpação. Antes de saberem por que campo optar numa guerra mundial que nada lhes dizia, as tribos beduínas tomaram partido a favor ou contra o comboio. Como se vê, o envolvimento das massas em grandes narrativas é quase sempre menos glorioso do que parece. Os homens, como os deuses, gostam de escrever direito por linhas tortas.

Na revolta árabe, Lawrence jogou um papel indiscutivelmente importante. Não foi ele que inventou a guerrilha; mas foi quem percebeu que era possível actualizar a tradição das razias às caravanas e entrepostos, canalizando-a contra a ameaça que rasgava o deserto. David Lean mostra como os chefes beduínos se aliavam à revolta ou regressavam aos acordos com os otomanos, em função das expectativas de saque ou da generosidade dos pagamentos que Istambul lhes pudesse oferecer para ficarem quietos. Nada disto retira um grama de heroicidade a uma revolta que acabou por ganhar o coração dos beduínos, nem diminui o mérito do britânico que soube compreender as motivações daqueles que queria mobilizar para a guerra. Mas o que o filme, voluntária ou involuntariamente, nos mostra é que a história destas areias é persistente. Ela repete-se e repete-se, mesmo quando adquire novas vestes.

Nos séculos XIX e XX o Médio e Próximo Oriente assistem à emergência simultânea do colonialismo e do nacionalismo. A Primeira Grande Guerra serviu de cenário a ambas. Nessa trama, *El Laurens* foi um manipulador manipulado num jogo que o ultrapassava. Por causa de Peter O'Toole, recordamos o agente britânico como um heróico príncipe das areias, que a insolação e uma violação quase conduziram à loucura. Revejo uma vez mais o filme e gosto francamente do ponto de vista do argumentista. Como escreveu André Malraux, se Lawrence *"não se transformou num árabe, pelo menos deixou de ser um estrangeiro."*

A vida deste inglês nascido em França, bastardo e aristocrata, frio e apaixonado, tímido e demencialmente corajoso, tem sido objecto das mais variadas leituras. Pessoalmente, vejo-o, ao mesmo tempo, como Heitor e Aquiles numa *Ilíada* dos tempos modernos. Lawrence bateu-se sinceramente por um reino pan-árabe que fosse amigo de Inglaterra. Essa não era, contudo, a política do império. O herói encontra-se, como reconheceu, *"em permanente guerra civil interior".* Num momento desânimo chega a escrever:

"É sobre a fé numa mentira que nós os chamamos a baterem-se por nós e isso não sou capaz de suportar." [32]

Do fundo do seu coração, Lawrence sabia que o seu desejo não passava de uma miragem.

O GRANDE JOGO

Em 1916, Ronald Storrs, alto funcionário dos serviços de informação ingleses no Cairo e amigo de Lawrence, desabafou:

"No que nos concerne, não era tarefa de ninguém harmonizar as políticas diferentes do Foreign Office, do India Office, do almirantado, do War Office, do governo das Índias e da residência do Cairo. A revolta árabe, quando começa, requer a competência de pelo menos três comandos militares, o do Egipto, o do Iraque e o de Aden." [33]

Não cabe na economia deste livro discutir se o caos na política britânica para o Médio Oriente foi estrategicamente gizado, ou se as diferenças de perspectiva, não raro opostas, se acabaram por encaixar umas nas outras. O que é matéria de facto é que o Império Britânico faz, entre 1915 e 1917, quatro promessas simultâneas de terra: Saint John Philby, o pai do famoso agente soviético Kim Philby, apoia na Península Arábica a casa de Ibn Saud, que quer afastar o xerife de Meca, o hachemita Hussein, dos desertos do Hedjaz (o Norte da Península). Os serviços britânicos do Cairo, por seu turno, desejam que Hussein se envolva na guerra contra os otomanos. Este manteve-se prudentemente de fora do Grande Jogo até receber a seguinte declaração, assinada pelo ministro da Guerra britânico:

"O governo de sua majestade, o rei de Inglaterra e imperador das Índias, declarou que no fim da guerra, a independência da península arábica e dos lugares santos muçulmanos figurará como condição imperativa nos artigos das condições de paz. Não anexaremos nenhum pedaço da península, nem permitiremos a outra potência que o faça. A vossa independência de qualquer governo estrangeiro é assim assegurada." [34]

[32] Citado por Raphael Lahlou in *Lawrence d'Arabie ou l'Epopée des Sables*, pág. 97; Bernard Giovanangeli Éditeur, 2005.

[33] Idem, pág. 58.

[34] Ibidem, pág. 61.

Em 1916, os ingleses tinham, portanto, prometido as mesmíssimas areias às duas casas rivais e inconciliáveis que as habitavam. Ao mesmo tempo, Mark Sykes, um deputado britânico autorizado pela coroa e que Lawrence desdenhava por *"não ter paciência para testar os materiais antes de escolher o estilo da arquitectura"*, fecha com Georges-Picot, um alto funcionário francês, um acordo secreto para a partilha do Império Otomano entre as duas potências aliadas: a França ficaria com o Líbano e a Síria, e a Inglaterra com o Iraque, a Pérsia, a Palestina e a Península Arábica. A promessa feita ao príncipe Faiçal, filho de Hussein, de um reino árabe nas terras dos árabes, foi, assim, secretamente rasgada. Como se não bastasse, o lorde Arthur James Balfour, ministro dos Negócios Estrangeiros de Londres garante, numa declaração escrita datada de 2 de Novembro de 1917 ao representante da comunidade judaica inglesa que

"O governo de Sua Majestade encara favoravelmente o estabelecimento, na Palestina, de um 'foyer' nacional para o povo judeu." [35]

Os britânicos foram, portanto, muito generosos nas suas promessas. Esta última, que visava compensar as concessões feitas antes à França, introduzindo na Palestina um aliado seguro que garantisse a intocabilidade do canal do Suez, estratégico para os interesses do império, revelar-se-ia a mais difícil de gerir. Como sublinhou Arthur Koestler, intelectual húngaro de ascendência judaica,

"Uma nação prometeu solenemente a uma segunda o território de uma terceira..." [36]

É neste Grande Jogo que Lawrence irá fazer o seu Pequeno Jogo. Compreendamo-lo: tem pelos turcos uma animosidade que roça o racismo, desconfia britanicamente dos franceses e admira genuinamente os beduínos, que começou a conhecer quando, ainda estudante, fez a sua primeira viagem por estas terras. Em 1917, os serviços de informação britânicos do Cairo destacam-no para acompanhar o príncipe Faiçal. Não podiam ter escolhido melhor. Lawrence conquista o seu coração e será capaz de levar a guerra de guerrilha até ao paroxismo. Mas é, também, tomado pelos que o acompanham. É genuína a sua transformação em El Laurens. É este Lawrence, e não o agente britânico, que quer que o seu príncipe chegue a Damasco antes do exército britânico, numa posição de força que obrigue o seu próprio país a desfazer o nó de promessas em que se metera.

Foi a lucidez que o conduziu à pulsão suicidária que revelou em algumas das suas operações militares? Seria a morte em combate uma libertação? Não sabemos. Mas intuímos que se identifica progressivamente com os

[35] A carta de Balfour ao lorde Rothschild pode ser consultada na Internet. Depois da promessa, a missiva insiste no respeito pelos direitos civis e religiosos que os judeus deveriam garantir aos que o não eram.

[36] Citado por Alain Gresh e Dominique Vidal, in *Les 100 Clés du Proche-Orient*, pág. 119; Hachette Littératures, 2006.

seus homens, no modo como a primitiva timidez cede à pose altiva de chefe de razia. Lawrence aceitará dos beduínos os títulos honoríficos que recusará, mais tarde, em Londres. Quando se demite poucos dias depois da revolta ter tomado Damasco, regressa a Inglaterra com uma dúvida angustiante:

"Como irão as grandes potências deixar os árabes fazer o seu caminho?" [37]

Ele conhecia a resposta. Em Inglaterra, continuará a organizar razias e saques, mas agora de caneta, contra a *realpolitik* das potências vencedoras. Assiste, angustiado, ao enterro da ideia de uma nação árabe unificada. Apesar disso, aceita assessorar Winston Churchill durante ano e meio, procurando salvar os cacos de uma política cínica e irresponsável. Faiçal e Abdallah, dois dos quatro filhos do velho Hussein, xerife de Meca, têm uma dívida inestimável para com o seu amigo britânico. Se receberam de Inglaterra os protectorados do Iraque e da Transjordânia, em grande medida a ele o devem. O Pequeno Jogo de Lawrence acabou por ser isso mesmo, um prémio de consolação. Mais a Sul, na Península Arábica, os britânicos não deixaram de apoiar os Ibn Saud na guerra civil que moveram aos hachemitas, ainda sediados em Meca. A Arábia Saudita nasceu rigorista e tribalista, em 1925, com o beneplácito de Londres. E os imigrantes judeus que, em vagas sucessivas, iriam chegar à Palestina, acabaram mesmo por conseguir criar o seu Estado.

No início dos anos 20 do século passado, as areias foram esquartejadas a régua e esquadro, não pelas linhas invisíveis que as tribos nómadas nelas traçavam, mas pela mais antiga das estratégias políticas – a que divide para reinar. O progresso tem destas coisas. Selvagens, bárbaros e sangrentos eram os nómadas das razias e dos saques; civilizados e fleumáticos são os que partem e repartem para ficarem com a melhor parte.

A ECOLOGIA ANTES DELA

Quando a Jordânia dos hachemitas começou a pensar em explorar as suas virtualidades turísticas, a rainha Noor, uma norte-americana de ascendência árabe que casara com o rei Hussein, filho de Faiçal e neto do Hussein de Meca, lembrou-se de convidar Steven Spielberg para conhecer Petra. O realizador andava à procura de um cenário exótico para o clímax do terceiro episódio das aventuras de Indiana Jones e acedeu ao convite. Uma rápida vistoria ao lugar convenceu o cineasta: estava encontrado o desfiladeiro e a fachada do templo que iriam colocar a cidade no mapa das maravilhas do Mundo.

Como Palmira, Petra era um entreposto para caravanas. Elas chegavam da Península Arábica com mirra, incenso e cardamomo do Hadramaut dirigindo-se para os portos do Levante. No retorno, a cidade era a derradeira paragem num lugar civilizado antes do grande mergulho nas areias sem fim.

[37] Carta de Lawrence ao comandante militar de Acaba, citada por Raphael Lahlou na obra já referida, pág .116.

Jordânia, Petra: fachada do Al-Resné

Petra é uma cidade escondida entre montanhas. Ninguém classificaria de deserto as terras que a envolvem, que são de rocha, pedras e pedregulhos. Contudo, assim é: tem as temperaturas próprias dos ditos e recebe menos de 150 mm de pluviosidade por ano.

A cidade deve o seu nome ao topónimo aramaico de *RQM*, que significa bicolor. É apropriado, já que as suas rochas são de um grés raro, que alterna tons cremes e vermelhos, com estrias verdes e azuladas, dando origem a texturas surpreendentes. Todavia, o que impressiona em Petra é o modo como as fachadas dos monumentos – em regra, funerários – esculpiram a montanha e a beneficiaram. Em Petra, a arquitectura não se impõe à Natureza, inclina-se ante ela, com respeito e diligência. Nesse seu modo educado, antecipa, em dois mil anos, algumas das mais modernas conclusões da ecologia urbana, que privilegiam os materiais locais, o aproveitamento dos recursos naturais e modos de circulação que respeitem os relevos.

A comparação entre o templo de entrada e o que fecha a cidade ajuda a compreender esta rara cortesia dos homens com o meio onde vivem. O primeiro começa a entrever-se ainda no desfiladeiro de acesso à cidade – é o Khazneh Fir'aoun. Imponente, anuncia: eis-vos em Petra, a magnífica, e eu sou o seu tesouro, o Al-Resné. O segundo templo, pelo contrário, fica no extremo oposto do lugar e no topo de uma montanha. É preciso subir uma garganta de 832 degraus para lá se chegar. O que esse antigo mosteiro, o El-Der, nos explica, é que no fim das grandes ascensões apenas ficam o despojamento e a sobriedade. Os dois templos têm sido comparados porque são parecidos. De facto, não é bem assim. O Tesouro é um monumento funerário de clara influência grega; já o mosteiro era o centro das celebrações religiosas do povo que habitava o lugar, os nabateus. O Tesouro foi construído em altura; o mosteiro foi-o em altura e em comprimento e o seu aspecto é mais equilibrado. As suas linhas decorativas foram reduzidas ao essencial, o que contrasta com os acabamentos refinados do primeiro dos templos. Já perceberam porque prefiro o mosteiro. A sua arquitectura beneficia do saber decorativo e técnico dos gregos, mas assume o minimalismo do povo do lugar e partilha, com uns e outros, o gosto das alturas.

Poupo-vos à descrição da cidade, que se pode visitar num só dia, mas que ganha em ser saboreada com mais tempo, dada a variedade de detalhes que proporciona. Em compensação, permitam-me que especule um pouco sobre os nabateus, ainda mal estudados. A versão corrente é a de que seriam nómadas que aqui se instalaram durante os séculos VII e VI aec. É plausível. Quando a sedentarização apresenta vantagens, os nómadas optam por ela. A questão é outra: de onde vieram? Qual a origem dos nabateus?

ONDE AS HISTÓRIAS SE CASAM

Quando se percorre o desfiladeiro de acesso a Petra, são visíveis as condutas de água escavadas na rocha. Originalmente, estavam dissimuladas, para que o adversário não as detectasse durante um hipotético cerco à cidade. Por outro lado, os nabateus sabiam captar a água das chuvas, drenando-as para grandes cisternas, também escavadas na rocha. No século VII aec, vários povos da região tinham conhecimentos equivalentes, mas poucos eram os que dominavam também a técnica da domesticação dos camelos, de que só começa a haver notícia três séculos antes no reino de Mar'ib, que se situava no centro e Norte do actual Iémen.

Deste reino não se conhece tanto como a lenda que o rodeia. No entanto, os historiadores coincidem na avaliação do importante papel que jogou em toda a região. Foi em Mar'ib que primeiro se domesticaram os camelos, o que permitiu impulsionar o comércio de longa distância através dos desertos. A mirra e o incenso, que eram resinas abundantes no vale do Hadramaut, passaram a ser transportadas em quantidades apreciáveis para o Egipto e para o Mediterrâneo, onde eram muito apreciadas. Evidentemente, quem detinha o monopólio do novo meio de transporte beneficiou largamente da circunstância.

Mar'ib não dependia apenas do controlo das rotas de comércio. Era uma civilização produtora de alimentos, muito avançada nas técnicas de captação e drenagem de águas. Grande parte da sua população era sedentária, vivia em aglomerados de tipo urbano e dedicava-se à agricultura. A capital da rainha

Nesta página e na seguinte: pormenor de Petra, Jordânia.

Sabá era uma cidade e não uma simples aldeia, como a então Jerusalém de Salomão. Serão os nabateus os herdeiros deste reino desaparecido em pleno esplendor, tanto quanto se sabe devido a uma catástrofe natural que destruiu a grande barragem que controlava as águas no mais produtivo dos seus vales? Por outras palavras: podem os fundadores de Petra ser o resultado de uma civilização sedentária, que circunstâncias excepcionais obrigaram ao nomadismo? Se gosto desta hipótese é porque ela responde ao sobressalto que tive quando me deparei com a simplicidade geométrica dos motivos esculpidos nos monumentos nabateus de Petra. Têm espantosas semelhanças com as gigantescas estelas que ainda hoje se podem apreciar em Axum, no norte da Etiópia. Acontece que estes monólitos de pedra, com cerca de três mil anos de idade, não se devem a nenhum saber autóctone de então, nem à subida do Nilo por egípcios, algo que só ocorrerá muitos séculos mais tarde. É muito provável que as estelas etíopes, embora trabalhadas por artesãos locais, tenham sido inspiradas na cultura de Mar'ib, se é que não foram obra de colonos que atravessaram o Mar Vermelho e em Axum se sediaram. A arquitectura revelaria assim uma singular triangulação: na base, etíopes e maribes; no topo, redescobrindo saberes ainda não esquecidos, os nabateus. Sem reino, estes teriam sido condenados ao nomadismo; três séculos mais tarde, quando encontraram o seu vale de eleição, reencontraram-se com o seu próprio passado. Em tribunal, nenhum destes "elementos de

prova" seria mais do que circunstancial. Mas num salão de prosa ou num livro de viagens, é diferente: como num passe de mágica, este capítulo regressa alegremente ao vale do Hadramaut, o da minha eleição. Epifanias...

A DESCOBERTA DE PETRA

Depois de exposta a sucessivas crises e abalada por terramotos, Petra definhou e, como muitas outras cidades, foi abandonada. Durante séculos, as suas ruínas foram um segredo beduíno. Ela só é redescoberta no século XIX por um jovem suíço que, com 22 anos, fugira da Alemanha para escapar aos credores. Johann Ludwig Burckhardt estabeleceu-se primeiro na Grã- -Bretanha, corria o ano de 1806, onde se relaciona com um eminente membro da Association for Promoting the Discovery of the Interior Parts of Africa. Foi um daqueles encontros que mudam uma vida. Na sequência, Burckhardt foi contratado para descobrir as fontes do Níger.

Aventuroso, o jovem suíço não era parvo. Ele sabia que para chegar ao coração da África teria de atravessar regiões predominantemente muçulmanas sem se fazer notado. Decidiu aprender árabe, primeiro em Cambridge, e depois em Alepo, no Norte da actual Síria. Adoptou os costumes e as vestes locais, melhorou o sotaque do seu árabe, estudou o Corão e a *sharia* e aprendeu de cor, como todos os muçulmanos, passagens inteiras da palavra revelada. Para completar a sua transfiguração, adoptou o nome de Ibrahim ibn Abdullah.

Ainda antes de se atrever ao mergulho em África, testou a sua cobertura, viajando com beduínos na Síria e no Líbano. Como as coisas correram bem, em 1812, tomou a direcção do Egipto, o que o levou a atravessar a actual Jordânia. Passou por Jerash, Amã e Kerak, onde um xeque local o reteve durante 20 dias e lhe arrancou quase todo o dinheiro que levava. Quando chegou ao deserto de Petra, pediu ao guia para fazer um pequeno desvio de rota, porque queria conhecer o Wadi Musa, o rio de Moisés. Alguns beduínos tinham-lhe falado de uns fantásticos monumentos que por aí haveria, mas Burckhardt, aliás, Ibrahim, tinha que ser cauteloso. Os beduínos são tão hospitaleiros quanto desconfiados e, mesmo sob disfarce, levantaria suspeitas se demonstrasse um excessivo interesse pelo local. Eles estavam convencidos que Petra escondia tesouros – que, aliás, tentaram descobrir em vão – e estavam certos de que o vale escondido seria invadido por uma chusma de caçadores de tesouros, caso a notícia se propagasse. Ardiloso, Burckhardt convenceu o seu guia de que desejava simplesmente homenagear o profeta, sacrificando um carneiro no *djebel* Harun. Reticente, ele acedeu.

Deve ter sido horrível para o suíço, então com 28 anos, passar pelo Khazneh Fir'aoun, pelos túmulos reais e pelo teatro, dando a impressão de que nada daquilo lhe interessava. Imaginem um explorador proibido de contemplar, tirar notas e fazer desenhos... *"Será que descobri mesmo as ruínas da capital da Petra árabe? Deixo aos helenistas a tarefa de responder"*, escreveria mais tarde. Sim, tinha descoberto mesmo e, felizmente, o lugar nunca foi pilhado.

Burckhardt viajou ainda pela Núbia, pelo Sudão e pela Península Arábica. Acabou mesmo por se converter ao Islão, fez a ritual visita a Meca e entregou a alma a Alá com 33 anos de idade. Mas foi aquele dia mágico em que atravessou o Wadi Musa que fez a sua fama.

O GRANDE VIAJANTE

Este é o momento de se evocar Ibn Batuta, de quem injustamente se diz ter sido o "Marco Pólo dos muçulmanos". É verdade que este tangerino nascido em 1304 iniciou as suas viagens quando o veneziano terminava os seus dias. Mas Batuta viajou bem mais e descreveu o que viu e ouviu com maior precisão e menor fantasia. Viveu 65 anos, uma raridade entre os grandes viajantes, que costumam morrer cedo.

Ibn Batuta fez quatro grandes viagens, que foram 28, se considerarmos as cidades em que se deteve sem se fixar. A sua primeira viagem foi bem maior do que as seis que fizemos para filmar o nosso *Périplo*. Parte da sua cidade natal para o Cairo, seguindo a costa mediterrânica. Andou depois pelo Nilo, regressando à capital dos mamelucos antes de se atirar ao Levante: Gaza, Hébron, Jerusalém, Tiro, Sídon, Beirute, Tripoli, Lataquia e Antioquia pontuaram a sua rota costeira. Deriva depois para o interior, para lá das montanhas. Conhece Alepo, Homs, o castelo de Saladino e o crack dos Cavaleiros. Desce um pouco mais, conhece as ruínas romanas de Baalbeck e segue para Damasco. *"Se o paraíso é em terra, é em Damasco e não em qualquer outro lugar"*, garante, a um passo da heresia. Com o pecado na ponta da língua decide ir a Meca, passando por Bosra, outra cidade romana, Petra e, obviamente, Medina. Não ficará muito tempo na cidade das peregrinações, que a ela regressará por mais de uma vez. A sua viagem afasta-se, então, das nossas rotas e dirige-se para o actual Iraque. Bassora, Nadjaf e Bagdade encontram-se no caminho que o vai levar a Ispaão, no actual Irão. Levou dois anos nestas andanças e foi coisa de pouca monta, como se verá.

A segunda grande viagem parte de Ispaão, desce a Península Arábica, atravessa o Mar Vermelho e percorre a costa oriental de África até às terras dos swalis, antes de regressar a Meca. Neste périplo para Sul, leva outros dois anos.

A terceira viagem, iniciada em 1330, é a maior das suas aventuras. Coloquemo-lo em Éfeso, na costa da Anatólia. Ele dirige-se para a Crimeia, onde conhece a Horda de Ouro dos Uzbeques, e para a Bulgária, onde descobre o frio, os dias curtos e as mulheres sem véu. Deriva ainda mais para Leste. É pelas terras altas do Crescente Fértil que atinge Samarcanda e Nichapur, que o encantam. Vemo-lo agora seguindo as caravanas que se dirigem para Oriente. Na Índia, pára em Deli, onde é nomeado embaixador com destino à China. O novo lanço da expedição corre mal e Batuta teve medo de se apresentar de

Jordânia, estrada de Amã para Petra. Na página anterior: o Mar Vermelho visto de Acaba.
No final do capítulo: vista do Wadi Rum

novo ao serviço. Seguiu, por isso, para as ilhas Maldivas, onde lhe atribuem o posto de cádi e onde se casará várias vezes. Neste ponto do relato, o leitor menos familiarizado com a cultura do tempo já deve ter reparado que os viajantes, embora jovens, eram muito respeitados. Contudo, não exercerá o cargo de juiz por muito tempo. Talvez tenha sido por causa das mulheres, ou por outros motivos não nomeáveis. O certo é que as invejas locais não o deixaram em paz e ele retoma a sua viagem na direcção de Pequim. Pelo caminho, visita o Pico de Adão, no actual Sri Lanka, a ilha de Sumatra e a Malásia. Só quando atingiu o outro lado do mundo se decidiu, finalmente, a regressar à sua cidade natal. Como o conseguiu quando, por todo o lado, a peste negra ceifava vidas como nenhuma guerra o fizera antes, é uma incógnita. Ibn Batuta chega a Tanger 20 anos depois de a ter abandonado. Regressa sem filhos e sem mulher, depois de ter espalhado os seus genes pelos mais improváveis lugares da Eurásia.

Quem assim viaja, a pé, de camelo ou de dromedário, a cavalo e de burro, dificilmente se reforma aos 45 anos. É por isso que encontra ainda energias para atravessar o Sara ocidental, de Norte para Sul, até ao Mali. Em quilómetros parece coisa pouca. Mas esta sobremesa no remate de uma vida plena foi, seguramente, difícil. No Sara não se passeia. Pela rota que seguiu, muitos se finaram, antes e depois dele. Batuta não se contenta em chegar a Sijilmassa. Visita ainda Teghazza, Walata e Tombuctu, cidades de estranhas sonoridades, e atravessa os grandes maciços montanhosos do Air e de Ahaggar. Chega

ao reino berbere de Touat, que ainda se mantinha fiel à religião judaica. Se quisermos ser justos, por terra, não houve viajante como ele.

NÓMADAS E VIAJANTES

Ibn Batutta era um nómada? Bruce Chatwin pensava que sim. Para este escritor, todos os viajantes são nómadas. Ele próprio se via como um nómada e achava que esse era o Mundo que valia a pena:

> *"A coisa melhor é caminhar (…) Porque a vida é uma viagem num deserto. Este conceito, banalmente universal, não teria sobrevivido se não fosse biologicamente verdadeiro".* [38]

Não estou seguro de que este grande escritor de viagens esteja certo. O caminho faz quer o nómada quer o viajante. Mas existem, entre ambos, diferenças que não são de pormenor. Como o próprio Chatwin reconhecia,

> *"Um nómada não erra sem destino de lugar para lugar, como explica certo dicionário. A palavra deriva do latim e do grego e significa "pastorear". As tribos de pastores seguem os padrões migratórios mais conservadores e só os mudam em tempo de seca ou de catástrofe. Os animais fornecem a alimentação; agricultura, comércio e pilhagem são lucros suplementares".* [39]

[38] Bruce Chatwin, in *Anatomia da Errância*, pág. 133; Quetzal, 2008.

[39] Idem, pág. 114.

Os nómadas não "erram", os viajantes, sim. Ambos andam e andam, mas uns porque precisam e os outros porque gostam. A certo passo das suas errâncias, Chatwin atribui a um beduíno uma frase que poderia ser a de um viajante:

> *"Subimos até junto de Deus e cumprimentamo-lo. Se se mostrar hospitaleiro, ficamos com ele; se não, montamos os cavalos e partimos."* [40]

Este desprendimento liga o nómada e o viajante, enquanto o são. Mas o primeiro, se puder, sedentariza-se; o segundo, pelo contrário, é um sedentário carente de movimento. Uns e outros encontram-se no deserto, mas não são irmãos gémeos. Talvez primos distantes.

Enquanto Ibn Batuta andava em cima de um dromedário de duas bossas pelas estepes frias da Ásia central, nascia em Tunes Ibn Khaldoum. De ascendência nobre – a árvore genealógica da sua família tinha raízes num clã do vale do Hadramaut, no Iémen do Sul, que imigrara para ocidente no século VIII – este árabe é unanimemente considerado como um dos grandes percursores da História e da Sociologia modernas. Bruce Chatwin chama-o em socorro da sua tese:

> *"Os nómadas encontram-se mais perto do mundo criado por Deus e afastados dos hábitos censuráveis que minaram o coração dos colonos."* [41]

O historiador muçulmano conheceu bem as sociedades urbanas e as das tribos nómadas de berberes porque viajou entre esses dois mundos e em ambos viveu. Fino observador, a sua originalidade deve muito à análise comparada desses universos tão distintos. Foi muito melhor como cientista social do que como político, onde nunca primou por outra coerência que não a da sua própria vontade de sobreviver. Com efeito, exerceu múltiplas funções oficiais: foi embaixador de Granada na corte de Pedro I de Castela, secretário de Estado em Fez, vizir na Andaluzia, grande cádi da escola maliquita do Cairo, protegido e perseguido no sultanato de Tlemcen, refugiado político em Marraquexe e exilado, entre os berberes de Taghezout. Nunca parou muito tempo no mesmo lugar. Entre o luxo dos palácios, a miséria das prisões e a protecção do deserto, Khaldoum foi, principalmente, um grande observador do género humano. Criou conceitos inteiramente inovadores para o seu tempo. Um deles, a *açabiyya,* definia a "solidariedade de corpo" que um grupo ou comunidade com ligações sanguíneas fortes, pratica quando não dispõe do poder político e se propõe conquistá-lo. Khaldoum sustentava que esta característica tribal se enfraquecia a partir do momento em que se consumava o objectivo do desafio.

40 Ibidem, pág. 146.

41 Ibn Khaldoum, citado por Chatwin na obra referida, pág. 145.

O viajante que gostava de ser nómada – Bruce Chatwin – vê nesta constatação a prova de que só os nómadas escapam à decadência das civilizações.

A vida de Ibn Khaldoum ilustra rigorosamente o contrário: apesar de elogiar a solidariedade existente entre os berberes, preferiu o conforto da cidade. Criticando asperamente a decadência dos poderes que serviu, escolheu, sempre que pôde, o luxo à violência heróica da vida no deserto. Khaldoum intuiu o que a História, antes e depois dele, não se cansaria de confirmar: que as tribos nómadas guerreiras se sedentarizam, desde que tenham a oportunidade. E que, sedentarizados, os seus líderes se habituam e engordam até rebentarem de fausto. Três ou quatro gerações são quanto basta para que tal suceda. Definitivamente, Chatwin não tem razão. Só os viajantes gostam de andar com a casa às costas. Deve ser a sua forma de ganharem saudades...

PELO DESERTO DE EL LAURENS

Foi de jipe de caixa aberta que atravessámos o último deserto desta viagem. Não é arenoso, como o da Síria, nem de pedras, como o de Petra, embora tenha de umas e de outras. A sua originalidade é a dos maciços montanhosos. A região faz parte de uma grande falha geológica formada há 30 milhões de anos e os djebels atingem, sem dificuldade, os 1.700 metros de altitude. São gigantes barrocos de calcário, esculpidos pelo sopro eterno de um génio sob os efeitos de uma insolação fatal.

O momento mais fascinante para quem atravesse o Wadi Rum, vindo de Petra, é a sua entrada, quando o planalto se fina e, lá em baixo, se abre um cenário digno das terras primaciais. Não foi por aqui que Lawrence chegou a Acaba, mas a partir do deserto do Nefoud. Fê-lo de camelo, na companhia de 45 beduínos, pelo lado mais difícil e penoso. De jipe, uma criatura sente-se minúscula ante a loucura mansa daquela gente e quase se envergonha de fazer a travessia por estrada, em duas ou três horas. Ainda por cima, Acaba não justifica a viagem. A cidade do Mar Vermelho tinha muito mais graça no cenário de *Lawrence de Arábia*. Claro que a vista do mar, depois da habituação às terras desérticas, não se regateia. Mas Acaba apenas nos serviu de ponto de apoio para uma breve visita ao Wadi Rum.

Para quem nunca tenha lidado com as terras do Sol, não há como esta. Começa por uma pequena aldeia de casas de pedra e cal de beduínos que preferem os jipes e as pickups de caixa aberta às corcovas dos camelos. Foi numa que seguimos pelos trilhos marcados na areia, ao encontro do Sol da boa hora. Sim, as fotografias das revistas de turísticas são verdadeiras. Ali, são. O Wadi Rum parece feito de propósito para turistas sedentos de "miradouros" do pôr-do-sol.

O passeio oferece outras curiosidades, mesmo que apenas mordisque a fronteira sul deste deserto. Inclui pinturas pré-históricas e até uma cascata, a de Ain Shallaleh. Uma cascata no deserto? Exagero, claro. A dita cuja é um corriqueiro fio de água, um chuveirinho de hotel ao ar livre. Nos tempos da Revolta Árabe, seria um pouco mais do que isso. Lawrence descreveu-a como

"um paraíso de menos de dois metros quadrados". Mas o agente inglês já tinha sido apanhado pela doença das areias, que tudo agigantam. Por acaso, nós também. A meio da visita pedimos ao beduíno que parasse e nos deixasse, por momentos, a sós com o silêncio. A combinação entre o silêncio e a vastidão tem as proporções de uma experiência mística. Nenhum de nós era religioso, mas sentimo-nos no direito. Por alguma razão os profetas passavam largas temporadas nas areias.

Curiosamente, o que Lawrence mais apreciava nas areias era a limpeza: "O deserto é um lugar limpo", sentenciou. É capaz de ter razão. Naqueles cenários, a tentação dos lugares-comuns é irreprimível. Lembramo-nos imediatamente da comparação que associa o beduíno à experiência dos pescadores nocturnos em alto mar. Ou de outra, não menos verdadeira: o que não é evidente na cidade, torna-se óbvio no deserto – somos mesmo pequeninos e contingentes. A vastidão ensina. Não nos torna mais submissos, mas livra-nos da arrogância. Desculpem o estilo lamecha, mas ele consta do meu bloco de notas e deve ter feito parte da experiência mística. Não levem a mal.

Portanto, o deserto como cura de modéstia... Será por isso que há multinacionais que enviam os seus *yuppies* para o Wadi Rum? A certa altura distinguimos, ao longe, um grande conjunto de tendas beduínas. Por instantes, renasceu a ilusão do acampamento nómada. Afinal, era um programa especial de uma empresa de turismo jordana.

> *"É o acampamento que preparámos para os turistas de uma grande empresa estrangeira, que estiveram aqui ontem",* explicou o nosso guia. *"Dividimo-los em grupos; cada um tinha um beduíno, um camelo e uma bússola. Deviam encontrar vários objectos que enterrámos na areia e que estavam assinalados num mapa que lhes fornecemos."*

Se ainda não se está rir, faça favor. *Yuppies* no deserto, brincando ao "camel paper", é uma grande ideia. Armados com um beduíno, um camelo e uma bússola... Como terão feito? Perguntavam ao beduíno como funcionava a bússola? Esperavam que o camelo os levasse aos prémios? E quem se sentava na corcova? A senhora, o chefe ou a própria da bússola? Seja como for, chegaram aqui mortos de cansaço, esqueceram-se de números, relatórios e ordens de compra e venda, e regressaram à infância. Mais cansados ainda, mas limpos, terminaram a sua aventura com uma recepção de luxo beduíno, com velas assinalando o caminho para as tendas. *"Creio que gostaram"*, conclui o guia e nós acreditamos. Capitalismo *à la page* com deserto e aroma tribal, eis uma bela metáfora dos tempos modernos.

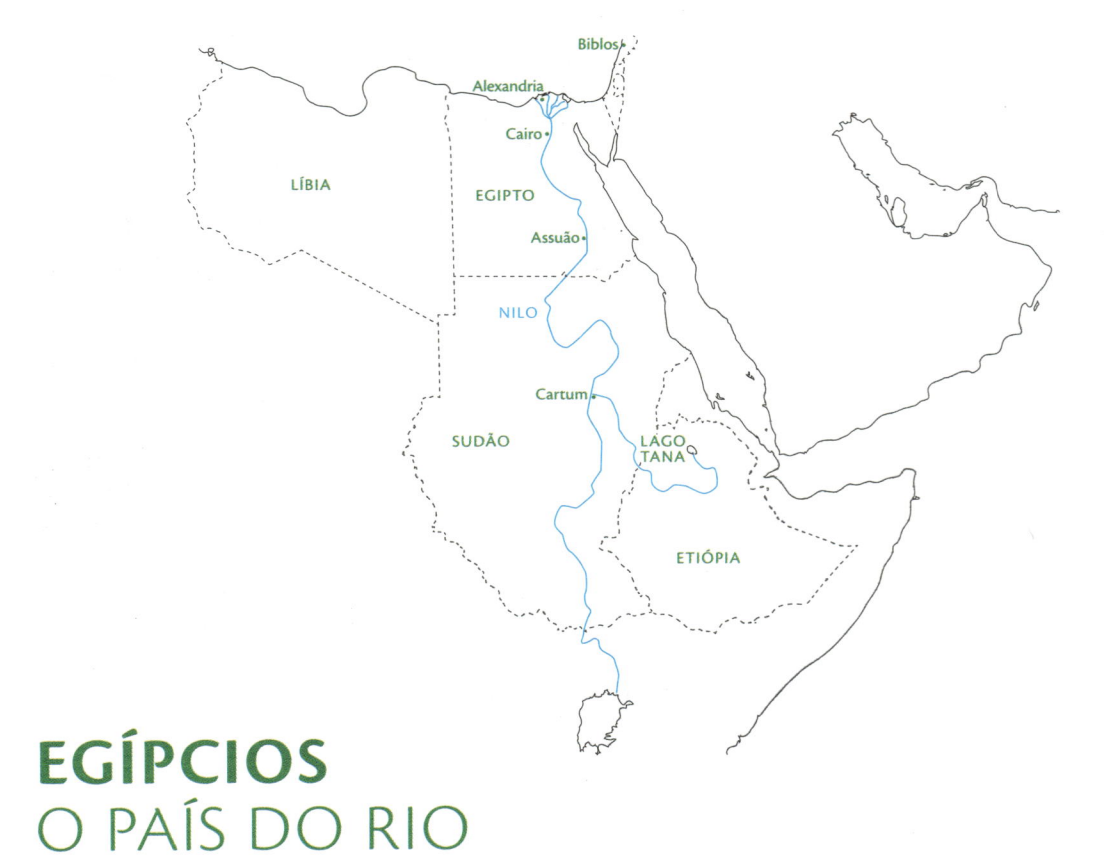

EGÍPCIOS
O PAÍS DO RIO

Para o turista ocasional, a viagem ao Egipto está traçada de antemão. No Cairo ficará o menor tempo possível, apenas o bastante para um salto às pirâmides de Gizé e à esfinge e para um passeio pelo souk da cidade velha. Com sorte, ainda encontra tempo para uma escapada ao Museu de Antiguidades do Cairo, em si mesmo uma grande aventura. As agências de turismo têm alguma razão no modo como comprimem a estada na capital. Nem o mais extraordinário e caótico dos museus, com as suas 150 mil peças, acomodadas como Deus sabe, pode substituir o inigualável museu ao ar livre que o Nilo proporciona. Depois de ter passeado entre estátuas, sarcófagos, múmias e miniaturas para todos os gostos e feitios, depois de se ter posto a adivinhar os tesouros que se escondem nos caixotes de madeira encostados às paredes do museu, o turista quer é ser colocado num cruzeiro que, na melhor hipótese, o levará até Assuão.

Fará paragens obrigatórias em Saqqarah e, bem mais abaixo, em Luxor. É aí que se encontram os colossos, que estão os templos de Carnaque e Tebas e ainda o infindável Vale dos Reis, que oferece ao visitante uma das peças de arquitectura antiga que mais terá inspirado a moderna, o templo da rainha Hatshepsut. Repleto de memórias de pedras e tintas naturais, o cruzeiro chega a Assuão, onde, no passado, se situava a primeira das seis grandes cataratas do Nilo, hoje substituída por uma barragem.

Também em Assuão o programa se quer rápido. Há que visitar o Templo de Ísis e, com sorte, Abu Simbel, que se situa bem para lá do lago Nasser, mais a Sul.

Egipto, Museu de Antiguidades do Cairo. Atrás, na entrada do capítulo: baía de Alexandria

Nesta visita inesquecível, o turista ocasional só não teve tempo para o Egipto. Não é por acaso. Para as autoridades e para as agências do país do Nilo, o passado é um prato que se serve melhor do que o presente. É uma pena. As pedras, por extraordinárias que sejam, não compensam o enviesamento dos olhares sobre "o outro". Bem pelo contrário, reforçam-no. O peso da História do Nilo induz o visitante ao julgamento: "como foram grandes! E como estão hoje..."; armado de tal convicção, o turista opta entre o sentimento de piedade e a sensação de superioridade. Na melhor das hipóteses, apaixona-se pelas próprias pedras e por quantos as ergueram e talharam, transformando o passado numa doença de amor. Mas em caso algum repara no essencial: que é a cadeira onde nos sentamos e o lugar onde vivemos que definem o modo como olhamos para o Mundo. As conclusões que retiramos das pedras dizem sempre mais de nós do que sobre as vidas dos antigos.

CONVERSA DE NARGUILÉ

O souk de Assuão é um óptimo lugar para estas divagações. Como funciona a céu aberto, o visitante é levado a pensar que a própria cidade é um imenso souk. Não é assim, mas a ilusão contém uma intuição acertada: o souk, o espaço urbano para o comércio, os ofícios e os lazeres, é o coração das cidades do Sul do Mediterrâneo.

Na Europa acelerada, o comércio ganhou em brilho o que perdeu em patine. No souk, ao invés, ainda é uma arte e uma cultura, mesmo uma religião, embora a blasfémia se deva evitar. Claro que o souk de Assuão não dispensa o frenesi, a caótica proliferação de sinaléticas e etiquetas, ou o ruído dos mercados por grosso. Esse é o modo de todos os souks, mas não o seu tempo, que é marcado pelas cadências lentas do trabalho artesanal e até pelo tempo com tempo para tudo. Este tempo é o dos cafés. Os clientes sentam-se e ficam. Jogam dominó, fumam narguilés, passam os olhos por um ou outro jornal e conversam. Conversam sobre tudo e sobre nada porque o café é o templo da palavra, tal como a mesquita é o da oração. Permitam, por isso, que engane a vossa pressa e divague. Por exemplo, um europeu que olha para a carta do Egipto, acha que o Nilo "se desce" a partir de Alexandria e do Cairo. O seu programa de viagem "desce" para Sul e quase mergulha na África profunda... Eis uma típica ilusão de óptica, só possível entre gentes do Norte. Na verdade, o Nilo, um prodígio de sete mil quilómetros, tem duas origens, uma na Etiópia e outra na região dos Grandes Lagos. Os dois braços de água encontram-se em Cartum, a capital do Sudão, onde unem forças para chegar ao Mediterrâneo. A viagem das agências não desce, portanto. Na verdade, sobe.

Outro exemplo: a geografia europeia do início do século XX referia-se aos povos do Magrebe – os de Ocidente – como os da "África branca". Pelo Magrebe se desenhava a fronteira Sul do Mediterrâneo. Todavia, se tomássemos por boa a definição pela cor da pele, então Assuão estaria já na outra África, a propriamente dita, porque a grande maioria dos seus habitantes é negra. Sucede que estes núbios, que também são muçulmanos ou coptas, dependem do Nilo tanto como os do Cairo, frequentam o souk como os árabes de Damasco, os curdos de Alepo ou os berberes de Marraquexe...

E por falar de soukes: conhecemos um muito triste, o mais triste de todos os soukes. Fica em Tripoli, a capital da Líbia. O coronel Kadhafi proibiu os comerciantes de negociarem o preço das suas mercadorias. A intenção deve ter sido a melhor porque, às terças e quintas, o grande líder gosta de provocar boa impressão a Ocidente. No caso, ele quis evitar que os raros visitantes pudessem ser enganados pelos experientes comerciantes. Fez mais: construiu um souk moderno, sem tendas, com todas as lojecas alinhadas e viradas para um espaço ao ar livre que hoje deve ter o aspecto de uma praça. Um souk moderno, limpo, asseado, sem regateio, sem chá e sem o prazer da paciência. Mas... sem isto, o que é um souk senão um mero centro ou galeria comercial? A tristeza nos olhos dos vendedores, transtornados em funcionários, dizia tudo o que havia para dizer. Um souk sem palavra e sem pretextos, sem engano e encantamento, é apenas um produto "desalmado" do capitalismo moderno. E agora, ponto final, que o fumo branco do narguilé se finou já há algum tempo, não porque se tenha consumido o tabaco perfumado de maçã, mas porque os pedaços de carvão se desfizeram em cinza e a narrativa deve procurar outras paisagens.

Egipto, souk de Assuão

106

VELAS DE PACIÊNCIA

"Aquele que viaja no Nilo tem de ter velas feitas de paciência", garante um provérbio egípcio. Nada mais certo. Que o visitante esqueça, por um dia, o hotel marítimo que o trouxe a Assuão. Acorde cedo, pela hora do Sol, e contrate um passeio de faluca, o pequeno barco de vela triangular que cruza as águas do Nilo há milénios. Deve ter sido por aqui que a vela latina, fantástica descoberta que permite a navegação à bolina, isto é, contra o vento, nasceu.

O barqueiro núbio acolhê-lo-á com um sorriso rasgado. Com vento favorável, a faluca desliza a razoável velocidade. O passeio leva-o à ilha Elefantina. Há várias explicações para este nome. Pode ter a sua origem num antigo mercado de marfim como pode derivar do seu desenho alongado ou da forma dos rochedos. Elefantina foi sede de província dos faraós, guarnição militar romana e, curiosamente, albergue de uma das mais antigas comunidades judaicas que a História regista. Para lá da ilha, ficava a primeira catarata, intransponível de barco. Nesse desconhecido vivia Khnum, o guardião das fontes do Nilo. Com cabeça de carneiro, controlava as cavernas e as comportas que retinham as águas, afinal a origem e o destino da vida. Por isso, o deus carneiro era igualmente o oleiro que modelava, do barro, todas as criaturas.

Se no Tigre e no Eufrates os relatos antigos evocavam o episódio do dilúvio, no Nilo a Humanidade amassada em barro precede os mitos da criação bíblica. Mas uma diferença essencial distingue este rio dos dois irmãos mesopotâmicos: a sua previsibilidade, a garantia de que as cheias chegavam, todos os anos, entre Junho e Setembro. Foi este "pormenor" que fez do Egipto um país estendido e centralizado. Quem controlasse o ciclo das águas, dominaria os homens.

Não é difícil extrair as consequências. Na Mesopotâmia os deuses eram trágica e comicamente humanos e os seus reis mediadores entre o divino e o povo. No Egipto a Humanidade atrever-se-á ao lugar dos deuses. Os faraós, deuses na terra do rio e imortais após o rito de passagem, duraram quatro milénios. A sua perenidade foi garantida pela regularidade das inundações. Na Mesopotâmia, pelo contrário, os impérios foram sempre mais precários.

A faluca segue agora na direcção da ilha de Kitchener, nome do oficial britânico que, nos últimos anos do século XIX, a adquiriu para se dedicar à botânica. O jardim justifica a visita, em particular se o calor tiver começado a apertar, e deixa uma dúvida sobre o carácter do seu proprietário. Kitchener participou nas expedições punitivas do império britânico ao Sudão, onde esmagou a revolta de um líder popular, Mohammad Ahmad, o Mahdi, que se considerava uma reincarnação de Maomé. O militar e o iluminado derramaram muito sangue. Para Kitchener, a ilha deve ter sido um pedaço de paraíso entre massacres, algo de que o Madhi não beneficiou. Em contrapartida, partiu mais cedo do que o outro para o céu, convencidíssimo de que era aí, e não em terra, que se encontrava o paraíso. Insondáveis são os desígnios do Senhor, que a todos proporciona um quinhão de felicidade.

Egipto, souk de Assuão. No plano seguinte: Egipto, felá do delta do Nilo

A faluca segue as instruções do contratante. Peça ao barqueiro que o leve ao mosteiro de São Simeão, na margem oriental do rio. Este é o pretexto para uma bamboleante experiência em cima de um camelo. Com efeito, a fortaleza dos coptas situa-se a umas centenas de metros da margem, no topo de um maciço de areia. A distância pode percorrer-se a pé, mas é preferível o embalo do animal, pelo preço de um modesto bakshish ao miúdo que o conduz.

O MUNDO DO FELÁ

Depois desta experiência sem risco, é tempo de abandonar as paragens turísticas. Atraque no porto improvisado de uma ou outra aldeia de camponeses, onde os gestos e as técnicas agrícolas continuam a desafiar a eternidade. O meu amigo Cláudio Torres gosta de lembrar que a História "passa" pelo mundo rural. Que aí chegam e partem reis e senhores, guerras, invasões e revoluções, pragas e deuses canalhas e que a tudo isso este mundo resistiu. As aldeias de Assuão, onde o mundo agrícola confina com a cidade, se não existe mesmo dentro dela, iluminam o ponto de vista. É um universo sofrido. Dos camponeses do Nilo se tem feito o justo elogio das qualidades, mas menos se tem escrito sobre a inaudita violência das condições em que tiveram que sobreviver.

Egipto, aldeia núbia nas proximidades de Assuão

Em fins de Outubro de 1869, dois jovens largaram de Lisboa em direcção ao Oriente, munidos de um convite para as cerimónias da abertura do canal do Suez. Um deles chamava-se Eça de Queirós e tinha, então, 23 anos. Dessa viagem de seis semanas resultaram várias notas de viagem, encontradas 57 anos depois de terem sido escritas. Eis como o escritor descrevia a vida dos felás há 150 anos:

"O felá não possui. Possui o paxá, possuem os beis, possuem as mesquitas. O felá trabalha, reza e paga (...) é inferior ao escravo. O escravo raras vezes é bastonado; representa um valor, um objecto mercantil que se pode deteriorar (...) por isso só era bastonado nas solas dos pés.
O felá, esse, é tomado livremente, amarrado a uma árvore, lançado a uma cova húmida, e quando se revolta encostam-no a uma parede, erguido sobre três tijolos, pregam-lhe as orelhas – e tiram os tijolos!
Hoje estes castigos estão levemente modificados. (...)
O felá, até à puberdade, anda nu pelos campos, guardando os búfalos na pastagem, rolando-se no lodo da inundação (...): Homem, (...) casa ao acaso, sem simpatia no coração, para ter filhos, para que a mulher trabalhe, apanhe o excremento de camelo, que é a lenha do felá, vá encher a bilha ao Nilo, defenda as searas das aves de rapina, leve os fardos, faça a colheita.

*Ele, entretanto, de noite e de dia, conduz as águas, conserva os canais,
arranja e balança o* chadouf, *e o seu canto monótono desmaia no ar.
A sua casa tem três metros. (...) Tem uma esteira, uma gamela e uma bilha.
Comem todos da mesma gamela. (...) Um dia, um homem vem e leva-
o para trabalhar nas fortificações de Alexandria, nas minas do Sudão
ou nos canais do Alto Egipto. A mulher e os filhos vão mendigar. Quando
o felá envelhece mendiga também. (...) Um dia é atirado, morto, à vala.
(...) É assim o felá."* [42]

Esta terrível descrição é o resultado de uma viagem de comboio na companhia de um engenheiro do canal do Suez que, encantado pela oportunidade de desenferrujar o seu inglês, descreveu aos dois portugueses as mudanças que estavam a ocorrer no país. Em meados do século XIX, o Egipto era dirigido com mão de ferro por Ibrahim Ali, filho do paxá Mohammad Ali, que Eça trata por Mehmet. O relato decorre enquanto o comboio atravessa os regadios do delta do Nilo e serve perfeitamente para Assuão:

*"De todo este celeiro, o pobre felá não possui uma cana-de-açúcar.
– Mas quem possui?
– Na realidade, o Paxá (...) O seu monopólio foi de direito abolido,
mas realmente continua. Mehmet Ali começou por oferecer à sua família
uma considerável extensão de terras cultivadas. As aldeias que davam
grande rendimento de impostos, cedeu-as aos seus fiéis, aos efendis, com
a condição de lhe pagarem logo os impostos em atraso. As outras, deixou-
as ao felá.
Este felá, legalmente, pode vender os frutos e alienar a terra. Mas veja
como o monopólio realmente subsiste: em primeiro lugar, se não
paga escrupulosamente o imposto, o Paxá apodera-se da terra, vende-a
e mete as piastras no seu cofre; em segundo lugar, quando quer, compra. Há uma linha de terreno fértil, excelente, que pertence ao felá.
O Paxá deseja-a e manda oferecer por ela um pequeno punhado
de piastras. O felá recusa. O Paxá, como estudou em Paris, conheceu
Mademoiselle Schneider, é bondoso e assina o 'Figaro', não o manda
degolar como no tempo dos califas, nem o afoga como no tempo dos
mamelucos. Como é dono do Nilo, e como sem água não há cultura,
o Paxá, na ocasião da inundação, não deixa que a água chegue
à propriedade em questão. (...) O felá então compreende que é preferível um punhado de piastras a um punhado de areia, e o Paxá entra
modestamente na posse daquela 'propriedade abandonada do Nilo'.
No ano seguinte, a inundação cobre essa terra e a cultura regada floresce
em triunfo."* [43]

42 Eça de Queiroz, in *O Egipto, Notas de Viagem*, págs. 65 e 66; Lello & Irmão.

43 Idem, págs. 66 a 69.

A VERTIGEM

O nosso escritor era ainda um jovem jornalista. Viaja para o Egipto enfeiti-çado pelo charme das descrições que lera antes de partir. Na Europa, a moda era "orientalista". Reage, por isso, violentamente a tudo o que o possa desen-cantar. Logo à chegada, Eça confronta-se com a realidade e não gosta do que vê. As suas notas de viagem são ferozes e ácidas, quer com a injustiça quer com o autoritarismo reinantes. É por isso que não descobre nos seus próprios apontamentos e indignações a confirmação da espantosa revolução que se estava a desenvolver no chão que pisava: o capitalismo tinha assentado arraiais nas terras do Islão. Eis uma história que merece ser recordada e na qual participam um corso, um albanês e um império, o de Sua Majestade.

O corso chama-se Napoleão Bonaparte. Chega ao Egipto com 400 navios e 50 mil homens na Primavera de 1798. São, na sua grande maioria, homens de armas. Com eles vem também uma legião de cientistas, que procedem a uma exaustiva inventariação dos recursos e do património do país. Serão eles os primeiros responsáveis pela onda de curiosidade que, nas décadas seguintes, assaltará os europeus instruídos. Apesar disso, os franceses não criam raízes no Egipto. Ao contrário do que esperavam, não foram acolhidos como libertadores. O sonho imperial de Napoleão dura apenas cinco anos. Mas, paradoxalmente, é o fracasso político e militar desta aventura que oferece ao país do Nilo a sua oportunidade, depois de séculos de esqueci-mento nas margens do império otomano.

Integrado nos corpos expedicionários que o califa de Istambul enviou para combater os franceses, chega ao Egipto, um ano depois da investida de Napoleão, um albanês. É um janíssaro, um jovem retirado à família ainda criança e que foi educado e iniciado pela elite militar e administrativa do império. Dois anos de guerra transformam o soldado num comandante. No vazio aberto pela retirada francesa, é ele, Mohammad Ali, que toma o poder, sob a asa protectora e interesseira dos britânicos.

Como mandam as regras, o novo paxá começa por eliminar a concorrên-cia. Mas desde cedo se percebe que não é homem de vassalagens. Centraliza recursos e, qual faraó dos tempos modernos, redesenha o país através do caminho-de-ferro e de um descomunal plano de irrigação, que lança o delta do Nilo na produção extensiva do algodão e na sua transformação industrial. A ambição modernizadora deste albanês é desmedida. "A diferença entre um cleptocrata e um benfeitor público é de simples grau", lembram-se? Eça registou a primeira dimensão do tirano, ocultando a segunda. Anotou o que ouviu, sem reparar que viajava de comboio.

Foi a vontade férrea de salvar o Egipto dos seus atrasos e atavismos que acabaria por tramar Mohammad Ali. As lideranças imperiais de França e de Inglaterra, entre si inimigas, não estavam interessadas na emergência de um Egipto industrial e capitalista em pleno Mediterrâneo. Em particular os britânicos, detentores de uma indiscutível superioridade marítima e que se estavam a lançar na revolução industrial, transformando na metrópole as matérias-primas das suas colónias, prescindiam bem de um concorrente a meio caminho. Por outro lado, o califado otomano, também a braços com um programa de reformas, receava a secessão no flanco sul do seu império. Por diferentes razões, os impérios aliaram-se na defesa do "status quo".

A História não se faz de ses... Mas que curso teria ela seguido se o déspota do Cairo tivesse levado a sua avante? Nunca saberemos. A História apenas registou que venceu quem tinha mais força. Por volta de 1840, o paxá do Egipto estendia a sua influência da Península Arábica à Síria e à Anatólia e ameaçava alterar as relações de força existentes no Mediterrâneo oriental. É então que, por uma vez realista, avalia friamente as capacidades militares da coligação que contra ele se formara e se decide pelo compromisso. Obtém dos adversários a garantia de que o seu filho, Ibrahim Ali, dirigirá o Egipto após a sua morte e abdica da ambição. Em nome dos adquiridos de família, o albanês que viera de baixo trocava o mundo pelo Cairo. Quando a sucessão dinástica ocorre em 1848, o estatuto do seu filho já é o de um vassalo, embora honrando o legado do seu pai. O país irá precisar de cem anos para, definitivamente, se libertar da órbita de influência britânica.

MEIA REVOLUÇÃO

Hoje, as aldeias dos felás continuam a ser pobres, mas deixaram de ser miseráveis. A diferença entre o presente e o passado imaginado pode não ser grande. Mas a família camponesa que tem uma pequena parcela de terra e que pôde colocar uma parabólica na sua modesta casa de adobe, sabe. Sabe que a electricidade e a reforma agrária foram uma revolução, a única que em vida conheceram.

Neste Egipto, ao mesmo tempo "imutável" e "orgulhoso", a electricidade é o resultado da conquista da independência. Independência é capaz de não ser a melhor palavra. Emancipação ou maioridade definem melhor o modo como a electricidade e a independência se casaram, a ponto de quase se confundirem. Georges Corm, um economista libanês de família cristã, tinha 16 anos na altura em que tudo começou. Num livro indispensável para quem queira conhecer a história do Médio Oriente das últimas seis décadas, ele recorda-se:

"Tudo começou com um discurso, melhor, por um riso que meio século depois ainda se reconhece nos ouvidos de toda uma geração de árabes. (…) O século XX da sociedade árabe começou com este riso. Não nasceu, como dizem os historiadores, com o desabar do império otomano em 1918-1919; também não começou em 1945, na sequência do refluxo europeu provocado pela II Guerra Mundial, que liberta politicamente uma grande parte da sociedade árabe da dominação colonial. Não, o século XX árabe, que não

Egipto, casa núbia nas proximidades de Assuão

é senão o XIV da Hégira, começa a 26 de Julho de 1956 quando, em Alexandria, Nasser anuncia aos egípcios que o canal do Suez tinha acabado de ser nacionalizado e que técnicos egípcios tinham substituído os seus congéneres estrangeiros, assegurando com sucesso a passagem dos navios. De alegria e emoção, o presidente egípcio ri. Alguém já vira os árabes a rir? O Chefe de Estado cesariano de um povo milenarmente oprimido, rindo a meio de um discurso! Facto insólito, mas à medida do acontecimento." [44]

Gamal Abdel Nasser, o chefe dos Oficiais Livres que puseram fim ao protectorado britânico, anuncia a nacionalização do canal do Suez oito anos após a independência e em reacção a uma quebra de compromisso do então presidente dos EUA, o general Eisenhower, que se irritara com o facto de Nasser ter adquirido equipamento militar à União Soviética. Para pressionar o líder egípcio, recuara na intenção de apoiar a maior das promessas do novo poder – a construção de uma grande barragem em Assuão.

O general não conhecia o coronel. Nasser era diferente dos árabes com que os norte-americanos estavam habituados a lidar. Para o oficial egípcio, a barragem era, em si mesma, a Modernidade. Ele estava convencido, com razão, de que o Egipto precisava absolutamente da energia libertada por essa "obra de arte". Só ela poderia catapultar a segunda vaga de industrialização e, ao mesmo tempo, irrigar milhões de hectares, indispensáveis à sobrevivência

[44] G. Corm, in *Le Proche-Orient Éclaté*, pág. 242; Folio Histoire, IVª edição, 2006.

Egipto, retrato de Nasser num café de Assuão. No plano seguinte:
Egipto, cidade dos vivos e dos mortos no Cairo

118

da população camponesa. Sem electricidade e sem água era impossível distribuir a terra dos grandes proprietários pelos felás e conter o crescimento exponencial da população no Cairo. Este não era um problema menor. O afluxo de camponeses à capital não cessava de crescer e não havia trabalho que chegasse para todos. A nacionalização do canal do Suez, até então sob controlo francês e britânico, não obedece a razões ideológicas nem a qualquer vontade, até então oculta, de alterar os alinhamentos geo-estratégicos na região, como supunha Eisenhower. O que o riso de Nasser anunciava era o fim do Egipto mendicante e o renascimento de um país que reclamava para si o orgulho dos faraós. Esse é um riso nacionalista e vigoroso que quer concluir a aventura iniciada por Mohammad Ali cem anos antes. Como este, também Nasser prefere não se deter em pormenores. É um líder autoritário, portanto. Todavia, a sua relação com o povo é distinta da dos predecessores. Pela primeira vez na História do Egipto, um faraó ou um César fala aos pobres na sua própria língua. Estes, milenarmente condenados ao destino, intuem a mudança.

As revoluções são obras difíceis porque o choque entre a realidade e a promessa é abissal. É sobre as cidades que este contraste se abate de forma mais violenta. Certo, os pobres migram com ou sem revolução, porque é na cidade que mora o sonho. Mas as revoluções aceleram as tendências do tempo. Para dar trabalho aos pobres do Cairo, Nasser anuncia, no início dos anos 50, um ambicioso programa de industrialização. As novas fábricas não dão trabalho apenas a quem já vivia na cidade, chamam novos sonhadores. A cidade acomoda o recém-chegado como pode. O programa de obras públicas no Cairo dos anos 50 ainda hoje impressiona o visitante. O Cairo das décadas de 50 e de 60 parece tirado a papel químico de Moscovo: é grande, articulado, feio e esmagador. Mas, na exacta medida em que se moderniza, mais apelativo se torna. Nesta corrida, o urbanismo corre sempre atrás das esperanças dos pobres, mesmo quando as antecipa. Desde a segunda metade do século XIX que o Cairo moderno é uma espantosa e dramática ilustração deste encadeado de causas e efeitos.

PELA CIDADE DOS MORTOS

A primeira cidade-satélite do Cairo chama-se Heliópolis e merece visita. O seu criador, o *barão Empain*, um belga visionário, concebeu-a à maneira das cidades-jardim. Construída ao longo do primeiro quartel do século XX, ainda sob os efeitos da modernização imposta pela família Ali, foi um paraíso desenhado por urbanistas e arquitectos europeus fascinados com os mistérios do Oriente. Para esta novidade se viraram as elites de então e respectivas serventias. O tempo, entretanto, transformou o jardim numa cidade intensa que não se distingue do próprio Cairo. Sobra, dessa promessa de equilíbrio, uma inacreditável *villa* inspirada no templo cambojano de Angkor Vat. Pode vê-la da auto-estrada que o conduzirá de volta ao aeroporto, do lado direito. Foi, em vida, a residência do brasonado utopista belga…

Depois de Heliópolis, acabaram-se as cidades-jardim. A partir de 1850, o Cairo duplica de população de trinta em trinta anos. Com a independência, passa a fazê-lo de duas em duas décadas. Quanta gente vive no Cairo? Na verdade, não se sabe. Para conter a maré humana, as novas periferias optaram pela eficácia e deram descanso aos encantos. Deixaram de ser para ricos. Em redor do Cairo, sobre duas coroas, existem hoje 25 cidades-satélite. Na maioria dos casos, são gigantescos dormitórios. Contudo, não é aí que vive a pobreza mais extrema, aquela para quem o "bakchish", dinheiro por favor, não é um hábito entranhado, mas modo de sobrevivência. Essa pobreza, que diríamos absoluta, podemos encontrá-la nos espantosos cemitérios que circundam o Cairo histórico, paredes-meias com os mortos, ou nos rebordos da cidade consolidada, onde a construção é tão precária como a vida que a fez crescer. Quem tenha alma de samaritano e vício de urbanista deve enfiar-se no metropolitano de superfície e sair do Cairo, em direcção a um dos satélites mais próximos. Verá que se recomendam, comparados com as fronteiras da cidade, onde esta confina com as areias e se desfaz em pó. Como esta sugestão de visita é menos própria para quem tenha os dias de férias contados, sugerimos-lhe, ainda assim, que finte os guias das agências de viagens, se meta num táxi e dê um salto ao Cemitério Norte do Cairo, mesmo ao lado da Cidadela. Terá uma das grandes surpresas da sua vida.

Este cemitério não é como os seus congéneres na generalidade do mundo islâmico. Por qualquer faraónica reminiscência, os fatimidas que governaram o Cairo nos séculos X e XI ec, quiseram deixar o seu legado para a posteridade e construíram mausoléus de grande envergadura. A tradição determina que o corpo que do barro nasce ao barro regresse. Os fatimidas respeitaram o preceito, mas quiseram observá-lo pela grande porta da vaidade. A moda pegou. Os mamelucos que se lhes seguiram também não deixaram os seus créditos por mãos alheias. Com o tempo, mesquitas foram erguidas perto dos mausoléus, que já não eram apenas os dos califas, mas igualmente os das grandes famílias do Cairo. No século XIX, a pequena burguesia também se sentiu no direito de ter uma morte apalaçada e na vizinhança dos mausoléus começou a construir casas térreas com pátio, que preencheram os vazios obedecendo a uma lógica ortogonal sem falha. Como onde há casas há gente, a mais humilde, à falta de tecto, passou a viver com os mortos. Os proprietários das casas-túmulo agradeceram quando, a partir dos anos 50, esta prática se generalizou. Os seus ossos de família passaram a ter companhia e mesmo quem conversasse com eles. Quantos vivos habitam as cidades dos mortos? Não se sabe. Há quem diga um milhão, mas deve sempre desconfiar-se dos números com muitos zeros.

ENTRE MISÉRIA E OPULÊNCIA

Em contrapartida, milhões vivem seguramente nos novos grandes bairros que se estendem ao longo da auto-estrada que liga o Sul do Cairo às pirâmides. Os turistas que fazem este trajecto de duas dezenas de quilómetros deparam-se com uma paisagem a verde e vermelho. A bacia do Nilo proporciona visões paradisíacas, quase tropicais, entre sequências de urbanizações inacabadas em tijolo cru que já se encontram habitadas. Não há um arruamento concluído, uma praça ou um jardim, nem sequer vidros nas janelas, mas a vida já por lá corre, intensa e desvairada.

Ao longo destes anos visitei vários campos de refugiados no Médio Oriente, em regra de palestinianos, e consigo imaginar como se fazem, aí, os impossíveis pela vida. Mas esses campos têm, na sua maioria, décadas de construção e hábitos consolidados. Nos mais recentes bairros da periferia cairota, não. Visitei um deles, para conhecer projectos de educação popular e formação profissional. Quem os patrocina é uma holding não governamental dirigida pela esposa do presidente da república, Hosni Moubarack, e assessorada por uma agência alemã de desenvolvimento. Poupo aos leitores os sumptuosos gastos que esta organização consome em imagem e representação e passo directamente aos "projectos no terreno". Num deles, vários jovens aprendiam carpintaria num armazém com máquinas de última gama importadas da Europa e da Turquia. Noutro, várias raparigas que tinham abandonado a escola e aprendiam doçaria com a ajuda de fornos italianos. Todas, sem

excepção, nos disseram que o seu objectivo de vida era o de poderem trabalhar, antes e depois de casarem. Finalmente, visitei uma escola de alfabetização de adultos, implantada numa casa de três andares ainda sem vidros. Era frequentada por mulheres que traziam as suas crianças para as aulas. Com bebés ao colo ou estendidos sobre as mesas, a aprendizagem era uma festa, tão animada e colorida quanto desconcentrada. As professoras, muito jovens, faziam o que podiam. No dia em que lá estivemos, tinham lenço e hijab, deixando à vista apenas as mãos e os olhos. O mais provável é que assim fosse porque nesse dia recebiam gente de fora. A surpresa atingiu as ideias feitas dos visitantes. A Ocidente tem-se a ideia de que a mulher velada vive trancada em casa, oprimida pela religião e pelo homem. A realidade, como se pode verificar, é um pouco mais subtil. As mulheres cobertas vão à escola e até ensinam. A verdade é, por vezes, surpreendentemente radical: veladas, elas podem sair à rua e fazer a sua vida. A tradição impõe e a mulher dispõe. Assim se finta o destino.

Como se recrutam formandos e formadores? O mediador dos projectos, que é do próprio bairro, solicita autorização aos chefes de família e oferece, pelo trabalho ou pelas horas de formação, uma retribuição monetária que seria excessivo classificar de salário. Quando os projectos da senhora presidenta saem da grande sala de reuniões e dos computadores onde foram desenhados e passam para o terreno, a sua exequibilidade passa, em consequência, a depender das redes sociais pré-existentes e da influência dos islamistas, que são a única realidade política e cultural implantada entre os pobres. *Horror!?* Não é caso para tanto. Nestas cidades de tijolo não há rede escolar. Aliás, não há nada que se aparente a serviços públicos. O que aí temos é gente, muita gente, ligada por laços de família e vizinhança e, portanto, auto-organizada em comunidade. Como o governo fica à porta do bairro, o povo faz o que pode e não hesita em usar as iniciativas para-estatais, do mesmo modo que beneficia das pequenas obras sociais de cariz religioso.

Sabem o que verdadeiramente surpreende neste bairro? É que fica a dois passos de um outro, o "Smart Village". O que este pomposo nome esconde é um Tagus Park em formato gigante que a mania das grandezas egípcia compara a Sillicon Valley. Nessa incubadora de sonhos e tecnologia é tudo inteligente e verde, apesar do gosto mais do que duvidoso da sua arquitectura. Como é que os barbudos e as mulheres veladas, que vivem rodeados de miséria por todos os lados, ainda não assaltaram a opulência do vizinho? Esse, sim, é o enigma. Talvez a solução para ele se encontre num livro de Naguib Mafouz, "Hawlad Heratina", ou seja, *Os Filhos do Meu Bairro*. Foi em 1959 que o jornal cairota Al-Ahram iniciou a sua publicação em fascículos. Depois, nunca mais foi impresso, porque despertou a ira dos meios islâmicos mais tradicionalistas. O romance é uma ode ao destino, ou pelo menos à paciência com que o povo o encara. Mas é também uma crítica impiedosa do poder. Como não se encontra traduzido para português, apresentei-o aos telespectadores num dos cafés que o próprio escritor frequentava, o El-Fashawi:

"Este romance é uma narrativa bíblica transportada para um bairro pobre do Cairo. Lá está o fundador, que é como o Deus de Abraão, um pai severo e caprichoso que não precisa de explicar as decisões que toma. Chama-se Gebalawi.
No livro surge também Gabal, o militar que lidera, a certa altura, a revolta contra as autoridades do bairro. Mas, depois da vitória, só se preocupa com os do seu clã, com o 'povo eleito'. Parece-se muito com Moisés.
Mais tarde, o livro introduz Raffa, que prega a não-violência e o amor entre os homens. Casa com uma prostituta com quem, aliás, não consuma sexualmente a união. E como Cristo, morre às mãos dos esbirros locais.
O preferido de Naguib Mafouz é, contudo, Qassem, que tem as qualidades de Moisés e de Cristo e nenhuma das respectivas fraquezas. É, portanto, Maomé, o último dos profetas.
Até aqui a obra não contraria os cânones islâmicos, que assumem inteiramente a linhagem abrâmica.
Sucede que o escritor egípcio explica que o bairro, apesar de tão extraordinários e ilustres protagonistas, continua a ser regido pelas desigualdades e pela injustiça. A metáfora bíblica, em contacto com a realidade, adquire nesta terra o dom de uma profecia." [45]

ÍSIS E OSÍRIS

Regressemos à barragem de Assuão, onde a promessa de Nasser se vai concretizar em 1971, após sete anos de trabalhos dignos das grandes epopeias. A barragem é um gigante de dois quilómetros de comprimento com 80 metros de profundidade. Para a erguer foram escavados 10 milhões de metros cúbicos de granito, deslocaram-se outros 43 milhões de rocha e betão e nela trabalharam, de sol a sol, mais de 30 mil operários. Quatrocentos perderam, aí, as suas vidas.

Do ponto de vista ambiental, esta gigantesca obra foi uma opção mais do que discutível. Tudo o que antes escrevemos sobre as barragens no Eufrates e seus efeitos no empobrecimento dos solos se aplica a esta. A atenuante foi o momento e o contexto da decisão. Bem mais tarde, outros países, entre os quais o nosso, fizeram escolhas semelhantes por grandes obras de regime, quando as alternativas já eram bem mais evidentes.

Uma dos lados mais meritórios da epopeia foi a trasladação de monumentos que, com a subida das águas no lago, se teriam afogado para sempre. O mais belo dos salvados é o templo que se encontrava na ilha de Philae. Não tem a grandiosidade dos palácios de Luxor, mas nenhum o suplanta em equilíbrio e delicadeza de formas. Mandado erguer pelo primeiro dos Ptolomeus, que herdou de Alexandre Magno o título de faraó, mistura

45 Transcrito a partir da versão oral que se encontra no segundo episódio da série.

os saberes dos construtores egípcios com as subtilezas dos alexandrinos. O templo, que entrelaça duas culturas, dedica-se a uma antiga divindade egípcia – Ísis – que só se tornará popular em período greco-romano.

A trasladação do templo para a ilha de Algikia, que ficava mesmo ao lado da de Philae, permitiu à deusa manter-se nas proximidades da casa de Osíris, seu irmão e marido. Dizem as más-línguas que tal vizinhança, mais do que prevenir saudades, permitia a Ísis vigiar as escapadelas daquele que decidira amar de todos os modos conhecidos. Verdade? Pouco importa. É deles – e portanto nossa – uma das grandes histórias de amor da mitologia mediterrânica.

Foi Osíris que ensinou aos egípcios o cultivo dos cereais e o culto aos deuses. Era, portanto, um rei respeitado. O seu irmão, Seth, que governava os desertos, tinha bem menos sucesso. Invejoso, decidiu matá-lo. Durante uma recepção, mostrou aos convivas um grande cofre de madeira de cedro, que ofereceu a quem nele coubesse. Na realidade, a peça tinha as exactas medidas de Osíris que, ingénuo, nele se deitou. Acto contínuo, os apaniguados de Seth fecharam a tampa do cofre, trancaram-no e lançaram-no ao Nilo.

Inconsolável, Ísis parte em busca do amado. Acaba por encontrar o caixão na cidade costeira de Biblos, situada no actual Líbano. Diz o relato que precisou de usar todos os seus encantos para convencer o soberano local a entregar-lho e nós acreditamos.

Sucede que Seth antecipou o repatriamento do irmão pela irmã e, definitivamente mau carácter, esquartejou-o em 14 pedaços, que espalhou pelo país. De novo Ísis não se dá por vencida e podemos imaginá-la percorrendo o Nilo em busca de cada parte do maltratado cadáver e, mais tarde, por artes mágicas, conseguindo a sua ressurreição. O reencontro do casal de irmãos é um acto de amor que intuímos absoluto. Dele nasceu Hórus, outra das grandes divindades egípcias. É Horus que, atingida a maioridade, desafia o tio e lhe conquista o trono.

Ressuscitado, recosido e vingado, Osíris parte para o mundo inferior, onde se encontram as sementes da vida. Ísis, por seu turno, deu a Hórus, seu filho, quatro descendentes. Não se surpreenda o leitor menos familiarizado com os labirintos amorosos dos deuses. O incesto não era um exclusivo dos deuses. Por exemplo, entre os Ptolomeus foi regra e não excepção. As primeiras gerações "apuraram" o sangue. O pior veio depois...

MUTAÇÕES

Os labirintos dos mitos são tão complexos quanto os dos sonhos. Este relato inclui a primeira ressurreição mística conhecida, a de Osíris, criatura a que se associa ainda um outro conceito nuclear que irá marcar as religiões do Livro: o Juízo Final. Este segundo relato deve contar-se em Alexandria, onde se encontram as catacumbas de Kom El-Shuqafa, em cujas paredes estão

gravados os diferentes momentos da cerimónia. A entrada na câmara mortuária encontra-se protegida por um soldado e por duas górgoras romanas em corpos de serpente. Lá dentro, Anúbis, o deus-chacal, protector das necrópoles e encarregado da mumificação, "pesa a alma" – ba – do corpo que se encontra no sarcófago. Anúbis coloca num dos pratos da balança o coração do defunto; no outro prato encontra-se a estatueta de Maat, deusa da Verdade e da Justiça. Finalmente, Thot, a divindade da sabedoria, controla o fiel da balança e regista o resultado numa folha de papiro. Quem preside ao Juízo é Osíris. Ele tem a seu lado Ísis e Neftis e ainda 42 deuses assessores, possivelmente em representação das províncias do Império. Para ganhar o reino eterno, o defunto repete a cada deus a ladainha que Moisés adaptaria, mais tarde, para os hebreus:

> *"Não cometi a iniquidade contra os homens*
> *Não maltratei os animais*
> *Não blasfemei*
> *Não empobreci o pobre*
> *Não envenenei*
> *Não fiz chorar*
> *Não matei*
> *Não dei ordens a um assassino..."*

E por aí adiante.

Junto à balança está ainda "a devoradora", atenta ao veredicto de Thot. Com cabeça de crocodilo, peito de leão e traseiras de hipopótamo, o monstro engole quem chumba no exame da vida. Bipolares são, assim, os caminhos da eternidade.

A CIDADE DO MUNDO

Milagres da escrita, foi pelas catacumbas que entrámos em Alexandria. Podíamos ter seguido pelas vias normais. Ou a pé, como o loiro Menelau, bem antes da cidade ter sido criada:

> *"Estava eu no Egipto, desejoso de regressar; mas retinham-me*
> *os deuses, porque não lhes oferecera apropriadas hecatombes.*
> *Ora, existe uma ilha no meio do mar muito encrespado*
> *defronte do Egipto: chamam-lhe a ilha de Pharos.*
> *Dista do continente o que navegaria uma côncava nau num dia, quando*
> *tem por trás um vento guinchante.*
> *Ali há um porto de bom ancoradouro, donde os homens*
> *lançam naus recurvas para o mar alto, depois de se terem*
> *abastecido de água doce."* [46]

46 Homero in *Odisseia*, Canto IV, pág. 76; Cotovia, 2003.

127

Egipto, catacumbas de Kom El-Shuqafa em Alexandria. Nas páginas anteriores: Egipto, templo de Philae

128

Ou a cavalo, como Alexandre Magno, regressado de Mênfis à frente do seu exército, corria o ano 332 aec. Na cidade dos faraós, o recém-coroado oferecera aos egípcios um sacrifício ao boi Ápis e ainda jogos e maratonas de poesia. Agora, ele procura um porto que substitua o de Tiro, no Sul do actual Líbano e que tinha destruído à sua passagem.

A lenda diz que os homens de Alexandre chegaram à vista de Rakotis, uma pequena cidade costeira sete estádios distante da ilha de Pharos, quando o jovem monarca exclamou: *"É aqui!"*. "Aqui", no nada com vista para o mar. Acto contínuo, lança o seu manto à areia e imagina: ali, a alameda larga e direita, a via canóptica, como um rio, e nas suas margens os templos dos deuses, os palácios e os jardins dos homens. Numa ponta e noutra, dois portos, que os deste mar sempre assim fizeram para melhor aproveitarem os ventos. E na ilha em frente, uma torre com uma fogueira que oriente os barcos na escuridão.

Dinócrates de Rodes, o arquitecto da expedição, concretiza a visão do seu senhor com o auxílio de farinha, que giz não havia por perto. Mas porque era alimentícia, um bando de pássaros passa e deleita-se com o opíparo repasto. Mau presságio, perguntam-se os homens. Nem por sombras. Feliz! garante Aristando, o adivinho do jovem general. As aves levaram consigo os planos para as vinte Alexandrias que o Mundo Antigo viria a conhecer.

É bonita a anunciação: eis Alexandria, um triunfo da vontade em terra virgem; eis a via canóptica, uma interminável alameda de trinta metros de largo, ante a qual se inclinam os Campos Elísios da orgulhosa Paris; eis, ainda, o farol, que do alto dos seus 135 metros sorri para a estátua da Liberdade em Nova Iorque; ou, finalmente, o quarteirão dos palácios reais e dos santuários que, segundo Estrabão, que era um cronista lacónico, ocupava trinta por cento da urbe, rivalizando com a Cidade Proibida de Pequim.

Fixemo-nos agora no pormenor que abre a lenda: *"Os homens chegaram à vista de Rakotis, pequena cidade costeira"*. Ela não existia. Os faraós egípcios sempre preferiram o Nilo ao Mediterrâneo, que encaravam com desconfiança. A ruptura com este atavismo securitário é tardia e cuidadosa. Foi Psamético I, da XXVI dinastia, que deu aos gregos, um "povo do mar", as primeiras concessões comerciais. Estes instalam-se na costa, entre os dois braços do delta do Nilo. Mas Alexandria e a ilha do Pharos situam-se mais para ocidente, entre o mar e o lago Mareótis.

Os fundadores da nova cidade tiveram que abrir um extenso canal para se abastecerem de água doce. E então Rakotis? Rakotis é a versão grega de uma palavra egípcia, Rakotê, que significava, literalmente, "estaleiro". Por outras palavras, Rakotis foi, durante séculos, o nome popular de Alexandria. Não porque os ptolomeus gostassem do epíteto, mas porque os operários, camponeses recrutados ao longo das margens do Nilo, foram os primeiros habitantes da nova cidade e assim lhe chamaram. O "estaleiro" foi trabalho, "casa" e cemitério de gerações e por isso o nome perdurou. Transferiu-se, primeiro, para a colina onde foi implantado o templo a Serápis e, mais tarde, para uma misteriosa vila... que os egípcios acharam por bem acarinhar porque permitia atribuir a Alexandria uma filiação pré-helénica.

O COSMOCRATOR

Alexandre não verá a cidade que fundou. Com 24 anos, o sonho do primeiro faraó macedónio segue o voo dos pássaros e dirige-se para Oriente, onde nasce o Sol. Ele e os seus exércitos não imaginam, então, quão longe vão chegar. Nessa epopeia, uma "peregrinação homérica", dirão Diodoro e Plutarco, a glória não é a do sangue – esse é o preço – mas a da aurora de um novo mundo.

Em Susa, o conquistador casa com a filha de Dário, o conquistado. Veste a túnica dos Medos, cingida à cintura por um cinto persa, e na cabeça tem um turbante preso com um lenço branco e púrpura. Sentado em trono de ouro, obriga os generais a prostrarem-se, o que, até então, nunca acontecera. Alexandre determina ainda que as cidades do Peloponeso devem idolatrar o deus-homem, ou seja, ele próprio. As fronteiras entre a loucura e o génio são estreitas e a vitória enlouquece, diz-se. Um velho amigo, Parménides, avisa-o: *"Pára, Alexandre! Senão o império do Mundo devora a Grécia e deixaremos de ser senhores"*. Neste alerta desesperado se expõe a fractura aberta pela aventura. Mas o Hélios do Mundo traduzi-la-á de outro

Turquia, Museu Arqueológico de Istambul: Alexandre esculpido num sarcófago real

130

modo: *"Nós, que conquistámos tudo, não possuímos nada."* Metamorfose? O Macedónio transfigura-se em Cosmocrator? É difícil decidir. Os mitos são mentira com verdade à mistura, ou verdade escondida em pele enganadora? Depende de quem lê e da verdade com a qual melhor conviva. É facto que Alexandre foi o maior dos conquistadores do Mundo Antigo. Mas reconhecê-lo não nos obriga a acreditar em batalhas gloriosas de dezenas e centenas de milhares de homens. A Pérsia de Dário era tão enorme quanto militarmente débil. Os seus exércitos eram frágeis e parecem ter sido colocados no enredo apenas para eternizar os de Alexandre. De facto, a epopeia macedónia projecta-se para lá do actual Irão e chega ao actual Uzbequistão e a Cabul, antes de alcançar as margens do Hindus. O general quer ir ainda mais além, mas os soldados recusam. Os exércitos de Alexandre esgotaram-se na "pacificação" das montanhas afegãs e, enfraquecidos, tiveram que defrontar, em seguida, os mosquitos da floresta tropical e os exércitos de elefantes do Hindus. Estão fartos, querem voltar para casa e o chefe é, por uma vez, refém da vontade dos homens. A lenda de Alexandre também nos diz que há fronteiras que nem o maior general consegue franquear.

Regressemos, por isso, ao mais perene dos feitos desse "sonho acordado": Alexandria. Ela é *"a grandiosa, a imensa, a esplêndida, que possui tudo o que se pode ter ou desejar"*, garantem os papiros laudatórios; uma mistura de *"fortuna, desporto, poder, céu azul, glória, espectáculos, filósofos, ouro fino, rapazes bonitos, museu, vinho, todas as coisas boas que possamos desejar e mulheres, imensas mulheres"*, jura Herondas, um poeta menor, conhecido pelos seus *Mimos*. Verdade?

A CIDADE COMO SAUDADE

Entre as descrições dos antigos[47] e as de alguns ilustres do segundo quartel do século XIX, o tempo parece ter sido suspenso. Jean-François Champollion, egiptólogo e grande descriptador de hieróglifos, chega de burro à cidade, em 1828. Impressiona-se com a "salsada de povos" e "um mundo novo onde nada se assemelha a nada do que já conhecíamos..." Alexandria é, então, a capital de Mohammad Ali. O brutal reformador encontra-se no auge das suas capacidades e a cidade cresce. Já não cabe no olhar que a vista alcança. Anos antes, quando Napoleão aí desembarcara, era uma vila triste e insalubre de sete ou oito mil habitantes.

Nunca os viajantes, ante realidades similares, as interpretam de igual modo. Eça de Queirós e o seu amigo, o conde de Resende, detestaram a Alexandria encantada de Champollion. Culpa do primeiro contacto?

> *"Sobre o cais, uma multidão de árabes gritava, empurrava, grunhia. (...) Um homem de bigode militar, vil e ignóbil, vergastava com o courbache de pele de búfalo um pobre felá. (...) O miserável, vergado, arquejando, esperava numa atitude dobrada e paciente o fim do castigo para se sacudir e arremessar com violência sobre as nossas bagagens."* [48]

Ou terá sido por causa da viagem do cais ao hotel?

> *" (...) Começámos a atravessar o bairro árabe. É uma rede de ruas estreitas, infectas, obstruídas de lama, de construções irregulares, desmoronadas, caducas, feitas de todos os materiais, com todos os aspectos; um impre-visto extremo de linhas e arquitecturas, e cheias de uma multidão ruidosa de turbantes, de tarbouches, de gorros gregos, de barretes albaneses (...) Aquilo é confuso, pitoresco, estranho e miserável."* [49]

A breve estada também não ajudou:

> *"É uma cidade baixamente mercantil. As colónias que a habitam, gregos, italianos, marselheses, estão ali de passagem: oprimem, sugam, engordam, alcançam escravas no Fayum e encerram-se nas suas casas pretensiosas. (...) O movimento é todo comercial, rápido, precipitado. As ruas são ladeadas de armazéns; as carroças deixam sulcos na lama. O interesse, a aspereza do ganho, a condição de colonos espoliadores, dão um aspecto de brutali-dade e de avidez àquela população."* [50]

[47] Pedidas de empréstimo ao relato de *Alexandria*, de Daniel Rondeau; Publicações Europa-América; 2002.

[48] Eça, obra já referida, pág. 41.

[49] Idem, pág. 42.

[50] Ibidem, págs. 43 e 44.

É sem tristeza que os dois portugueses deixam aquela cidade *"cheia de bou-levards e casinos"*. O escritor, exasperado, suspira:

> *"Oh! Alexandria, onde estás tu? Onde estão os teus quatro mil banhos, os teus quatro mil circos e os teus quatro mil jardins? Onde estão os teus dez mil mercadores, e os doze mil judeus que pagavam tributo ao santo califa Omar? Onde estão as tuas bibliotecas, e os teus palácios egípcios, e o jardim maravilhoso de Ceres, oh! cidade de Cleópatra, a mais linda das Lágidas?"* [51]

Até os melhores conseguem ser lamechas. Românticos e piegas. A cidade imaginada de Eça nunca existiu. Ela pertence ao catálogo das Cidades Invisíveis de Marco Polo, que Italo Calvino imortalizou, despidas de gongorismos e jogos florais. A cidade real, a de sempre, nunca é como Eça a sonhou, mas como a descreveu – desgraçada porque vítima do seu sucesso.

DE COMO A HISTÓRIA SE REPETE

E nós? Chegámos a Alexandria com o objectivo de filmar a nova biblioteca, a ressurreição do mito. Viemos com as galinhas, os patos e as couves, ou seja, por terra, de comboio. O nosso choque não foi inferior ao de Eça de Queirós.

É verdade que a capital do delta tem uma marginal quilométrica, linda no seu desenho arredondado, e que as famílias usam para passear e os jovens para namorar. O diabo está nos detalhes. A avenida é trapalhona e encontra-se repleta de edifícios mal amanhados. Não é defeito, mas feitio. Com quase 5 milhões de habitantes, Alexandria retomou a sua condição de estaleiro. A aproximação à marginal faz-se através de uma malha urbana ortogonal, de edifícios altos novecentistas, que pede meças à de qualquer cidade europeia do Mediterrâneo. Também é indiscutível que Alexandria é mais limpa, aberta e respirável do que o Cairo, e também mais liberal e cosmopolita nos hábitos. Rapazes e raparigas passeiam-se pelas ruas até bem depois do Sol se ter posto. O drama de Alexandria é outro: foi literalmente raptada pelo imobiliário indiferente.

Tenho diante dos olhos a fotografia de um lugar a que cheguei "atrasado": os estaleiros da necrópole do quarteirão de Gabbari. É o Egipto nas suas misérias e grandezas. Do extremo superior esquerdo da imagem sai uma auto-estrada suspensa que rasga a cidade edificada e atravessa a fotografia na diagonal. Ela encontra-se rodeada por "prédios de arredores", de quatro e cinco pisos, e casebres de dois e três, da cor da terra e do betão. De um lado e de outro da auto-estrada tudo é pobre, sujo, inacabado e caótico, como é normal por estas paragens. Mas de repente, a meio da fotografia, a grande via interrompe-se, como se tivesse sido abruptamente cortada de um só

51 Ibidem, pág. 40.

Egipto, exterior da biblioteca de Alexandria

golpe. À sua frente está agora um enorme estaleiro de escavações. Uma necrópole, antes subterrânea, descobre-se a céu aberto, interrompe o "progresso" e ocupa o primeiro plano da imagem. O passado ingeriu-se no trajecto previsível da auto-estrada e a sua conclusão foi provisoriamente suspensa. As autoridades deram aos arqueólogos três anos para provarem o que valiam, entre 1997 e 2000. Depois, o progresso retomaria o seu caminho. Quando regressei a Alexandria, em 2008, já não fui capaz de reconhecer o lugar.

É assim com as cidades de vida longa: o antigo cede ao novo. Mas este princípio sempre teve regra e excepção. A excepção aplicava-se aos lugares sagrados, que o povo sabe que os há, qualquer que seja o deus que neles se sente. Não é por acaso que os templos dos novos deuses se ergueram sobre as pedras dos antigos e que sobre uns e outros se construíram as sinagogas, as igrejas e as mesquitas do Deus único. Dantes, era assim. A casa do deus vencido podia ser, ou não, arrasada, mas o lugar permanecia sagrado. *Mutatis, mutandis*, este mesmo critério se aplicava aos cemitérios, que o respeito pelos mortos é um seguro de vida tão importante quanto a adoração dos deuses. Mas, agora, as pedras, os cacos e os túmulos encontraram no betão, no betume e na vertigem do "puguesso", um adversário de fôlego, bem mais temível e durável do que a passagem dos exércitos.

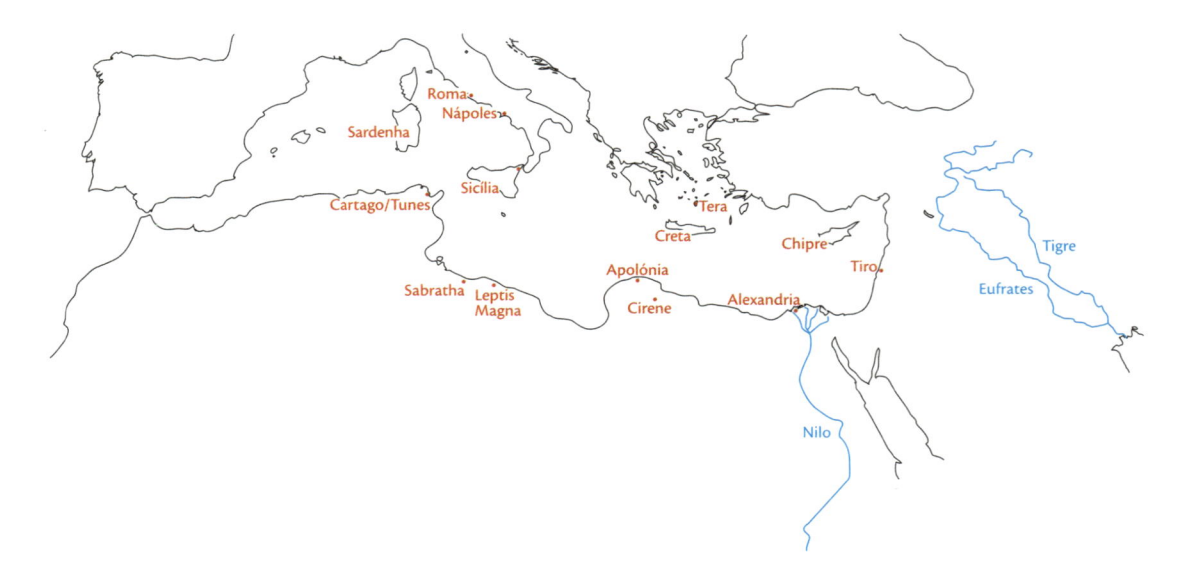

URBANOS E IMPERIAIS
PEDRAS E PILARETES

A densa rede de ilhas e ilhotas do Mediterrâneo oriental, bem como a morfologia vulcânica e montanhosa de boa parte da costa, diz-nos que a geologia deste mar, porque recente, é belicosa e instável. Comunidades que imaginamos dotadas de apreciável complexidade e sofisticação desapareceram sem deixar rastro. Os historiadores não sabem tanto quanto gostariam das primeiras sociedades do mar Egeu – como a de Creta e da sua antiga capital, Cnossos – porque foram engolidas pelas águas. Na ilha de Tera, actual Santorini, encontra-se uma das possíveis explicações para este facto. Por volta de 1450 aec, o seu vulcão – hoje submerso, mas ainda activo – pode ter provocado um maremoto com força bastante para varrer do mapa as primeiras "cidades-palácio", classificação que homenageia as evidências arqueológicas aí encontradas.

Os historiadores do Mediterrâneo fazem ainda referência a um "século obscuro", o XII aec, no qual *o Mediterrâneo oriental teria regressado ao grau zero da História*.[52] Nesse século desaparecem as civilizações micénicas, o império hitita esboroa-se e o Egipto fecha-se ainda mais sobre si próprio. Ao mesmo tempo, as costas do Levante são atacadas pelos misteriosos "povos do mar", que arrasam a cultura cananeia. A Humanidade só "renasce" três séculos mais tarde, já na Idade do Ferro e da escrita alfabética.

A fundação das cidades da Cirenaica, na actual Líbia, é muito posterior a este "buraco negro" da História – ocorre por volta de 640 aec –, mas evoca a dramática relação entre as comunidades humanas e a adversidade

52 Frase tomada a Fernand Braudel.

ambiental. Sobre a castigada ilha de Tera abatia-se, pelo sétimo ano consecutivo, uma seca rigorosa. Em consequência, 200 homens são enviados para o mar com uma missão precisa: descobrir o lugar para um novo começo. Dirigem-se primeiro a Delfos, ao norte de Atenas, onde se localizava o mais importante templo de Apolo. Aí, uma conceituada sacerdotisa falava por ele sempre que entrava em transe. Fixem-se onde encontrem uma fonte de água doce, terá dito. Os de Tera interpretaram o oráculo da pitonisa como uma ordem. Também não era difícil. A adivinhação regia-se pelo bom senso e, na dúvida, usava a metáfora.

Os duzentos voltam ao mar e navegam para Sudoeste, sempre com costa à vista, que assim preferiam os marinheiros. A viagem decorre monótona ao longo das areias egípcias e líbias quando, de repente, tudo muda. No horizonte surge a Cirenaica, um imponente maciço verde na paisagem lisa. De longe, devia parecer-se com uma ilha. Os terianos não hesitaram, estava ali a sua Atlântida. Na costa fundam Apolónia, uma jóia de preguiça estendida sobre o mar. Este é o tipo de sítio arqueológico que se deve percorrer ao início da manhã ou ao fim da tarde, com a ajuda da brisa suave do mar. Quem conheça outras "pedras e pilaretes" gregos não se surpreende com o achado. Só no fim da caminhada, por detrás da colina suave que remata a cidade, terá a sua recompensa. A contra-encosta esconde um anfiteatro que se inclina sobre as rochas do mar, onde uma palmeira retorcida pelo vento marca o lugar do palco, há muito levado pelas águas. A tentação é a de jamais abandonar aquele cenário. Não será o maior, nem o mais perfeito dos teatros, mas é o que o Mediterrâneo chamou seu e modelou a gosto, depois de os homens terem partido. Não fossem as estritas instruções da pitonisa e nunca os de Tera se teriam dado ao trabalho de subir a Cirenaica.

ODISSEIAS EM CASCAS DE NOZ

Neste teatro os apolónios devem ter ouvido, vezes sem conta, os versos da *Odisseia*. Era seguramente um público atento, que passava do encantamento aos arrepios ao ritmo das palavras do narrador. Hoje, esse deleite com as histórias de antanho só entusiasma os especialistas e os amantes de teatro. A vida contemporânea acelerou e as pessoas deixaram de ligar a tais epopeias. Quando muito, são atraídas à sala de cinema mais próxima onde se projectam sequelas de aventuras fantásticas. O mundo arquivou as originais nos templos do saber. É uma pena. Reféns da racionalidade e do pragmatismo, deixámos de "perder tempo" com histórias em forma de poema, povoadas por monstros de fantasia. Além de triste é estúpido, porque a epopeia de Ulisses está carregada de Razão. Ilustra, aliás, a vitória da Razão sobre o Medo.

Esquecemos facilmente que os antigos desafiavam o destino lançando-se ao mar em cascas de noz. É essa coragem que a *Ilíada* e a *Odisseia* celebram. Evocando as primeiras navegações e colonizações no Adriático

Líbia, teatro de Apolónia. Na entrada do capítulo: Líbia, ruínas de Cirene

e no Mediterrâneo oriental. Hoje, esse pedaço de mar parece-nos pequeno para tão grande gesta. Mas, entre o terceiro e o segundo milénios, era gigantesco se pensarmos que a construção de embarcações e os conhecimentos náuticos se encontravam nos seus primórdios. O herói homérico desafia o desconhecido, engana o medo e troça do pavor, mesmo com costa à vista. O seu Mediterrâneo só podia ser um viveiro de monstros e a terra virgem uma cama elástica para gigantes e ciclopes. A novidade da *Odisseia* não é, contudo, a do povoamento do poema por criaturas de fantasia. O que é surpreendente e genial é que elas lá tenham sido colocadas para engrandecer o papel do Homem, o que vence o desafio da viagem e ousa ocupar o lugar dos deuses no centro da acção.

Bem mais tarde, os nacionalismos apropriar-se-ão da viagem e da coragem, reduzindo a matriz fundadora das civilizações do Mediterrâneo a meras gestas de povos particulares. Virgílio, o romano, fará a sua *Eneida* para glória do Império e até os portugueses se habituaram a ler *Os Lusíadas*, de Luís de Camões, como o canto de uma nação e não como a epopeia de um tempo e de um espaço, o do Sul da Península. Anotada a vaidade, passemos aos fenícios que, como os gregos, dependiam do mar. Ninguém sabe de onde vieram estes marinheiros, nem mesmo se saíram de um poema perdido no mar. Sabe-se que, algures no "século obscuro", chegam à costa levantina e nela se instalam, esmagando os que lá estavam. Quem conheça o Líbano sabe que o Mediterrâneo é obrigado a enfrentar as montanhas e contra elas se esgota. Os fenícios chegaram à costa e por aí se ficaram. Não subiram às montanhas. O mar era o seu sustento e mesmo a sua escapatória, se os povos das terras altas decidissem passar das trocas à guerra.

Os novos invasores eram tão corajosos como os gregos mas, ao contrário destes, não praticavam o "tu cá tu lá" com os monstros e muito menos com os deuses. Os fenícios receavam tanto as suas divindades quanto os monstros de que elas os protegiam.

Assim como os de Tera partiram por causa de uma seca, os de Tiro, cidade da costa sul do Líbano, lançaram-se ao mar para escaparem a um prolongado cerco assírio. Dessa fuga nasceu Cartago, corria o ano de 814 aec. Os fugitivos navegaram bem para lá da Cirenaica e atingiram o primeiro grande "aperto" do Mediterrâneo a Ocidente – onde a Sicília e a península onde se localiza hoje Tunes, a capital da Tunísia, quase se encontram.

Marinheiros incomparáveis, os de Cartago! Roubaram a vela aos egípcios, a quilha aos gregos e nunca mais pararam. Atravessaram o Mar Vermelho e desceram a costa oriental de África, sabe-se lá até onde, por volta de 600 aec; um século mais tarde, procurando estanho e ouro, alcançam, respectivamente, as ilhas britânicas, a Norte, e o cabo Bojador, a Sul. Há 2500 anos, os cartagineses romperam todas as fronteiras da temeridade e aventuraram-se no Atlântico. Mereciam um poema.

DO COMÉRCIO E DA GUERRA

Como os gregos, os cartagineses estão na origem de uma vasta rede de cidades no Mediterrâneo. A sua influência, que tinha por limite oriental a Cirenaica, estendia-se da Sicília à Península Ibérica, passando pela Sardenha e a Córsega. A lógica da implantação fenícia é muito similar à dos seus vizinhos – Tiro funda Cartago e esta, por sua vez, dá origem a várias outras Cidades-Estado. Entre si alternam acordos e rivalidades na disputa das rotas de comércio. Este é um mundo costeiro, ainda distante da era dos impérios político-militares com dimensão continental.

Entre o comércio e a guerra a relação é ambígua. Por um lado, o comerciante precisa do cliente. Morto, este não lhe serve de nada. É por isso que devemos ter alguma cautela com os livros de História que se fixam nos momentos de ruptura, esquecendo que os períodos de paz foram, no Mediterrâneo, bem mais prolongados. Por outro lado, se o comércio prefere o cliente vivo e saudável, dificilmente resiste à volúpia de uma súbita expansão dos negócios ou ao receio de perder posições adquiridas. Foi, grosso modo, o que se passou com as Guerras Púnicas, que se iniciaram em 264 aec e irão durar mais de um século. Cartago era então a mais desenvolvida república de comerciantes do Mediterrâneo ocidental. A sua hegemonia económica não sofria contestação. Mas ali perto, do outro lado do mar, Roma emergia.

Cartago começa por declarar à sua concorrente uma guerra que hoje classificaríamos de preventiva. A cidade do Lácio tinha tomado Nápoles, Taranto e Messina às comunidades do Peloponeso, ameaçando os negócios cartagineses. Antes que fosse tarde, Cartago lança os seus mercenários na guerra. A sequência é conhecida: o conflito terminará com a derrota dos descendentes de Tiro.

Olhadas retrospectivamente, as Guerras Púnicas não foram, como tantas outras, tragédias que deixam o mundo mais ou menos como estava. O seu resultado encerra um capítulo, o do Mediterrâneo das Cidades-Estado, e anuncia o advento de uma nova era, a que fará do Mediterrâneo o lago de um grande império. As Cidades-Estado regressarão ainda ao activo e pode dizer-se que, verdadeiramente, nunca morreram. No Mediterrâneo não há derrotas definitivas.

Os dois protagonistas principais da tragédia são gigantes: de um lado, Aníbal Barca, a Força de Baal; do outro, Públio Cipião, o Ungido pelos Deuses. O primeiro é o estratega que, num golpe de génio, leva os seus elefantes até ao Norte da Península Ibérica e os faz atravessar os Pirinéus para atacar a Península Itálica pelas traseiras. Vence todas as batalhas decisivas, menos a derradeira, a única que travará na sua própria terra; o segundo é o jovem que desloca uma guerra em casa, que parecia perdida, para as sedes do poder cartaginês – a Península Ibérica e o Norte de África. Cipião derrota Aníbal com o que dele aprendeu.

Curiosamente, ambos acabam mal. Aníbal suicida-se em terras sírias e Cipião termina os seus dias desterrado na Hispânia. Que representavam estes homens? Os Barca, cartagineses da Sicília, eram aristocratas que preferiam a monarquia à república comercial; Cipião pertence à linhagem de chefes militares que acabará por amarrar a república senatorial ao princípio da guerra. Um e outro servem poderes que não respeitam, que lhes tolhem os movimentos, mas a quem juraram fidelidade. Aníbal, que nunca será rei, perde a guerra porque obedece às ordens imbecis de comerciantes tomados de pavor; Cipião vence porque impõe a sua vontade a um Senado temeroso. Contudo, não vingará para lá da vitória pelas armas. O parto imperial precisará, ainda, de um século para se concretizar.

Do período púnico, as ruínas de Cartago pouco mais conservam do que um cemitério de crianças. A sua sucessora romana, renascida das cinzas, dura oito séculos, mas acabará, também ela, queimada e destruída por bandos de aventureiros. Os cacos das duas vidas de Cartago repousam sob as fundações das "vilas" burguesas da actual capital da Tunísia. Há, contudo, um extraordinário salvado: é em Tunes que se podem apreciar alguns dos mais belos mosaicos do mundo romano. Estão expostos no Museu do Bardo, apresentados à antiga, ou seja, enchendo soalhos e paredes como se fossem tapetes. Não por acaso, eram feitos por africanos. No Mediterrâneo, o que fica para trás nunca morre. Encontra sempre modo de renascer.

Tunísia, mosaicos romanos da "escola africana" no Museu do Bardo, em Tunes

CIRENE, A CIDADE DE APOLO

A estrada serpenteia pelo planalto e, a dado momento, inclina-se. De repente surge um pequeno café, caiado de branco, no umbigo de uma curva de 180 graus. Paramos. A vista, para lá dos caprichos da estrada, deve recordar-se para sempre. Mais abaixo, numa plataforma roubada à montanha, a meia encosta, encontram-se as mais belas ruínas deste périplo. São as de Cirene. O terreno, aplanado pelos primeiros colonos, tem 200 metros de extensão e estreita-se à medida que se aproxima do vazio. No limite da plataforma, onde se encontra um teatro, a encosta desliza até à planície verde e suave que corre na direcção do Mediterrâneo, onde se situa a linha do horizonte.

Encontramo-nos agora no centro das ruínas deste santuário. Nas nossas costas está a fonte de água de Apolo, guardada por dois leões; à nossa direita, os pilares do templo principal, também dedicado a Apolo; à esquerda, um altar de mármore, descomunal, onde se consumavam os sacrifícios em honra da divindade; finalmente, à nossa frente, estão os restos de um outro templo, o da deusa da caça e da natureza, Artemisa, por sinal irmã de Apolo. Cirene é a cidade de Apolo, aquela que um dia a pitonisa de Delfos prometeu aos terianos com sede.

No período helénico da cidade, que se estende por meio milénio, a água da fonte do santuário servia apenas o deus. Por outras palavras, era um privilégio dos sacerdotes de Apolo. Este monopólio acaba com a chegada dos romanos, que acrescentam à plataforma sagrada uma piscina e grandes termes de uso público. Esta é a alteração física mais relevante introduzida pela nova gerência. A cidade romana é tributária da sua predecessora e honra a sua cultura. Em Cirene, como em muitas outras cidades do Mediterrâneo, continuar-se-á a falar grego bem para lá do ocaso do próprio império. Em Nápoles, a cidade de Verão preferida dos patrícios de Roma, o grego ainda era a língua dominante... no século XIII da nossa era.

Não se deve ser severo com a "inferioridade cultural" dos primeiros romanos:

"Nascida num solo pobre onde colinas de tufo emergiam de terrenos pantanosos, entre uma montanha áspera e uma costa sem relevo, Roma oferece um exemplo único da passagem de uma aldeia de algumas cabanas a um império que se julgou universal." [53]

O autor desta frase, Jean Gaudemet, carrega na tinta para ilustrar o salto de gigante operado pelos novos senhores do mundo. No fundo, Roma comporta-se como Alexandre. Quando o maior conquistador da Antiguidade decide que Babilónia será a sua capital, ele não é deus, mas um homem rendido à luz que os vencidos ainda irradiavam. Roma não se mudará de armas e bagagens, nem para Alexandria nem para Cartago, mas, por todo o império, apropria-se dos saberes que os outros tinham acumulado. Mil anos mais tarde, esta história repetir-se-á. Mesmo em ruína, o mundo romano brilha. Brilha quanto baste para chamar a si a volúpia dos guerreiros que mordem as suas fronteiras. Fernand Braudel, esse grande descriptador dos mistérios do Mediterrâneo, sustenta que as grandes civilizações podem ser temporariamente conquistadas, mas não se deixam destruir. Assim tem sido.

A BIBLIOTECA DAS MUSAS

Antes de ser romana, Cirene caíra na órbita de Alexandria. A figura que melhor ilustra a relação entre as duas cidades é a de Eratóstenes, terceiro dos directores da biblioteca de Alexandria, nascido e educado em Cirene. Sabemos menos do que gostaríamos da lendária biblioteca porque o seu acervo foi engolido pelas chamas. As crónicas antigas garantem que no quarteirão do palácio real de Alexandria existia um Museu, ou seja, um santuário em honra das Musas. Cada uma das nove filhas de Zeus e de Mnémosis, a Memória, tinha uma função protectora no domínio das Artes e das Ciências. Na verdade, o Museu era uma universidade e não o que hoje definimos como biblioteca. Neste Campus *"avant la lettre"* viviam professores, tradutores, copistas, estudiosos e diletantes nos mais variados domínios do saber. O complexo tinha ainda uma fábrica de papiro, um refeitório onde se comia em conjunto, jardins, animais vivos e, evidentemente, residências e quartos. A biblioteca de Alexandria é um daqueles casos em que a História supera a lenda.

[53] Jean Gaudemet, in *O Milagre Romano*, pág. 33; Teorema, 1987.

Líbia, pormenor da fonte de Apolo em Cirene

Onde ficava, no complexo, a biblioteca? Provavelmente, não existia enquanto tal. Os rolos arrumavam-se pelas diferentes paredes interiores do Museu, alojados em nichos, uma ideia que, de resto, as paredes-mestras da nova biblioteca recuperam como efeito decorativo. Alguns cronistas, recitando-se, afirmam que o espólio do Museu teria chegado a 400 mil títulos. Não se devem levar muito a sério os números antigos. Cada obra exigia vários rolos... Apesar do exagero, a "biblioteca" não sai diminuída desta prevenção. Foi seguramente o maior centro de traduções, cópias e debates do Mediterrâneo antigo. Batia a de Pérgamo, sua grande rival, que usava um outro suporte, o pergaminho, que papiro não existia na Anatólia.

O antigo Museu tem pouco a ver com a sua réplica contemporânea, uma decisão da vaidade. A ideia nasceu em 1974, com o beneplácito da UNESCO. Situada sobre a baía e com vista para o mar, é um interessantíssimo projecto de arquitectura do norte da Europa, implantado em terras do Sul. Discreta por fora, o seu interior tem a respiração de uma catedral. Não conheço melhor sala de leitura e por isso me divido ante o projecto. A nova biblioteca é, por assim dizer, a barragem de Assuão das Letras. Com capacidade para 5 milhões de livros, abriu com 400 mil e, seis anos depois, mal chega aos 600 mil, em regra cedidos por instituições internacionais. Num país onde a edição em árabe regride e que precisaria de centenas de bibliotecas mais modestas e em rede, ligadas aos espaços de aprendizagem, foi uma opção

Líbia, vista geral do santuário dedicado a Apolo, em Cirene

146

faraónica. Por outro lado… porque é que os melhores equipamentos do planeta terão que ficar sempre no primeiro mundo? Com oito centros de investigação associados e uma biblioteca numérica de ponta, o projecto ambiciona ser bem mais do que uma convencional, embora moderna, casa de livros. Intensamente frequentada pelos alunos e professores da universidade que fica ao lado e realizando dois a três acontecimentos científicos e culturais por semana, o equipamento marca, de facto, a vida da cidade. Pode ser que o gigantesco investimento acabe por dar os seus frutos. Mais difícil é que alcance o objectivo sonhado – o de se afirmar como centro de conhecimento de nível mundial. Embora a História goste de se repetir e reciclar, a água dos rios nunca passa duas vezes por debaixo da mesma ponte. O que nos leva de volta a Eratóstenes.

O TAMANHO DO MUNDO

Não foi nem o mais importante dos directores nem o maior dos sábios. O Museu de Alexandria deu abrigo e asas a figuras ímpares. Cito algumas, de memória: Euclides e Papus, os pais da geometria; Arquimedes, o matemático que inventou o pi; Héron, o mecânico das roldanas que fizeram leves os grandes pesos; Ptolomeu, o sábio que, enganando-se sobre o que gira em torno de quê, separou a astronomia da astrologia. Eratóstenes era de outro tipo. Os seus pares deram-lhe a alcunha de "beta", que é como quem diz, *és bom em tudo, mas o melhor em nada*. Também o apelidavam de Pentatlo, não porque fosse dado a saltos e correrias, mas porque era plímaco, ou seja, um curioso de múltiplas disciplinas.

Nenhuma das suas obras chegou até nós, a não ser por citações de autores posteriores. Sabemos que se dedicava à crítica teatral e à filosofia, mas não foi nelas que se notabilizou. Os catálogos de estrelas e as tabelas que construiu para os números primos fizeram escola, mas ninguém passa à História com exercícios de minúcia. O que Eratóstenes tinha de singular era o modo como misturava espírito prático e pensamento especulativo. Por exemplo, explicou o mistério das cheias do Nilo pelas chuvas que o rio receberia nas suas origens. Como chegou a tal conclusão? Provavelmente por exclusão de partes. Na condição de director da biblioteca, enviara equipas de exploradores para desenharem o primeiro traçado rigoroso do rio, entre Alexandria e Cartum. Não encontrando, até aí, qualquer explicação para as cheias, deduziu que se teria de encontrar para lá da actual capital do Sudão... Numa dessas viagens, o minucioso bibliotecário confirmou algo que o intrigara num velho rolo de papiro: em Assuão existiria um poço de água onde, ao meio-dia do solstício de Verão, a incidência dos raios solares não provocava qualquer sombra. Sucede que em Alexandria, no mesmo dia e à mesma hora, ela media 7º e 12'.

O que se pode fazer com uma vara e a sua sombra! No século III aec, Eratóstenes conclui, primo, que estando o Sol a grande distância da Terra, os seus raios deveriam "cair" verticalmente sobre esta; segundo, que, se assim era, então a diferença de sombras à mesma hora provava que a Terra era esférica. Óbvio? Revolucionário! Seis séculos mais tarde, Santo Agostinho recusava terminantemente a evidência, *"um absurdo em que não se deve acreditar"*. E mil anos depois desta santa, embora pouco douta observação, ter sido registada, Cristóvão Colombo teve que exibir dotes de alta retórica para convencer os Reis Católicos de que a Índia se podia atingir navegando para ocidente...

Fixadas as premissas, o sábio de Cirene arriscou um salto mortal: se a Terra é redonda, então a distância, em "estádios", de Alexandria a Assuão, deveria ser equivalente ao ângulo da sombra registada numa esfera de 360 graus. Foi tiro e queda. Há 2300 anos, o Beta atreveu-se a calcular a circunferência da Terra! Já agora, acertou ou errou? Depende, porque as opiniões dividem-se sobre a exacta medida do "estádio" egípcio. Mas se este media 157 metros e 5 centímetros, a hipótese mais plausível, então o cirenaico falhou a circunferência da Terra medida no Equador... por 72 quilómetros!

O DIREITO ROMANO

Regressemos a Cirene, agora sob administração romana. Apesar de encantados pelos saberes gregos, os novos senhores não se limitam a copiar. De facto, eles mexem profundamente na cidade imaterial, a que se afirma como lugar de poder. Embora Cirene nunca tivesse sido grande exemplo de democracia em período grego, esta marcava presença na Ágora, a praça principal onde decorriam os debates sobre a vida em comunidade. A cidade grega era uma cidade de cidadãos, apesar das mulheres, dos escravos e dos estrangeiros, ou seja, a grande maioria da população, estarem excluídos da decisão. Já para os romanos, a cidade irá ser, acima de tudo, *"um consentimento jurídico comum"*, como a definiu Cícero. Dito de outro modo: as cidades do Império romano passam a ser dirigidas e administradas por e através de instituições jurídicas e políticas. Nestas, os cidadãos deixam de ter, todos, o mesmo voto: ele é função da idade, da fortuna e da origem familiar ou tribal; por outro lado, a cidade dota-se de regras que, se legitimam a nova ordem, também a procuram proteger do abuso e da arbitrariedade. A Pax Romana não é apenas a das legiões; é também a dos seus legisladores.

A aventura do Direito romano é consequência da extraordinária aceleração que transforma a aldeia numa capital de império. Os magistrados acompanham as legiões e procuram responder aos novos problemas que o alargamento de fronteiras e horizontes impõe. Não se trata apenas de estabelecer regras que "harmonizem" as diferenças de costumes, para usar uma expressão em voga na construção jurídica da actual União Europeia; principalmente, há que homogeneizar os procedimentos que decorrem de uma mutação bem mais profunda, a que está a transformar uma sociedade ainda pastoril e agrícola na mais importante economia mercantil que o Mundo conhecera. Nesta metamorfose, o clã e a tribo vão ceder o seu lugar a um tipo de família que se define pelo sangue e pela propriedade.

No início, os magistrados fazem a lei estabelecendo regras com base nos casos concretos que a vida coloca. A magistratura, em si mesma uma instituição, afirma-se mas não é a única fonte de direito. Ela corre e concorre com o poder do facto consumado, o preferido dos imperadores. Esta tensão acompanha sucessivas gerações de magistrados. Só no terceiro século da nossa era, os imperadores da linhagem dos Severos conseguem acrescentar à figura do imperador soldado e administrador, a função legislativa. A vitória imperial é, contudo, limitada. Como alguém continua a ter que escrever os éditos de augusta assinatura, a magistratura adaptou-se para sobreviver.

Quando o imperador Justiniano de Constantinopla decide organizar as primeiras grandes compilações jurídicas romanas, o Código e o Digesto, as equipas que os preparam recolhem mais de 9 mil fragmentos de jurisprudência, extraídos de 1625 livros! *"Estes romanos são loucos!"*, exclamava o gaulês da poção mágica. Temperados com uma pitada de génio, é bem provável que sim. O Direito romano sobreviveu 14 séculos ao ocaso do Império. São de Roma os fundamentos de todas as ordens jurídicas do ocidente até 1804, o ano em que se publica o "Código de Napoleão". Nem o Direito canónico, de divina inspiração, escapou ao articulado saber destes pagãos.

Líbia, templo de Zeus em Cirene

DO CORPO E DA ALMA

As ruínas de Cirene revelam uma cidade de dimensão muito apreciável, estruturada em diferentes núcleos urbanos. As habitações, a Ágora e, mais tarde, o Fórum romano, situam-se numa zona distinta do santuário, mais alta e exposta aos ventos. A cidade apresenta ainda outro espaço religioso, este dedicado a Zeus, no topo de outra colina. O seu Partenon, de imponente dimensão, confirma a tradição: o novo templo ergue-se onde os autóctones adoravam o principal deus do Norte de África, que não por acaso era o dos egípcios, Amón.

A jóia do lugar é, contudo, um armazém de estátuas. Não está aberto ao público, o que não faz grande diferença porque este também não abunda. As visitas aos sítios arqueológicos da Líbia fazem-se na agradável companhia de carneiros, ovelhas e vacas. Estas simpáticas criaturas não estão autorizadas a entrar no armazém porque lhes falta o que nós temos: dinheiro de bolso para ajudar a boa vontade do guarda das estátuas.

Aberto o portão, um grifo que chega ao tecto dá as boas vindas ao visitante. Depois, há estátuas para todos os gostos, arrumadas por grupos de parentesco. O nosso olhar é, de imediato, dirigido para as Três Graças – Tália, Eufrosina e Aglaia – que são, passe a redundância, uma graça. Filhas de Zeus, eram indissociáveis. Cantavam e dançavam ao som da lira tocada por Apolo, animando as festas do Olimpo. Não as tomemos, no entanto, por fúteis, que o canto e a dança eram artes maiores. Bem sei que esta opinião não é,

nem era, inteiramente pacífica. Outro grupo de irmãs do panteão – as nove Musas – dotou-se de atributos de outra "gravidade" e "espessura". Contudo, esta graduação não fazia sentido para a maioria dos gregos. A elevada sofisticação das artes helénicas só foi possível porque a sociedade atribuía ao prazer dos sentidos e ao corpo um papel nuclear na busca da felicidade.

Contra este ponto de vista esgrimiram vários filósofos, a começar por Platão. Para este, o corpo e a alma eram categorias contraditórias. O primeiro seria um invólucro, por natureza transitório e perecível, uma ilusão que aprisionava a alma. Esta, pelo contrário, era tão permanente e autónoma que podia reencarnar noutra embalagem. A felicidade, a verdadeira beleza da vida, encontrar-se-ia, assim, no carácter e na inteligência e não na provisoriedade dos atributos físicos. A conhecida preferência de Platão por rapazes esbeltos da sua própria escola apenas diminui a autoridade do argumento, não o seu valor. Afinal, a máxima *"faz o que eu digo, não o que eu faço"* acompanha a Humanidade desde os seus primórdios.

Platão não sofreu apenas pelas ideias que professou. Também se lhe imputam outras que não exibiu. O conceito de "amor platónico", por exemplo, é uma invenção recente, do século XVII ec, atribuível a um leitor apressado das suas obras. Para evitar confusões, um erudito francês distinguiria entre *"amour platonique"* e *"amour platonicien"*, o que em português soa horrivelmente. A subtileza sublinha a diferença entre um amor que se consuma

Líbia, as Três Graças no armazém de estátuas de Cirene. No plano seguinte: estátua de hermafrodita no Museu Arqueologico de Istambul

e possui, em consequência, uma dimensão táctil – o do próprio Platão, como vimos – e outro que sobrevive, sofrido, no mundo da fantasia, porque indissociável da sua não concretização física. Este amor sem sexo e sem pele, dói que se farta. Mas oferece, em compensação, a virtude da perfeição...

Platão antecipou de um século os debates que epicuros e estóicos travariam sobre o corpo, a alma e a realização humana. A máxima *"mente sã em corpo são"* diz-lhe qualquer coisa? Pois bem, este slogan podia ter sido inventado pelos primeiros e contaria com a oposição frontal de Zenão, o mentor dos segundos, porque insinua que a felicidade depende da satisfação do próprio corpo. Os dois pontos de vista atravessaram os diferentes tempos do Mediterrâneo. Até hoje. Mas a ideia da superioridade da alma sobre o corpo contaminou as teologias monoteístas e, durante séculos, foi hegemónica. Muito em particular o cristianismo, que bebeu na tradição grega bem mais do que se poderia supor, inculcou nos crentes a peregrina ideia de que o corpo era "pecado". Em consequência, a sexualidade e as mulheres foram as primeiras vítimas de gerações de celibatários obcecados com a tentação da carne. Porquê elas? Porque a tradição mediterrânica é patriarcal. Aqui e ali, este mar foi capaz de oferecer à Humanidade sociedades matriarcais ou outras que, não o sendo, deram à mulher um estatuto relevante na vida comunitária. Mas tais casos foram as excepções de uma penosa regra. A versão original do décimo mandamento da lei de Moisés sintetiza muito bem o grande consenso dos homens:

"Não invejes a casa do teu próximo, a sua mulher, o seu escravo ou escrava, nem o seu boi e o seu burro, nem nada que lhe pertença." [54]

A mulher era uma carga do homem, ponto. Servia para o que fosse preciso. A sua carteira de obrigações incluía a reprodução e a satisfação sexual do macho. Há 2500 anos, este era o padrão comum entre os povos do Mediterrâneo. A essa luz, o mandamento até se perdoa: ele vem dizer aos homens que se devem abster da gula sobre os bens do vizinho, em nome da paz civil. Não o devemos julgar com os parâmetros de hoje. A lei procurava pôr alguma ordem num caos de que as primeiras vítimas eram as mulheres. Por outro lado, o judaísmo teve profetas e profetas. Na Bíblia é possível encontrar um cântico como este:

"Como são belos teus passos nas sandálias, ó filha de príncipes!
Os contornos de teus quadris são como colares (...).
O teu umbigo é uma taça redonda: não lhe falte vinho mesclado!
O teu ventre é um monte de trigo, cercado de lírios.
Os teus seios são como duas crias, como gémeos de gazela.
O teu pescoço é como uma torre de marfim.
Os teus olhos são como as piscinas de Hesebon, junto à Porta Maior.
O teu nariz é como a torre do Líbano, sentinela sobre Damasco.
A tua cabeça sobressai como o Carmelo e as madeixas da tua cabeça
são como fios de púrpura (...).
Como és bela, como és desejável, meu amor, com tais delícias!
Pensei: Vou subir à palmeira, vou colher dos seus frutos.
Sejam os teus seios como cachos de uvas,
E o hálito da tua boca, perfume de maçãs." [55]

O elogio das mulheres por homens sensíveis é tão raro nas escrituras que deve ser sublinhado. Este cântico prova igualmente que o judaísmo não condenava o prazer, embora o conjugasse no masculino. Ele ainda não tinha sido inteiramente dominado pelas concepções de Platão sobre o corpo e a alma.

DESVIO PELOS PECADOS DA CARNE

Avancemos alguns séculos, até Jesus. O modo como protegeu Maria Madalena das pedras dos homens é revelador de que nada tinha contra elas. Ele não era um puritano – o Novo Testamento está repleto de banquetes e o profeta não discriminava entre gentes. Mesmo as socialmente menos recomendáveis, como as prostitutas ou os odiados cobradores de impostos, o frequentavam. Contudo, a relação de Jesus com o sexo não terá sido propriamente uma "história de sucesso". Numa notável bibliografia,[56] o historiador norte-americano E.P. Sanders sustenta que o Messias era partidário de padrões

54 Citado da obra de Piergiorgio Odifreddi, já referida, pág. 68.

55 In *Cântico dos Cânticos*, capítulo VII, versículos 2 a 10.

56 *The Historical Figure of Jesus*, que o editor português, a Casa das Letras, traduziu, sem arrependimento, por *A Verdadeira História de Jesus...*

de exigência moral mais rigorosos do que os do judaísmo tradicional. Estes tinham, por exemplo, torneado a dificuldade imposta pelo sétimo mandamento – *"não cometerás adultério"* – com a consagração do repúdio, o divórcio e a poligamia. Jesus nunca se pronunciou sobre esta última, mas era radicalmente adverso ao adultério e ao divórcio. No Sermão da Montanha, ele vai muito longe no aviso aos homens:

> *"Haveis ouvido o que antes vos disse: não cometais adultério. Mas digo-vos ainda que quem olhe com maus desejos para uma mulher, já cometeu adultério com ela no seu coração."* [57]

Como se pode imaginar, não foram frases como esta que o tornaram popular entre os homens da Galileia, mas à época não se faziam sondagens e ele podia dizer o que pensava. Correndo o risco de errar, direi que minimizava a sexualidade sem diminuir as mulheres. A sua crítica do desejo carnal dirige-se aos homens e pode ser interpretada como uma defesa do elo fraco da relação conjugal. Seja como for, Jesus não levou a defesa das mulheres tão longe quanto a comunidade hebraica dos essénios, que proibia os seus homens de terem relações sexuais com raparigas até aos 20 anos, a idade em que saberiam *"distinguir o justo do injusto"*.

Foram os "Pais da Igreja" e a transformação do cristianismo em religião imperial que acabaram por fundir a pesada tradição patriarcal do Mediterrâneo com o estoicismo grego. Diga-se, em abono da verdade, que nem todas as comunidades do cristianismo primitivo seguiram a cartilha rigorista. A expansão da nova mensagem entre as comunidades de fé hebraica espalhadas pelo Mediterrâneo deve muito às mulheres, que estavam libertas da marca da circuncisão. Com regras mais simples, o cristianismo começou por se enraizar no espaço privado da casa de família. Foi também aí que nasceram os primeiros altares e se fizeram as primeiras celebrações. *"No início, mulheres presidiam à celebração eucarística"*,[58] sustenta o padre Anselmo Borges num escrito recente. Por outro lado, as correntes gnósticas, que integravam o universo judaico-cristão, acreditavam que o conhecimento e a sabedoria fossem femininos e chegaram a ordenar mulheres. Apesar destas resistências, as regras acabaram por ser impostas pelos vencedores. A ortodoxia em formação teria, aliás, abolido o sexo, não se desse a desagradável circunstância de ele se revelar indispensável à reprodução. Pouparei os cristãos às inúmeras citações que confirmam este ponto de vista, mas duas ou três são irresistíveis. Eis como Santo Agostinho, qual Platão numa noite de insónias, arrumava a sexualidade:

> [Ela] *"não é um bem procedente da essência do matrimónio, mas um mal derivado do pecado original."* [59]

[57] Mateus 5, 18, versículos 6 a 9, pág. 1572; Difusora Bíblica, 3ª edição, 2001.

[58] Anselmo Borges, DN, edição de 7 de Março de 2009.

[59] Santo Agostinho, in *As Bodas e a Concupiscência* I, 15.17.

Bem antes, já Paulo de Tarso, o principal obreiro da igreja, na sua primeira Carta aos Coríntios, tinha abordado o tema com extraordinária franqueza:

> *"Seria bom para o homem abster-se da mulher. Todavia, para evitar o perigo da incontinência, que cada homem tenha a sua mulher e cada mulher o seu marido. (...) Digo isto como concessão e não como ordem. Desejaria que todos os homens fossem como eu, mas cada um recebe de Deus o seu próprio carisma, um de uma maneira, outro de outra. Aos solteiros e às viúvas digo que é bom ficarem sem casar, como eu. Mas se não podem guardar continência, casem-se; pois é melhor casar-se do que ficar abrasado."* [60]

Leram bem: "se não podem guardar continência..."

QUANDO O ISLÃO SURPREENDE

A primeira reabilitação simultânea da sexualidade e das mulheres pelas religiões monoteístas tem a assinatura de Maomé. Para o Islão, os seres humanos nascem livres do pecado original – Adão e Eva erraram, mas o Magnânimo perdoou-os – e o prazer sexual é uma dádiva do Céu que não existe apenas para satisfação do macho. Claro que Maomé é o mensageiro de um Deus que criou a fêmea da costela do macho. O Corão, fiel à tradição bíblica, garante que

> *"Os homens estão por cima das mulheres porque Deus favoreceu uns em relação aos outros e porque eles gastam parte das suas riquezas em favor das mulheres."* [61]

Mas logo noutra passagem, Alá modera um pouco a sua opinião. Embora os homens estejam "por cima",

> *"As mulheres têm sobre os maridos direitos idênticos aos que eles têm sobre elas."* [62]

Na floresta dos versículos dedicados às mulheres, não há ponto sem nó. Mas percebe-se que o profeta tinha pelo sexo oposto um apreço sincero e pouco usual entre os homens do seu tempo. Ele procurou que fossem tratadas com justiça e legislou em seu favor. Garante Fátima Mernissi, socióloga marroquina, que:

> *"O profeta nunca bateu com a sua mão em nenhuma das suas mulheres, nem num escravo ou em qualquer outra pessoa. (...) A única vez que se confrontou com uma insurreição doméstica, a rebelião das suas mulheres, não só não lhes bateu, como preferiu sair do domicílio conjugal e, para grande surpresa da cidade, instalou-se sozinho durante quase um mês num quarto próximo da mesquita."* [63]

60 Paulo de Tarso, in *Primeira Carta aos Coríntios*, VII, 1-2 e 6-9, pág. 1871 da edição já referida.

61 In *Corão*, Capítulo das Mulheres, Verso 34, pág. 82; Iº volume; Europa-América, colecção Grandes Obras.

62 Idem, Capítulo II, Verso 228, pág. 49.

63 Fatima Mernissi, in *L'Harém Politique*, pág. 199; Editions Complexe, 1992.

A HISTÓRIA REINVENTADA

A entrada para as ruínas de Sabratha situa-se numa ligeira elevação, permitindo uma visão ampla do sítio. Para a direita ou para a esquerda e em frente, e mais para lá ainda e ainda depois do ainda, pedras ao acaso e colunatas avulsas desafiam a imaginação. O impulso, desabrido, é o de entrar na pedraria e perder-se. Não é grande ideia porque o Sol não perdoa.

Ao visitante sugerimos que se concentre antes num estranho monumento que se encontra quase à sua frente. É um mausoléu – um túmulo com câmara sepulcral interior – ou então um cenáculo funerário que sinaliza o lugar de uma câmara mortuária subterrânea. Tem óbvias influências fenícias e helénicas e foi erigido sob os auspícios de um deus egípcio, *Bes*. Não se verá outro igual: nem em Cartago nem em Tiro, nem em qualquer outra cidade da costa libanesa. O monumento destaca-se da caótica pedraria pela sua altura e forma triangular. O terceiro nível do cenáculo é guardado por leões e o topo remata-se em pirâmide. Esqueça, entretanto, que o que está a ver não são as sobras de um original milagrosamente conservado, mas uma reconstituição, mais ou menos criativa, que recorreu às pedras das ruínas funerárias da vizinhança.

Apreciado o mausoléu, abrigue-se à sombra das estátuas do museu local e zarpe de quatro rodas para a outra extremidade do sítio, onde se encontra o teatro romano, junto ao mar. Também aí os arqueólogos de Mussolini nos pouparam ao esforço da imaginação. O teatro de Sabratha, com magníficos relevos na base do palco, é de duvidosa fidelidade ao original. Ignorância? Nem por isso. Em Lisboa também o castelo de São Jorge foi reinventado nos anos 40 e nesse meritório acto se apagou, voluntária e conscientemente, o passado da alcáçova. Entretanto, habituámo-nos àquele bordado de ameias medievais entre árvores, misto de mania das grandezas com Portugal dos Pequeninos. Por aqui, a história seguiu os mesmos passos. Quem não saiba, pensará que aquele teatro era assim; quem sabe que assim não foi, reconhece na variante os olhos de um Tempo, os da emergência do fascismo e sua promessa imperial. As reconstituições são como as perguntas que fazemos às pedras: dizem mais do momento em que se fizeram do que sobre o passado que reivindicam.

Quando as pessoas sensatas defendem que o património continue nos lugares onde envelheceu não é por qualquer razão de "fidelidade ao original". A filosofia da reconstituição do teatro de Sabratha em nada se distingue da realizada pelos arqueólogos de Saddam Hussein nas muralhas da antiga Babilónia. Apenas mudam os propósitos. O agigantamento do teatro enaltecia o passado para glorificar um orgulho imperial contemporâneo; a reconstituição imaginativa da muralha babilónica integrou-se num projecto de construção da identidade iraquiana com recurso às culturas pré-islâmicas. Em ambos os casos o saber técnico foi colocado ao serviço de representações idealizadas do passado, ou seja, de ambições ideológicas com uma apreciável dose de fantasia.

Líbia, Sabratha

161

O SAQUE VIRTUOSO E AS SALAS GELADAS

A "corrupção" dos originais não é um atributo específico do-que-fica-no-seu-
-lugar. George Duby, um importante medievalista da chamada Nova História,
tem um pequeno ensaio – *A Herança* – onde sustenta que esse é, também, o destino das obras saqueadas. Vale a pena apresentar o seu heterodoxo argumento:

> *"A Europa pilha e apropria-se dos adornos do corpo e do espírito (...).
> Durante séculos, longe das margens do Mediterrâneo, este espólio actua
> como um fermento de criação. Com efeito, tudo o que era levado estava
> longe de ser separado da vida, sendo, pelo contrário, vivificado. Estes
> objectos (...) eram utilizados. Figuravam nas cerimónias para realçar
> o prestígio dos chefes e para tornar mais sumptuosas as liturgias do poder
> e da religião."* [71]

E um pouco mais adiante:

> *"As peças destas colecções eram confiadas a novos usos e incorporadas
> em novos cenários (...).
> Oficinas de escrita, de ourives, fundidores, construtores e pintores: o seu
> papel consistia em encaixar fragmentos em conjuntos, preencher falhas,
> dar lugar a novas contribuições e, portanto, fabricar."*

[71] G. Duby, in *A Herança*, ensaio publicado em *O Mediterrâneo*, pág. 142; Teorema, 1987.

Líbia, teatro reconstituído de Sabratha

162

"De início, os artesãos copiavam. Mas, com o treino, depressa se arriscaram a rivalizar em perícia com os autores da obra que tinham tomado em mãos e passaram a compor (...) uma obra original." [72]

Nestas observações se pode ler a justificação do saque. Na verdade, essa não é a preocupação do historiador. O que ele escreve sobre a Europa aplica--se, palavra por palavra, ao Império Otomano. A reflexão que George Duby propõe é a de que, com ou sem saque, o património raramente é imune à passagem dos conquistadores e às mudanças de mentalidades e que isso não é forçosamente negativo, bem pelo contrário. A mesquita mais antiga do núcleo histórico da Medina de Tripoli tem colunas paleocristãs e não consta que tal tenha ofendido os elevados propósitos de Alá. A basílica de Santa Sofia, em Istambul, serve hoje de invólucro a uma mesquita, do mesmo modo que na de Córdoba os conquistadores incrustaram uma imponente igreja barroca.

Em Leptis Magna, 300 quilómetros a oriente de Sabratha, três gigantescas colunas estão deitadas sobre a areia, à vista do mar. Sabemos que pertenciam ao ninfeu, cujas ruínas se encontram a, pelo menos, um quilómetro de distância. Foram transportadas, não me perguntem com que doses de suor, para o lugar onde as encontrámos. O diário de um capitão da real frota francesa, que aqui acostou no século XVII, elucida o mistério: a ideia era levá-las para França. A operação não se concretizou porque cada um dos colossos

72 Idem, pág.143.

Líbia, colunas abandonadas em Leptis Magna

era demasiadamente pesado para os navios de sua majestade. É porque se encontram naquele preciso lugar, entre areias e vegetação rala, que conhecemos a história que têm para contar. Se tivessem sido expedidas para o Louvre, estariam limpas e hirtas. Mas eram três entre outras, anónimas e silenciadas.

O que indigna mesmo George Duby é a lógica das "salas geladas" dos novos "templos do conhecimento":

"Tudo mudou bruscamente quando (...) a arqueologia nasceu. Um nome: Winckelmann, antiquário de Sua Santidade. Uma data: 1764. A Antiguidade sempre tinha sido fraterna; ei-la agora distante, mumificada, intocável. Morta. (...) O lugar dos vestígios é nos museus, nos expositores, para serem observados à distância, etiquetados, catalogados, analisados. Dissecados, como acontece às flores dos herbários e às borboletas." [73]

E, cáustico, remata:

"Desde então, restaurar não significou mais preparar o objecto, completá-lo ou ajustá-lo ao gosto do momento. Pelo contrário, trata-se de limpar, destruir os acrescentos, apagar os retoques e as novas pinturas, procurando restituir o fragmento ao seu estado primeiro (...). Deste modo, como se tivesse passado da prodigalidade à avareza, a herança do Mediterrâneo clássico foi cautelosamente armazenada." [74]

[73] Idem, pág. 151
[74] Ibidem, pág. 152

LEPTIS, A CIDADE POR INTEIRO

Em Roma, as ruínas do Império estão dispersas pela cidade edificada. Dão connosco ou nós com elas, mas só é possível ter uma ideia de como teria sido a cidade antiga através de maquetas e cartas imaginosas. Em Leptis Magna, pelo contrário, ela oferece-se inteira ao visitante.

Descrevê-la seria moroso, que tem tudo o que tinham as grandes cidades do Império. Situada na foz do rio Lebda, foi fundada por berberes e cartagineses. Ao contrário do que sucedeu com Cartago, os romanos preferiram anexar sem destruir. São ainda visíveis os traços da cidade primitiva, mas não é deles que agora nos ocuparemos.

Todas as precauções solares antes invocadas para Sabratha se aplicam, com maioria de razão, a Leptis Magna. Cidade de nascimento de Sétimo Severo, foi beneficiada pela linhagem dos imperadores africanos de Roma no século III da nossa era. É, aliás, pelo arco de agradecimento ao imperador que se deve começar a visita. Mais imponente do que elegante, tem quatro faces e 20 metros de altura. As cornichas superiores elogiam Júpiter e, evidentemente, o triunfo de Sétimo Severo, acompanhado dos seus dois filhos, Geta e Caracala. No arco cruzam-se as duas vias, entre si perpendiculares, que desenham a estrutura reticular que organiza a cidade. Chega-se pelo Cárdamo e continua-se pelo Documano, que é, por assim dizer, a Avenida da Liberdade lá do sítio. Se a memória não nos trai, é preciso percorrer pelo menos meio quilómetro até dar com o fórum e a basílica principais da cidade.

Tão poderosa é a praça que nos perdemos, cada um por si, naquele rectângulo de 100 por 70 metros, rodeado de paredes de todos os lados e pelos restos de um peristilo de mármore decorado com Medusas para todos os gostos. Neste fórum existiu um templo de que só sobra a escadaria de acesso. Passámos então à basílica por detrás do fórum. Este "equipamento colectivo" não tinha, então, a conotação religiosa que mais tarde viria a adquirir. As basílicas eram as câmaras de comércio onde os ricos e os notáveis fechavam negócios e teciam conspirações. Esta, de 90 por 40 metros, tinha galerias em redor e deve ter sido lindíssima. De sudeste, remata-se numa exedra semicircular com uma pilastra de cada lado, cujos relevos evocam os 12 trabalhos de Hércules.

Foi por essa altura que o Cláudio Torres, que nos acompanhava, desapareceu. A equipa de filmagens seguiu da basílica para o ninfeu, deu um salto às termas, outro lugar de eleição para conspirações e prazeres ao abrigo de águas, massagens e vapores, e continuou na direcção do teatro e do mercado, com dois pavilhões tholoi de pórticos iónicos e bancadas de venda assentes em golfinhos de mármore. Quer um quer outro se situam já muito perto do mar, onde repousa o que sobra do antigo hipódromo. Ah, o hipódromo! Consumido pela erosão, sem retoques de arqueólogos imperiais ou nacionalistas, remete-nos para a memória cinéfila de um dos sete mais alucinantes minutos da história da sétima arte, o da corrida de quadrigas de *Ben-Hur*.

Líbia, Medusas do Fórum de Adriano em Leptis Magna. No plano anterior: Turquia, Istambul, Museu Arqueológico.
Na página seguinte: Líbia, coluna com os 12 trabalhos de Hércules, na Basílica de Leptis Magna

O circuito, de 450 metros por 100, é similar ao que Cecil B. de Mile criou para os ecrãs de 70 mm. Os restos da sapata do separador central ainda ali estão e só as bancadas esmaeceram com o tempo. Quase podemos ver o mau da fita, o general Massala, expiando a sua malvadez no sangue empapado em pó, a abandonar a cena, lá bem ao fundo. Por misericórdia, desligámos o som da massa ululante escarnecendo do derrotado e inebriada com o vencedor. Dizem os relatos que os romanos festejavam alarvemente a tragédia. Como duvidar, com o que sabemos de nós?

Neste ponto da visita já a nossa rude e elementar sabedoria se ressentia da ausência do Cláudio Torres. Ele tinha desaparecido, engolido pela "doença das pedras". Sim, certas pessoas, vá lá saber-se porquê, "passam-se" quando se apanham entre ruínas. Não que fiquem possessas; são simplesmente raptadas pela pedraria e é nela que se reencontram. Foi nesse estado de júbilo que o viríamos a encontrar um pouco mais tarde, num algures que só ele sabia existir e que não descansou enquanto não descobriu – ei-lo agora, deliciado com uma pia baptismal paleocristã. Nunca teríamos dado com ela. As ruínas têm destas coisas – o não especialista esquece-se de que a vida das cidades atravessa os tempos. Nós, os amadores, mergulháramos na do imperador africano e por aí ficámos, extasiados pela grandeza do apogeu. Ele, o profissional, preferindo as do ocaso.

CAIRO
A CIDADE ISLÂMICA

Não se conhece cidade mais poluída do que o Cairo, embora deva existir. Quem chegue de avião, num dia sem nuvens, notará, olhando da sua janela, como o céu azul passa a cinza mal se inicia a descida sobre a cidade. O céu de baixo e o de cima, como a água e o azeite, recortam-se com nitidez.

Em terra firme, a primeira impressão é de desmesura. Entra-se na cidade pelo Norte e a auto-estrada leva-nos a El Ezbekia, o centro moderno do Cairo, desenhado sob influência das ideias urbanas que se ensaiavam na Europa da viragem para o século XX. Não se pode dizer que seja um modelo de gentileza. Ezbekia é a cidade dos grandes edifícios públicos, do Museu das Antiguidades, da estação de caminho-de-ferro, da Praça de Ramsés II, das grandes avenidas e, evidentemente, dos arranha-céus e hotéis. Não percamos tempo com este pedaço do Cairo.

No género, são mil vezes preferíveis as ruas ortogonais de Zamalek com as suas lojas de marca, hotéis e restaurantes de referência. Este bairro, que se situa na principal ilha do Cairo, a Gezira, é o lugar onde o estrangeiro pode encontrar um momento de recato e sentir-se, por momentos, de regresso à "velha Europa". Em Zamalek se instalaram as embaixadas e boa parte das elites cairotas, na esteira de uma tradição com origem nos séculos X e XI.

Esta breve descrição da maior cidade de África arranca de Norte para Sul e deixará de lado a "rive droite". O visitante acabará inevitavelmente por atravessá-la, porque é do lado ocidental que se encontram as pirâmides de Gizé. A avenida que a elas conduz passa por cima da segunda ilha do Cairo, Roda, milagrosamente poupada à vertigem do imobiliário. Roda é o encanto do Cairo, a sua pérola, um paraíso rural e romântico entre braços de rio. Inacessível aos mortais, vê-se das margens, ou de cima, da ponte. De manhã, quando as neblinas da natureza ainda não foram contaminadas pelas do progresso, fixa-se para a eternidade.

Embora o Cairo pareça infinito – há avenidas com dez quilómetros de extensão – não é de difícil compreensão. Antes de tudo ter começado, devia parecer-se com Roda. Com o paraíso ao alcance do olhar, a cidade inventou-se com todo o tempo do mundo. Chegaram primeiro uns e depois outros e ainda outros, oriundos de todos os pontos cardeais. Montaram acampamentos sucessivos de Sul para Norte e sempre do lado oriental do Nilo, que a visão do paraíso é mais inspiradora pela madrugada, com o Sol pelas costas.

Na viragem para o terceiro século da nossa era, romanos sem grande queda para os nomes ergueram uma pequena urbe a que chamaram *Babilónia do Egipto*, no lugar onde o Nilo se desdobra em vários braços, antes de iniciar a derradeira etapa da sua longa viagem até ao Mediterrâneo.

Cem anos mais tarde, os cristãos de Alexandria usarão este lugar como plataforma de apoio para a aventura prosélita que os levará até às terras altas da Etiópia.

Em 641, os beduínos do Profeta conquistam o Egipto. O general que os comanda, Amr Ibn El-As, monta "acampamento", ou seja, El-Fustat, um pouco a Norte da referida Babilónia. À aldeia cristã soma-se, assim, o primeiro acampamento muçulmano. A um e outro, juntar-se-ia, um pouco mais tarde, um novo aquartelamento de tropas turcomanas ao serviço dos abássidas.[75] A função definiu o nome do novo "bairro", El-Askar.

O século IX traz consigo nova implantação. Ibn Touloun, um governador originário da Alta Mesopotâmia, declara a sua independência face ao califa que o nomeara em Bagdade e concessiona aos seus aliados um novo território, que recebe o nome de El-Qatai, ou seja, o das "concessões". Aí se situa a mesquita do próprio Ibn Touloun, a mais antiga do Cairo, e que é de visita obrigatória, apesar do recente restauro, de abundante recurso ao betão, ser, no mínimo, duvidoso. Como as suas contemporâneas, a mesquita tem um pátio gigantesco, mas protege-se do bulício envolvente através de uma dupla muralha. O que mais distingue a mesquita de Ibn Touloun é, contudo, o seu minarete, com escadas exteriores em helicoidal, à moda de Samarra. Arme-se de paciência e suba. Lá em cima, Alá recompensá-lo-á com pensamentos elevados e uma deslumbrante vista sobre a cidade.

75 Os quatro primeiros sucessores de Maomé foram escolhidos por decisão colegial. Seguiram-se-lhes os omeíadas, na sequência da guerra civil que dividiu os crentes entre sunitas e xiitas. Sediados em Damasco, os omeíadas seriam, por sua vez, depostos pelos abássidas, que deslocam para Bagdade o centro de gravidade do império nascente.

Na entrada de capítulo: periferia do Cairo.
Página anterior: Pirâmide de Gizé; em cima: táxi cairota.

176

EL-QHAIR

De momento, a cidade, enquanto tal, ainda não existe. Somam-se os pedaços da que há-de ser. Em 969 chega ao Egipto um novo corpo expedicionário, este de berberes oriundos de Qairuan e Al-Madhia, cidades da actual Tunísia. Os recém-chegados são muçulmanos, mas do ramo que jurou fidelidade a Fátima, a filha de Maomé, e a Ali, o seu esposo. São xiitas,[76] portanto. Instalaram o seu acampamento três quilómetros a Norte de Fustat e deram ao lugar o nome de El-Qhair, o Vitorioso.

Se em Fustat se encontra a memória do "velho Cairo", é a partir de El-Qhair que se vai desenvolver o "Cairo islâmico". Os partidários de Fátima chegaram ao Egipto com intenções duradoiras e concentram no seu bairro as funções políticas e administrativas de um novo califado, que o de Damasco se encontrava pelas ruas da amargura. Uma mesquita, a de Al-Azhar, assinala a vontade dos novos senhores. Mil vezes ampliada e modificada, pode ser visitada. Para lá do espaço de oração, interdito aos não muçulmanos, é a mais antiga universidade ainda em funcionamento no planeta. Para que se saiba, foi fundada por um vizir judeu convertido ao Islão.

A Universidade de Al-Azhar e a Mesquita de Al-Hussein, filho de Ali, delimitam a praça principal do Cairo islâmico onde, à sexta-feira, pelo meio-dia, decorre a mais participada oração da semana. Como o interior das mesquitas se destina apenas aos crentes, esta é uma cerimónia que o visitante não deve

[76] O Islão divide-se em dois ramos ainda no século VII. Uma parte rejeitou a nomeação de Ali, genro de Maomé, como quarto califa e desencadeou-se uma guerra civil. Os partidários de Ali e da sua esposa Fátima, filha do profeta, defendiam o princípio sucessório com referência à linhagem deste, mas perderam a disputa. Na sequência do cisma, os xiitas acabaram, por sua vez, por se subdividir em distintas obediências, consoante o íman em que se reconheciam. A grande maioria é "duodecimal", ou seja, reconhece-se no 12º íman que, segundo a tradição, não faleceu, apenas se ocultou. Os fatimidas eram "septimais", uma minoria entre a própria minoria. A actual referência septimal é a dos ismaelitas.

Egipto, Mesquita de Ibn Touloun, no Cairo

perder. Cá fora, todos oram na direcção de Meca. Um cristão ocidental achará bizarra a liturgia, breve e de movimentos compassados, com as mulheres e as crianças atrás, para que os homens, frágeis criaturas, se não distraiam… Independentemente da sua convicção íntima em matéria de fé, não minimize a força das coisas simples. Qualquer que seja o lugar onde o crente se encontre, ele orienta à mesma hora a oração na direcção do mesmo lugar. Simultaneidade de gestos, unicidade na voz e convergência de olhar: que mais é preciso para que o fiel se reconheça numa comunidade sem fronteiras, a Umma?

Desta praça se pode entrar no principal em Khan El-Khalili, que era, na Idade Média, o coração de El-Qhair. Embora não tenha sido concebido para funções comerciais, é hoje o principal souk da cidade. Por onde entrou, mandam as "bijouterias", falsas lojas de antiguidades, perfumarias e ourivesarias para turistas. Para Sudoeste ficam os tecidos e a oeste as tecnologias. Quem se queira perder na cidade medieval, deve, contudo, dirigir-se para Nordeste. "Perder-se" é uma força de expressão. Duas ruas paralelas ligam a praça da oração às portas orientais da muralha, estruturando a malha urbana. Pelo meio fica o bairro de El Gamalia, mas as duas vias principais não o deixarão sem orientação. Visite caravanserais, ferreiros, funileiros, amoladores e carpinteiros, cheire as especiarias e fixe-as pela cor, peça as rosas secas da qual se faz o karkadé e deixe-se levar pelos cheiros, nem sempre agradáveis, até à muralha, onde descansam os sacos de algodão por grosso. Na caminhada

Egipto, Mesquita de El Akmar, no Cairo islâmico

contará fontes, mesquitas e escolas corânicas – as koutabas – em tal profusão que lhes perde o número. Recomenda a prudência que não se deixe tentar pela vontade de tudo querer visitar. O muito e o melhor raramente se compatibilizam. Fixe-se no mais modesto pátio da mais humilde das mesquitas, a dedicada a El-Akmar, recentemente restaurada. É uma pequena jóia de equilíbrio. Nas suas arcadas, os muçulmanos fazem o que sempre fizeram nas mesquitas. A casa do senhor tanto serve para a oração como para uma boa sesta.

A Saladino, o general curdo que no século XIII uniu os árabes contra os cruzados depois de ter recebido dos fatimidas as chaves do Cairo, se deve a construção do último pedaço da cidade antiga, a Cidadela, erguida sobre a única meseta que o lugar oferece. Foi também aí que os mamelucos[77] instalaram, a partir de 1250, o seu centro administrativo e militar no Egipto. A Cidadela de Saladino é como todas as outras. No cimo, a mesquita e os edifícios do poder; em baixo, um novo bairro, o das tropas. Ali perto, à distância do olhar, já existia um cemitério. Como noutro capítulo se viu, o tempo, a vaidade e a necessidade dos homens fizeram dele um bairro de mortos e de vivos.

Agora, sim, estão finalmente reunidas as diferentes peças que, coladas umas às outras, fizeram a grande cidade. Na Idade Média, os seus habitantes chamavam-lhe, simplesmente, Misr, ou seja, Egipto. O Cairo era o Sol da Terra, se quisermos surripiar a outra história uma expressão que tudo resume em três palavras.

[77] Os mamelucos, originariamente escravos de origem turcomana, tomaram o poder em Bagdade e governaram o império entre a segunda metade do século XIII e a chegada dos otomanos a Constantinopla, em 1453.

A CIDADE ISLÂMICA

A cidade islâmica não dispõe de Ágora ou Fórum. Em consequência, atribuiu às mesquitas, igrejas e sinagogas muitas das funções clássicas do espaço público. Embora nela exista, invariavelmente, o elemento militar, não foi desenhada pela sua engenharia, como sucedera em épocas mais antigas. O interior das medinas é labiríntico e parece obedecer às leis do acaso. Finalmente, a cidade islâmica também não dispunha de administração municipal nem gozava dos estatutos de autonomia que os soberanos cristãos acabaram por outorgar às suas congéneres na Europa.

A cidade islâmica é uma cidade-mosaico, o fruto da surpreendente mobilidade do mundo mediterrânico. Boa parte dos grupos que chegavam à cidade não tinha qualquer experiência urbana. Aprenderam-na ao modo dos acampamentos nómadas. O papel do Islão nos movimentos migratórios foi, de início, decisivo. Ao contrário do que muitos poderão julgar, a nova fé não é a das areias, mas a da cidade. É aí que a fraternidade se consuma e se ora em conjunto. Contudo, a nova fé não conhece fronteiras. Enquanto a Europa medieval reinventava a sua cidade como território de direitos, o que une os muçulmanos para lá da tribo não é o lugar onde vivem, mas a Umma, a comunidade de todos os crentes. Segundo Jacob Lessner, um historiador que, amiúde, citaremos ao longo deste capítulo:

> *"A cidade islâmica não podia reivindicar um reconhecimento formal de autonomia porque a Umma é a verdadeira comunidade. (…) Só a autoridade central, ou seja o califa e seus representantes, podia legitimamente dirigir a Umma e as partes que a constituíam. (…)*
> *"A cidade islâmica era o lugar onde se vivia, mas não uma unidade civil a que se pertencesse. Era composta por habitantes, mas não por 'cidadãos', no sentido legal ou administrativo do termo".* [78]

Matizemos: muitos governadores locais, cumprindo os ritos de devoção formal ao califa, dirigiam as cidades a seu bel-prazer. Na verdade, o lado caótico das grandes medinas não se deve tanto a limitações teológicas contra esboços de planeamento, mas à intensidade dos movimentos de populações. A cidade islâmica tem mais mesquitas do que edifícios públicos porque cada chefe tribal que chega imita os que o antecederam e o próprio governador. Por outro lado, quer este quer os califas gostam de ter o povo longe da vista. Vivem em zonas retiradas ou no interior das cidadelas. Este isolamento não é forçosamente um sinal de desinteresse. O Estado islâmico administra directamente várias funções centrais: dispõe de toda a terra, porque esta a Deus pertence; cede-a em direito de superfície e taxa as transferências; cobra impostos e assegura as funções de segurança tradicionais – exército, polícia, guardas-nocturnos, prisão e casas de detenção. Finalmente, responde pela saúde pública, ou seja, trata das águas e dos esgotos.

[78] J. Lessner, in *Una Societá Mediterranea*, pág. 52; Edições Saggi Bompiani.

O "resto" é o milagre da "sociedade civil" da época, dos poderes tribais instalados e das comunidades de cristãos e judeus, de certo modo privilegiadas porque dotadas de "governo" próprio. Por outras palavras: não há guildas de mercadores, mas os mercados são cuidadosamente organizados; não existe planeamento urbano, mas as cidades possuem regulamentos que cuidam do uso do espaço; e quando a autoridade central entra em crise os bairros tratam de si próprios e revelam-se organismos sociais eficazes. Esta cidade-mosaico compensa a ausência de governo local e de edifícios públicos com uma rede de equipamentos de responsabilidade tribal e religiosa. Por exemplo, a waqala é, simultaneamente, centro de armazenagem, banca e bolsa dos mercadores; ou o funduq, o caravanseral, que cumpre as funções de albergue e depósito de mercadorias e animais.

Aparentemente desgovernadas, as cidades "possuíam tudo o que era necessário para uma vida devota e culta". Esta é a opinião de um místico muçulmano, Al-Sharaui, que agradece a Deus ter podido sair da aldeia onde vivia, passando "das privações e da ignorância, à cidade da gentileza e do conhecimento". Uma carta de uma mulher hebraica de Fustat dá-lhe razão:

> *"A vida na grande cidade é dura (…) mas a vida nas aldeias ou nas tendas dos nómadas não é, de facto, vida."* [79]

Ontem como hoje, a cidade é a promessa.

DESVIO POR FEZ, A DIFÍCIL

Que cidade actual mais se aproxima da descrição que fizemos? O actual bairro de Fustat, com a sua sinagoga para turistas e as suas igrejas coptas e ortodoxas, não nos serve de exemplo. Desde logo, porque já não tem judeus. Os últimos partiram depois de 1949, seduzidos pela promessa milenarista do recém-criado Estado de Israel e angustiados pelo opróbrio a que foram votados pela maioria muçulmana, que neles exorcizou a humilhante derrota sofrida nos campos de batalha.

Claro que o visitante ganha em conhecer a igreja copta de El-Moallaqa, a dois passos da sinagoga de Fustat. É um prodígio de equilíbrio suspenso sobre estacas. No átrio de entrada, mercadores iconoclastas vendem graças de fé a crentes carentes de santos e anjos, que os coptas não deixam a superstição por mãos alheias. No interior, a pequena igreja apresenta um curioso púlpito assente sob 15 colunas de mármore – as de Cristo, dos evangelistas Marcos e Lucas e ainda dos doze apóstolos, sendo a de Judas em pedra negra, qual ovelha tresmalhada do rebanho. No mais, Fustat está velha, empobreceu, e quando se dedica ao comércio de memórias e crenças é porque tem de fazer pela vida.

Egipto, vista do Cairo a partir da Cidadela

É em Fez que o viajante pode encontrar os ecos da antiga Fustat e de El-Qhair. Não há medina como esta. Vista de cima, é côncava, delimitada por dezasseis quilómetros de muralha compacta e contínua. Vista de dentro, é um formigueiro de vida que nos leva de volta às imagens que temos da Idade Média.

Fez não é gentil como Marraquexe. É amarela, da cor da terra seca, e não vermelha, em tons de barro e festa. Não tem o espampanante terreiro de El-Fna, que encanta os turistas ao fim da tarde, entre tâmaras e chás de hortelã, vendas de fruta e legumes e contadores de histórias, ginastas amadores, macacos profissionais e cobras encantadas por pífaros experientes. Fez é áspera, dura e malcheirosa. Não tem souk, como o de Alepo, bazar otomano, como em Istambul, nem galerias novecentistas como a de Damasco. Em Fez, o souk encontra-se em todo o lado e em parte nenhuma, porque naquela medina tudo se mistura. Também na velha Fustat do Cairo não se distinguiam os quarteirões de habitação das zonas comerciais e industriais. Mesmo quando os nomes das ruas aludiam a uma actividade, era normal o negócio ocupar o rés-do-chão e o andar para habitação. Em Fustat, juízes viviam na rua dos perfumes, do mesmo modo que um laboratório de açúcar se podia encontrar na residência habitada por um médico. Os tribunais tinham, não raro, que dirimir disputas sobre alterações de usos que provocavam mudanças de cheiros e ruídos

Marrocos, cemitério islâmico em Fez. À direita: o cemitério judaico da cidade de Fez

que os vizinhos contestavam, antecipando disputas que só muito recentemente adquiriram estatuto de causa nas nossas moderníssimas sociedades. Mas a Fustat iremos.

Quem não conheça Fez deve preparar-se psicológica e fisicamente. Desde logo, porque a medina é um sobe e desce que cansa. Depois, é um labirinto onde os mapas ajudam pouco. Uma bússola seria melhor, mas ela não evitará que vá parar a uma insuspeita ruela que, abruptamente, se fina contra uma parede cega. Dizem os roteiros que muitas acabam em becos sem saída. Não as procure, que elas darão consigo. Nesse momento, não desespere. Continuando a andar acabará por lhe chegar ao olfacto o pavoroso pivete das tinturarias. Receba-o com agrado porque, avançando resolutamente na sua direcção, se reencontrará. Além disso, o cheiro atenua-se à medida que o procure, não porque ele diminua à aproximação, mas porque a habituação é sempre um grande remédio para pequenos males.

À passagem verá pedintes, aleijados, amoladores, carpinteiros, funileiros, latoeiros e ofícios que não saberá nomear. Burros passarão por si com o dono no dorso, de jilaba enfiada. Sorria-lhes, que são o transporte fino do sítio. Finalmente, chegará ao santuário das recompensas, que a visão dos tanques e dos tintureiros não se esquece. Vê-los-á de cima, das varandas dos comerciantes de couro. A moldura que as envolve não é menos interessante porque os terraços em redor, repletos de parabólicas e expostos ao

Marrocos, tinturaria de curtumes em Fez

sol, iluminam um mundo onde o passado e o presente se uniram para fintar as ideias feitas. Agora respire fundo porque a etapa seguinte é a da paciência. Ao seu lado já está um vendedor, de chá na mão e conversa afiada. Você acabará por abandonar a tinturaria com uma ou duas marroquinarias. Por isso, não se renda imediatamente. Pratique a obstinação com convicção, que o vendedor gosta de adivinhar os seus desejos antes mesmo de você ter pensado neles. Acredite: só se aprende a jogar jogando. Uma boa compra só depende de si.

De regresso ao hotel, ensaie uma variante: com coragem e cortesia, bata à pequena porta de uma daquelas paredes lisas e altas que delimitam as ruas de Fez. Há muitas, mas passam despercebidas. Se tiver sorte, alguém lhe abre a porta e não ficará desiludido. Franqueada a entrada, espera-o um palácio. Pode ser que uma ou duas famílias humildes aí vivam, a troco de manutenção. Elas nunca ocupam as salas em redor dos pátios, amplas e arejadas. Talvez por pudor, talvez porque essa seja a regra do arrendamento. O certo é que os caseiros preferem as minúsculas divisões dos níveis mais altos, onde antes ficavam os aposentos serviçais. Visitámos algumas e é como viver em abrigos entre ruínas. Em Marraquexe, muitas destas grandes casas têm sido recuperadas e são hoje agradáveis riades e restaurantes tradicionais, ao serviço de uma procura turística inesgotável. Mas em Fez passa-se, não se fica. Ninguém se fica pela Idade Média.

UM TESOURO NUMA SINAGOGA

Em 1890, durante os trabalhos de restauro de uma das sinagogas de Fustat, os operários dão com uma geniza que o tempo esquecera. Neste arquivo, depósito ou biblioteca, como se lhe queira chamar, encontravam-se mais de 250 mil textos e fragmentos escritos entre os séculos XI e XIII. Para se perceber melhor o valor do acervo, ele duplica, em número, o conjunto de papiros até hoje encontrados no Egipto. A maioria da documentação é composta de minutas, processos verbais, acórdãos, testemunhos, contratos e cartas – correspondência judicial, portanto. Desinteressante? Se souber que estes textos tratam de casamentos e divórcios, testamentos, inventários de bens, doações e heranças, compra e vendas de casas, terras e mercadorias, escravos incluídos, empréstimos, letras comerciais, preçários e petições, ou seja, da vida das pessoas comuns, compreenderá porque é que, a partir deste momento, a nossa viagem vai mergulhar neste espólio.

Em Fustat, a história escrita é a do povo e não a dos príncipes. Sholomon Dov Goitein e a sua equipa tiveram o privilégio de poderem tratar, durante quatro décadas, a informação guardada na geniza. O resultado dessa investigação é uma obra apaixonante, *Uma Sociedade Mediterrânica,* nunca editada em português. A versão original apresenta-se em seis volumes e tem as características de uma monumental monografia, o que a torna dificilmente utilizável para os nossos modestos intentos. Adopto como fonte um "resumo" de 650 páginas, de Jacob Lessner, discípulo de Goitein. A narrativa irá temperando os pequenos nadas de que se fazia a vida de um grupo minoritário, o dos judeus, na capital do mundo muçulmano de então, com memórias de viagens mais recentes. Mas antes de nos perdermos nos fundos da Geniza, é indispensável ter uma ideia das mutações que o Mediterrâneo sofreu durante o período assinalado.

O período da documentação encontrada corresponde, grosso modo, ao Cairo fatimida e aiúbida.[80] A pergunta é: como é que os fatimidas, minoritários mesmo entre a minoria xiita, conseguiram fazer de um acampamento, o seu, e dos que o precederam, uma das mais importantes e influentes cidades do Mediterrâneo?

Os fatimidas chegam ao Egipto com uma força armada de guerreiros berberes. Com eles vêm também pregadores, mas o xiismo continuará a ser minoritário no Islão de então. Faltava aos novos senhores a "massa crítica" para um processo de afirmação de tipo estatal, até porque os berberes não tinham intenção de se fixar por estas bandas. Refira-se ainda que o novo poder não teve líderes marcantes. O mais conhecido dos califas fatimidas, Al Hakim, morre cedo e não deixa saudades na cidade. Dos restantes dez califas, sete eram crianças ou adolescentes imberbes quando assumiram e nenhum ficou para a história. As crónicas garantem que, no século XII, o bairro do Cairo se tinha transformado num vespeiro de conspiradores e que passara a ser perigoso ocupar altos cargos de administração.

80 Saladino, de origem curda, é o primeiro dos aiúbidas. Esta dinastia de sultões só formalmente obedecia à vontade do califa. Eles eram o poder político num mundo em que a autoridade religiosa dispunha do poder simbólico.

Missa copta em Fustat, mulheres e homens separados

Se, apesar de tudo isto, os fatimidas governaram o Egipto durante dois séculos foi porque souberam esconder as suas fraquezas e encontrar aliados de valia. No exército, substituíram os nómadas do Magrebe por núbios e conscritos beduínos, dirigidos por escravos de origem turca, imitando os califas abássidas de Damasco. Seja como for, o exército fatimida nunca foi exemplar. Melhor sucesso teve o califado na política de alianças com os cristãos e os hebreus do Cairo:

> *"A exiguidade destas componentes demográficas no seio da vasta cons-*
> *telação muçulmana constituía, em si mesmo, uma garantia de lealdade*
> *e de obediência."* [81]

A tolerância confessional do Cairo fatimida, mais do que consequência de uma cultura ou de uma visão do mundo, foi filha da necessidade.

DESVIO PELAS MONTANHAS DA FÉ

A história recente do Médio Oriente regista casos similares. A liderança síria, por exemplo, é hegemonizada pelos alauítas. Os alauítas, como os drusos, são comunidades dotadas de uma religião própria que, perseguidas por heresia, encontraram nas montanhas do Levante o seu refúgio. A tolerância do mundo islâmico, como no de tradição cristã, é selectiva. Os califas foram

[81] Ibidem, pág. 37.

sempre mais intransigentes com os dissidentes da família do que com judeus e cristãos, parentes afastados do mesmo Deus.

A variante religiosa dos alauítas é assaz curiosa, porque combina a tradição xiita – o seu imã de referência é o décimo primeiro – com elementos rituais e doutrinais de inspiração cristã. São muçulmanos e fazem a peregrinação a Meca mas celebram o Natal, dispensam o jejum no Ramadão e são trinitários, tal como os cristãos.

Diz o provérbio que Deus dá com uma mão e tira com a outra. Assim foi com os alauítas: a montanha protegeu-os e, ao mesmo tempo, condenou-os à pobreza e ao isolamento. Se são hoje a coluna vertebral do regime sírio é porque, no início do século XX, anteciparam as mudanças que o protectorado francês iria introduzir no Levante depois do fim da Iª Guerra Mundial. Os alauítas apostaram na formação militar dos seus filhos como via de ascensão social e garantia de que não seriam esmagados pela envolvente sunita, mal chegasse a hora da independência.

Representando 10 a 13 por cento da população da Síria, esta comunidade defende a igualdade das confissões ante a lei, porque essa é a melhor forma de protegerem a sua. O mesmo defendem as diferentes comunidades cristãs do país que, minoritárias, sempre foram económica e culturalmente influentes. Entre si, as minorias selaram uma aliança que remonta ao período das lutas pela independência e que lhes dá, ainda hoje, uma representação política bem maior do que a mera contagem dos fiéis lhes atribuiria.

Estive na montanha alauíta em 2007 para visitar projectos de auto-emprego de mulheres. Leu bem: emprego de mulheres numa montanha de fé. Durante uma tarde, duas dezenas delas, de várias idades e condições sociais, contaram o que faziam. Umas desenvolviam ofícios artesanais, outras ocupavam-se das vertentes de design, distribuição e promoção, ao serviço das primeiras. Instadas, explicaram com que artes e manhas convenceram os seus desconfiados esposos. Uma delas, tentada pelo "showbiz", removeu a objecção familiar colocando dois irmãos no grupo musical. Eles vigiam, ela manda.

GIGANTE ECONÓMICO E ANÃO POLÍTICO

Entre o actual estatuto da mulher na montanha alauíta e a do Cairo dos séculos XI a XIII existem pontos de contacto. Não tanto porque a alauíta seja refém dos códigos da Idade Média, mas porque a cairota desses idos gozava de bem mais prerrogativas e influência do que poderíamos supor. Aí chegaremos. Por ora, é indispensável concluir a resposta à pergunta inicial: como é que uma minoria entre minorias, militarmente débil e que sentava imberbes na cadeira de comando, fez do Cairo a mais importante cidade do Mediterrâneo do seu tempo?

Quando os fatimidas chegaram ao Egipto, no século X, o comércio mediterrânico estava polarizado a Sul pelas cidades tunisinas e a Norte por Bizâncio. Cem anos depois, a hegemonia comercial e naval tinha-se transferido de Qairuan e da Sicília para o Cairo, enquanto, a Norte, Constantinopla atingia o auge da sua influência. As duas capitais rivalizam mas, sabiamente, souberam evitar o confronto directo.

Entretanto, o mundo mediterrânico agitou-se. A Norte emergiram as repúblicas marítimas de Génova e Pisa, disputando o mar aos rumi, os cristãos de oriente. A Leste, os sejúlcidas, outros escravos de elite, tomam o poder aos abássidas que os haviam formado e conquistam Bagdade (em 1055), Jerusalém (em 1071) e Damasco (em 1076). Eles ameaçam quer o Cairo quer Constantinopla, e as populações do litoral sofrem com a instabilidade político-militar e as divisões entre muçulmanos. Essa foi, de resto, a principal razão porque não reagiram, como seria expectável, à chegada dos cruzados, que saqueiam Jerusalém em 1099. Vinte e cinco anos mais tarde, esta aventura de sangue e fé controla a costa levantina, com excepção da cidade portuária de Ascalon. Por outro lado, a Sicília muçulmana fora conquistada por mercenários normandos, que passam a controlar as rotas do comércio marítimo no Mediterrâneo ocidental.

É este o mundo em que o califado xiita se movimenta em pleno século XII. Esta não é a Idade Média que aprendemos nos livros escolares, parada no tempo e marcada por um conflito a preto e branco entre a cruz e o crescente. É uma realidade mutante e os fatimidas movimentam-se nela como peixe na água. Compensam a fraqueza militar com uma política comercial e aduaneira

Itália, teatro de marionetas em Palermo

favorável aos negócios. Enquanto os adversários carregam nos impostos para alimentar as aventuras das respectivas castas militares, os cairotas apostam tudo na expansão das trocas comerciais num Mediterrâneo que, entretanto, se enchera de actores europeus. O crescimento do Cairo é consequência do comércio internacional e das indústrias que impulsiona, em particular a construção naval. Aos fatimidas se pode aplicar, com propriedade, uma das máximas que melhor define a actual União Europeia – era um gigante económico dirigido por um anão político.

Não há milagres que sempre durem. À entrada para o último quartel do século XII os fatimidas estão esgotados. Em 1153 os cruzados tomam Ascalon, praça-forte portuária vital para a defesa do próprio Cairo. Mais a oriente, o neto de escravos turcos que governa Alepo, Nur al-Din, conquista Damasco em 1154. Os fatimidas encontram-se entre a espada e a parede. Devem escolher entre franjes e turcos. Os conselheiros inclinam-se para os primeiros, que se poderiam contentar com um estatuto de vassalagem. Mas a multiplicação das atrocidades de guerra dos cruzados não deixa alternativa ao último califa cairota. Ele acaba por entregar as chaves da cidade a Saladino, então um jovem general de Nur al-Din.

Com o Egipto e a Mesopotâmia sob controlo, Saladino impõe-se como sultão a todo o mundo muçulmano e abre as hostilidades com os cruzados. Jerusalém é reconquistada a 2 de Outubro de 1187 e, com excepção de Tiro, toda a costa é tomada. Não foi, ainda, o fim dos cruzados na Terra Santa, mas essa é outra história. Para o que agora importa – uma visita guiada à comunidade hebraica de Fustat, numericamente pouco relevante, mas influente no comércio internacional e na corte –, estas são as balizas de referência. Dêmos-lhe a palavra.

UMA CARTA SINGULAR

"Moro em Fustat e o sultão reside no Cairo. As minhas obrigações para com o sultão são muito pesadas. Tenho de o visitar todos os dias. Quando ele ou algum dos filhos, ou as pessoas do harém, estão indispostos, não ouso sair do Cairo porque devo permanecer no palácio. Também é frequente que um ou dois dos oficiais da corte adoeçam e devo cuidar de sua cura. Portanto, em geral, vou ao Cairo bem cedo pela manhã e, se nada de extraordinário acontece, regresso a Fustat no fim da tarde.

Nessa altura, quase morro de fome. Encontro as antecâmaras repletas de gente, de judeus e gentios, nobres e pessoas comuns, juízes e meirinhos, amigos e inimigos – uma multidão variada, que espera pelo meu regresso. Desmonto, lavo as mãos, vou até aos meus pacientes e peço-lhes que esperem enquanto como alguma coisa, a única refeição em todo o dia. Então atendo-os, prescrevo receitas e orientações para as diversas doenças. Converso e receito deitado, de pura fadiga, e quando a noite chega estou tão exausto que mal posso falar. Em consequência, nenhum israelita pode ter qualquer entrevista privada comigo, excepto no Shabat. Nesse dia, toda a congregação, ou pelo menos a maior parte, procura-me depois do serviço matinal e instruo-os sobre os seus procedimentos durante a semana. Estudamos juntos até ao meio-dia, quando partem. Alguns voltam e lêem comigo, depois do serviço vespertino e até às preces nocturnas".

Este é um relato de Moisés Maimónides, escrito a um amigo que o queria visitar em Fustat. O autor, sem dúvida a mais importante personalidade desta comunidade, faleceu com 69 anos de idade, uma idade invulgar para a época. O seu primogénito, Abraão Maimónides, que também foi naguide, ou seja, chefe da comunidade e grande intérprete de leis, era o mais respeitado dos anciãos da cidade quando morreu... com 51 anos.

A carta em epígrafe é, a vários títulos, reveladora. Desde logo, diz-nos que o hebreu era médico pessoal de Saladino. Não é de ânimo leve que um sultão deposita a sua saúde nas mãos de um "gentio". Entre os dois existia, pelo menos, um princípio de confiança.

Diz ainda a carta que quando Maimónides regressa ao seu "bairro" é esperado pelos seus e também por cristãos e por muçulmanos. Sabemos que a todos trata até altas horas da noite. Este detalhe diz muito sobre Fustat.

A "judiaria" não era um gueto. Aliás, a documentação da geniza não refere uma só cidade islâmica onde essa palavra, na acepção europeia do termo, se possa aplicar com propriedade. Em Fustat, como em Jerusalém, Qairuan ou Bagdade,

> *"As casas dos hebreus confinam com as que pertencem a cristãos e a muçulmanos, ou a ambos. (...) Goitein registou oito casos de quarteirões residenciais hebraicos que confinavam com propriedades cristãs, sete com muçulmanas e cinco com ambas. (...) Algumas propriedades eram partilhadas, em sociedade, por membros das três confissões. (...) Existiam cristãos e muçulmanos que viviam nas casas de hebreus e vice-versa. (...) E não-judeus que eram arrendatários de apartamentos ou partes de casa de judeus."* [82]

Porque não se podiam movimentar mais de 400 ou 500 metros ao sábado, o dia dedicado a Deus, os hebreus procuravam casa nas proximidades da sinagoga. No caso do Cairo, judeus e cristãos tinham chegado a Fustat bem antes do Islão. Naturalmente, continuaram a ser maioritários neste pedaço da futura grande cidade. O mesmo sucedeu com os bairros e quarteirões dos que chegaram depois. 600 anos após a conquista islâmica, os nomes dos bairros ainda estavam associados às origens das diferentes tribos que aí se instalaram. As misturas entre assentamentos foram feitas pelo tempo, à medida que cada bairro acabava por confinar com o do vizinho. Cristãos e judeus viviam num número limitado de bairros, porque foi essa a lógica do povoamento e não porque a isso fossem obrigados.

> *"Uma carta dirigida ao filho de Maimónides faz notar que as casas de habitação exclusivamente de hebreus eram difíceis de encontrar e deviam, em consequência, ser caras. (...) Tudo indica que o isolamento dos hebreus e de outros grupos minoritários era auto-imposto e não ditado pelas autoridades muçulmanas."* [83]

O relato dá-nos ainda uma informação preciosa sobre o dia santo dos judeus: depois do primeiro serviço religioso, a comunidade procura Maimónides para receber instruções e, mais tarde, alguns estudam com ele. A sinagoga é um espaço de aconselhamento e discussão dos assuntos públicos e serve ainda de lugar para o estudo. O mesmo acontecia com as igrejas e as mesquitas. Entre os muçulmanos, é na mesquita que se fazem os anúncios públicos e se mede o pulso às massas. É também nos seus anexos que o homem de religião, o mufti, aconselha e o cádi e o faqih, doutores em leis, julgam e atendem. A carta não diz, mas sabemos que as sinagogas de Fustat e seus edifícios adjacentes também serviam de corte rabínica, centro de hospedagem para alunos e viajantes e, até, de armazém de cereais. Igrejas e sinagogas só não podiam rivalizar em pompa e altura com as mesquitas...

191

[82] Jacob Lessner, in *Una Società Mediterranea*, págs. 30 e 64 da edição já referida.

[83] Idem, pág. 65.

Egipto, contrastes do Cairo

O SÁBIO

Moisés Maimónides descende de uma família de religiosos judeus de Córdoba. A sua carta genealógica, encontrada na geniza, assinala sete ilustres gerações de antepassados. Era o seu pai que dirigia a comunidade ladina da cidade andaluza quando os almoádas, literalmente "os verdadeiros crentes num só Deus", a conquistam no século XII. São berberes do Sul, puritanos em armas que sonham com o retorno às origens de um Islão que julgam corrompido pelas manhas da habituação, do luxo e do poder. Antes de afastarem os seus antecessores na Península Ibérica – os almorávidas – tinham tomado os territórios correspondentes aos actuais Senegal, Argélia e Líbia. Em 1148, quando tomam Córdoba, encontram-se no auge do seu fulgor. Não sabem que o seu destino será similar ao dos vencidos e que também acabarão por se render aos encantos da vida, às artes e ao luxo que, por agora, vilipendiam. Naquele ano, os conquistadores têm o sangue na guelra e, rigoristas e ascetas, vão impor uma drástica política de conversões forçadas a cristãos e judeus.

Quando tal catástrofe se abate sobre as minorias, os pobres abraçam a nova fé porque não têm para onde ir. A maioria dos judeus portugueses conheceu esse destino no século XVI. Alguns preservaram a antiga crença no espaço privado da casa, ostentando a outra em público. Quem visite Belmonte, na Beira Alta, pode ver, nas cercanias da actual sinagoga, como as fachadas das pequenas casas dos judeus tinham, sem excepção, santinhas e azulejos alusivos à fé

Nas páginas seguintes: Marrocos, trabalhador rural nos contrafortes do Atlas
e na região de Assuão, a caminho do trabalho

da pele. A outra morava no coração. As alheiras, uma invenção marrana, traduzem muito bem esta ambivalência. Por fora imitavam os enchidos cristãos; por dentro, o conduto respeitava os constrangimentos alimentares da religião.

A família Maimónides não era pobre. Abandonou Córdoba e foi acolhida em Fez, que escapava aos fundamentalistas de então. Ficaram vários anos nesta cidade marroquina que, embora tradicionalista, voltaria a acolher judeus, quando a conquista cristã e a inquisição os perseguiu no século XVI. Aliás, o bairro e o cemitério destes fugitivos ainda se podem visitar, alinhados sobre os contrafortes do palácio real. Mas esta é outra História.

Em 1159, a família Maimónides abandona Fez. Moisés, de 24 anos, é já um homem de leis com obra escrita. Partem para Jerusalém, onde passam sete anos, antes de, finalmente, se fixarem em Fustat. A cidade recebe condignamente os viajantes e é aí que o nosso sábio se afirma como médico, reformador religioso, juiz e naguide. Eis porque chega esgotado ao fim do dia.

Aos 42 anos de idade, quando é nomeado naguide, Maimónides tem em adiantado estado de preparação a sua grande obra – *Segundo a Torah* –, um código de leis talmúdicas reunidas em 14 livros com 982 capítulos e alguns milhares de artigos. Três séculos depois dos maiores especialistas hebraicos terem concluído a primeira grande obra unificadora dos preceitos e procedimentos judaicos, o Talmude, este cordobês de nascimento comenta-o para efeitos de interpretação legal.

Como podia Saladino, praticamente da mesma idade de Maimónides, desconfiar deste médico que ousou complementar os 10 Mandamentos com 613 regras, 248 positivas e 365 negativas? Ambos eram cultos, rectos de atitude e religiosamente conservadores. Como podia Saladino não se sentir próximo de alguém que sintetizou os seus *Treze Princípios da Fé* do seguinte modo:

> *"Creio com fé absoluta que:*
> *O Criador é Autor e Guia de tudo o que existe.*
> *O Criador é Uno. A sua unidade é diversa da de qualquer outra coisa. Ele é o nosso Deus e existe eternamente.*
> *O Criador não tem corpo ou características físicas e não pode ser equiparado a nenhuma coisa existente.*
> *O Criador é o primeiro (nada existiu antes d'Ele) e o último (nada existirá depois d'Ele) de todos os seres.*
> *É justo rezar ao Criador e a nenhum outro.*
> *Todas as palavras dos profetas são verdadeiras.*
> *A profecia de Moisés é verdadeira, Ele foi o pai (isto é, o maior) de todos os profetas, tanto dos que o precederam como dos que lhe sucederam.*
> *A Tora que está na nossa posse é a que foi revelada a Moisés.*
> *A Tora não será modificada, nem haverá outra outorgada pelo Criador.*
> *O Criador conhece os actos e pensamentos dos seres humanos.*
> *O Criador recompensa aqueles que cumprem os Seus mandamentos, e pune os que lhes desobedecem.*
> *Se bem que o Messias tarde, devemos aguardar constantemente a Sua vinda.*
> *Os mortos serão ressuscitados."* [84]

OS "PARTIDOS" RELIGIOSOS

A comunidade hebraica de Fustat organizava-se, por assim dizer, em "partidos" religiosos. Três eram rabínicos, ou seja, reconheciam-se nas interpretações talmúdicas da Lei. Um quarto, o dos caraítas, rejeitava a mediação dos homens de religião na interpretação das Escrituras. Os samaritanos, parentes afastados do judaísmo, não tinham expressão em Fustat.

Ao invés do que sucedia com os cristãos, onde cada igreja reivindicava para si o monopólio da Verdade revelada, os "partidos" judaicos reconheciam-se mutuamente, embora disputassem os crentes, em nome de diferenças de rito e obediência aos centros religiosos de referência, as *yeshivahs*. À época, duas tinham sede em Bagdade e a terceira em Jerusalém. Cada uma das 75 sinagogas registadas no Egipto escolhia a sua. É provável que a palestiniana, a partir 1127, tenha adquirido preponderância, porque a conquista da cidade santa pelos cruzados, particularmente violenta sobre os judeus, levou à sua transferência para Fustat.

84 Norman Solomon, In *Ebraísmo*, apêndice A, pág. 134; Einaudi tascabili.

Cada yeshivah tinha o seu chefe, o gaon, eleito pela respectiva assembleia de sábios. As yeshivahs tomavam decisões que implicavam as diferentes comunidades espalhadas pelo Mediterrâneo e pelo Médio Oriente. Eram, simultaneamente, centro religioso, parlamento e supremo tribunal de uma comunidade transnacional que, não dispondo de Estado, se governava a si mesma, dentro dos limites impostos pelo califado. Enquanto instituição, a yeshivah está mais próxima do sinédrio grego do que da madraça islâmica, estritamente centrada no saber religioso.

As sinagogas financiavam a casa-mãe em que se reconheciam. Para se perceber a importância destes centros de poder, Mashliach Gaon, que foi chefe da yeshivah palestiniana em Fustat, era tratado nas cartas da geniza como "califa" e no séquito do propriamente dito, como "Lustro do Império" e "Coroa do Primado".

Os "partidos rabínicos" não estavam ao abrigo de cisões. Tal ocorrência era grave, porque a perda de adeptos diminuía os recursos de caixa da sinagoga atingida. As sinagogas perdiam crentes por dois outros motivos ainda: banimento ou conversão ao Islão. Durante os califados fatimida e aiúbida a comunidade raramente foi perseguida pela sua particularidade religiosa. O caso mais conhecido é o de Al-Hakim que, no século XI, perseguiu os coptas – mais numerosos do que os judeus – e, por extensão, acabou a destruir sinagogas. Mas este período foi breve e não se repetiu. Igualmente esporádico foi o recurso a trabalhos forçados ou à requisição de bens, instrumentos de economia de guerra ou de resposta a catástrofes a que o califado podia recorrer. Mas tais procedimentos de excepção afectavam indistintamente as populações dos diferentes cultos, muçulmanos incluídos.

Já a dificuldade em pagar a jalya, o imposto "per capita" que o califado impunha aos crentes das confissões minoritárias, foi um dos factores que explicou as numerosas conversões ao Islão. Se nas classes altas a apostasia ocorria para consolidar posições e influência na corte, no povo era a pobreza que estimulava as transferências de fé. Com efeito, a alternativa ao incumprimento no pagamento era a prisão.

FILANTROPIA ECUMÉNICA

"Um mercador de Aden, no Iémen, expediu para Fustat a soma muito considerável de 20 dinares em benefício dos pobres da cidade." [85]

A partir de meados do século XI, o califado passou a nomear um representante único dos hebreus, o naguide, ouvidos os diferentes "partidos". O seu poder era substantivo: nomeava os juízes, controlava os funcionários destacados para comunidades longínquas, tinha o poder de banir e excomungar e entregava às autoridades os membros da comunidade que faltassem às suas

[85] Ibidem, pág.157.

obrigações, nomeadamente fiscais. Uma das funções principais deste representante era, em consequência, garantir que as sinagogas tivessem reservas económicas que permitissem acudir a quem não tivesse meios para pagar a jalya. Os chefes comunitários – o naguide para os judeus e o patriarca para os cristãos – eram consultados sobre os valores do imposto, que distinguia entre ricos e pobres. Mas, uma vez fixados os valores, era implacável – até os órfãos pagavam.

As caixas das sinagogas não cobriam apenas os impostos dos mais necessitados. Viúvas, órfãos, viajantes e refugiados tinham direito à "sopa dos pobres", ou seja, a pão e farinha, distribuídos às terças e sextas, e ainda a roupa, em particular as mulheres, já que *"a decência feminina impõe vestuário adequado"*.

A comunidade garantia ainda aos órfãos de sexo masculino classes de educação. A parte religiosa assentava na memorização das Escrituras, mas a "escola" proporcionava rudimentos de aritmética e caligrafia árabe, disciplinas que podiam ser frequentadas por crianças cristãs e muçulmanas. As sinagogas não encorajavam tais misturas, mas aceitavam-nas *"em nome das relações de boa vizinhança"*.

Os mais pobres tinham ainda direito a tratamento médico gratuito e a cama e tecto de "renda apoiada". Fustat possuía também caravanserais comunitários para viajantes e refugiados, porque os hebreus se obrigavam ao dever de acolhimento. No entanto, refugiados e viajantes dificilmente arranjavam emprego. A comunidade dava prioridade à protecção dos existentes.

O sistema de assistência acorria, finalmente, ao resgate de prisioneiros, uma ocorrência tão normal que o seu preço se encontrava tabelado. Além do montante entregue aos piratas ou ao inimigo, a comunidade pagava a entrada do resgatado no porto e fornecia-lhe vestuário e meios para regressar à sua cidade de origem. De acordo com os cálculos de Goitein, cada libertação equivalia ao consumo de pão de 150 pessoas durante dois meses.

Como se depreende desta breve descrição das obrigações comunitárias – financiamento do centro religioso transnacional, reservas para imposto, apoio social e resgates – grande parte dos excedentes das famílias era canalizada para as caixas comuns. A aplicação dos fundos era democraticamente discutida e os gastos escrutinados. Os doadores tinham os seus nomes inscritos na sinagoga a que pertenciam e os carentes inscreviam-se em listas de assistência.

A autoridade do chefe era escrutinada. Mesmo na interpretação da Lei, a autoridade não substituía a sabedoria. A propósito de um caso que lhe fora colocado, escreve Abraão Maimónides:

"Se alguém, mesmo o mais jovem dos estudantes, demonstrar que a minha decisão foi errada, aceitarei a correcta forma de agir." [86]

[86] Ibidem, pág. 117.

DIREITO POR LINHAS TORTAS

Porque é que uma rede que se parece, salvaguardadas as devidas distâncias, com as de um moderno Estado-providência, se pôde construir no coração do califado? A primeira razão é óbvia: o autogoverno interessava quer à maioria muçulmana quer às minorias das outras confissões: garantia ao califa a fidelidade de coptas e hebreus, mesmo em períodos de guerra, e a estes o "sucesso" económico e cultural.

Embora os principais comerciantes e mercadores egípcios fossem muçulmanos, coptas e judeus detinham apreciável influência económica. Oitenta por cento da correspondência comercial encontrada na geniza, chega ou parte para a Tunísia e para a Sicília, o que mostra a solidez das relações económicas da comunidade hebraica em escala mediterrânica. Por outro lado, o califado nunca colocou interdições às actividades económicas das minorias, nem as impediu de acederem à propriedade em direito de superfície. Mesmo nos períodos de maior rigor, evitou praticar as discriminações que mancharam o cristianismo de Ocidente. As classes altas das minorias – industriais e mercadores, cambistas, médicos de corte e musharifes[87] – tinham acesso ao vizir ou ao califa. Embora o Islão, como o cristianismo, admitisse a diferenciação pelo vestuário, ele só raramente foi imposto. Aliás, na corte do Cairo os têxteis e as tinturarias judaicas eram muito apreciadas...

Este modelo de convivência propiciou a formação de importantes "classes médias" nas comunidades minoritárias. A correspondência diz-nos que, em regra, um filho seguia normalmente o ofício do pai. Mas também regista casos de médicos nascidos numa família de fundidores metalúrgicos ou mercadores que são originários de famílias de médicos ou professores. Goitein encontrou 450 profissões praticadas pelos hebreus!

> *"Eles empenham-se em praticamente todos os sectores do artesanato e da agricultura. Os hebreus com mentalidade comercial eram atraídos por certas profissões mais do que por outras, em particular as da tinturaria e comércio de tecidos e na preparação de produtos farmacêuticos (...). Mas igualmente os não judeus estavam em tais actividades. Do mesmo modo, as técnicas comerciais não eram peculiares de um grupo religioso em particular, porque as trocas se realizavam entre gentes de uma e de outra fé e, consistentemente, em escala internacional. (...) A participação societária entre muçulmanos e hebreus, seja em âmbito comercial seja industrial, estava longe de ser excepcional."* [88]

Para quem se tenha habituado a projectar na sociedade muçulmana as restrições e discriminações que afectavam as judiarias das cidades cristãs, este relato é surpreendente. Pergunta, a certa altura, um industrial a Maimónides:

197

[87] Os que nomeavam terceiros para cargos públicos.

[88] Ibidem, pág. 31.

"Que diz o nosso mestre a respeito dos sócios de uma oficina de ourivesaria e vidro, uns hebreus, outros muçulmanos, trabalhando em conjunto na mesma arte? Os sócios fizeram, entre si, um acordo: na sexta-feira trabalhariam os hebreus e no sábado os muçulmanos. (...) Maimónides sentenciou que o acordo era legal, mas não era permitido retirar qualquer lucro do trabalho exercido por um não judeu do seu trabalho durante o sábado." [89]

A resposta abre a pista para uma segunda ordem de razões do sucesso, as que radicam na cultura do tempo. Para Maimónides, o critério religioso é, em si mesmo, consequência de um padrão moral: se ao sábado um judeu não trabalha, então não é lícito que beneficie do trabalho de terceiros. À luz do capitalismo contemporâneo, tal preceito seria simplesmente impensável, mas o ponto não é esse. Relevante é o grau de coesão moral a que a comunidade obedece, essencial para assegurar a extensão das funções sociais que assume.

O estatuto social deste mundo não é apenas o do dinheiro. No reconhecimento pelos outros entram factores de linhagem, religiosidade e compaixão. Este último conceito associa dever moral e acto voluntário. Na antiga Fustat, o voluntariado começa onde acabam as obrigações que mantêm as caixas sociais da "sociedade-providência". Por exemplo, o mais elevado nível de caridade definido por Maimónides – tomar alguém a cargo – só era praticável por famílias abastadas e era voluntário.

Porque deve uma família, se puder, tomar alguém a cargo? Porque quem nasce merece melhor destino? Neste ponto, o argumento do legislador é mais subtil e ortodoxo. Para o reformador, a pobreza não é um mal que deva ser erradicado, nem mesmo uma injustiça, porque foi estabelecida por Deus: *"Pobres e ricos foram feitos, ambos, pelo Senhor"*, garante. Idêntico fatalismo se aplica ao modo como a comunidade encara as perseguições e as injustiças do poder. Mesmo nos piores momentos se continua a jurar, simultaneamente, pela Tora e pelo califa. O mau governo, como as pragas e as catástrofes ambientais, inscreve-se na ordem natural das coisas. Por isso, a assistência social e a caridade são, mais do que obrigações de seres humanos para com seres humanos, um dever ante o Altíssimo, uma via para o perdão. Eis como, em religião, se escreve direito por linhas tortas...

OS ESCRAVOS, ESSES PRIVILEGIADOS

"Para comprar uma escrava eram precisos vinte pesos de ouro, soma bastante para manter uma modesta família durante um ano. Uma escrava atraente podia custar quatro vezes ou mais, e se sabia tocar e cantar, mais ainda. Como três quartos da população masculina hebraica tinham dificuldade em depositar 20 dinares em contado, como primeira prestação de um dote de casamento... só uma pequena minoria se podia dedicar ao concubinato." [90]

[89] Ibidem, pág. 31.
[90] Ibidem, pág. 592.

A citação refere duas situações distintas: a primeira, mais corrente, é a da compra de crianças de tenra idade, para serem formadas e educadas na casa dos seus proprietários; a segunda, mais rara, é a aquisição de uma "escrava qualificada", possivelmente já entrada na puberdade. Uma das surpresas que a documentação encontrada revela é a de que não existe aquilo a que se poderia chamar um mercado de compra e venda de adultos.

A escravatura deste período assemelha-se mais a um mercado de adopção. Adquirem-se crianças para que venham a ser criados-de-casa-criados-na--casa. A posse de escravos representa para o proprietário um capital dotado de poder simbólico, mas ele é contaminado pelos afectos. Estamos muito longe dos sistemas esclavagistas que usavam mão-de-obra extensiva até que ela se esvaísse em cansaço. Os muçulmanos praticavam, como os cristãos, o tráfico de escravos, mas raramente ele constituiu a ossatura da força de trabalho no interior do mundo islâmico. Como constata Lessner,

> *"Se descontarmos os militares, os outros escravos formavam seguramente uma minoria da população, diversamente do que sucedia na Roma imperial onde, segundo estimativas hoje geralmente aceites, ¾ dos habitantes eram escravos ou libertos."* [91]

A avaliar pela correspondência da geniza, as relações entre escravo e senhor não andariam longe das que ainda hoje existem no seio de famílias abastadas tradicionais com serviçais que "fazem parte da família" e que "cresceram na família". A documentação dá notícia de que muitas crianças compradas acabavam por ser libertadas ainda jovens ou no leito de morte do dono, em sinal de gratidão.

A escravatura e a emancipação obedeciam, contudo, a regras distintas entre muçulmanos e judeus. Os primeiros não promoviam a islamização do cativo ou da cativa porque entre os crentes, a escravatura estava proibida; já entre os hebreus a conversão ao judaísmo era obrigatória sob pena do proprietário ter que revender a sua "propriedade". Os judeus admitiam, portanto, a escravatura dos seus. Em contrapartida, um emancipado muçulmano continuava ligado à família que dele fora proprietária; entre os hebreus, o liberto adquiria todos os direitos comunitários.

Apesar destas diferenças, os escravos de casa são, em regra, bem tratados. Jovens, raramente fazem os trabalhos mais duros. À medida que crescem, seguem os donos e aprendem os seus ofícios, como se fossem seus filhos. Muitos adquirem poderes de representação nas negociações e nos actos comerciais e dispõem de recursos financeiros próprios.

Propositadamente, temos usado o masculino, apesar da epígrafe se referir às cativas. As diferenças entre sexos também se reproduziam em

91 Ibidem, pág. 306.

cativeiro. Um escravo tinha direito ao seu nome de família; uma escrava não. O escravo acompanha o dono e a rua também lhe pertence; já a escrava está ao serviço da família e vive, basicamente, em casa. Nesta, o seu estatuto difere em função da confissão religiosa dos proprietários. Enquanto os muçulmanos ricos praticavam legalmente o concubinato com escravas, entre hebreus e cristãos essa prática era punível com a pena de morte. Contudo, não há notícia de qualquer ocorrência desse tipo e sabemos que as relações sexuais com escravas, bem como o culto dos efebos, se praticavam, por exemplo, entre os sefarditas[92] da Andaluzia. É possível que o mesmo pudesse ocorrer em Fustat porque Maimónides proibia terminantemente os fiéis de se encontrarem a sós com uma escrava, mesmo na casa da família. Só se proíbe o que se pratica...

Há registo de casos em que o dono foge com a escrava por amor. Lessner relata ainda o caso de um hebreu viúvo que queria casar em segundas núpcias com uma escrava cristã, recentemente adquirida. Não o podia fazer, porque as cristãs estavam proibidas de se converter ao judaísmo (e vice--versa) e, além disso, os casamentos entre pessoas de diferentes confissões eram proibidos. Para resolver este imbróglio, o tribunal rabínico decidiu que a escrava era, afinal, filha de mãe hebraica e em seguida libertou-a. Maimónides explica porque actuou assim: *"Respeitei a vontade de Deus, mesmo se faltei à sua Lei"*...

DESVIO PELA VIA-SACRA DA FAMÍLIA ALARGADA
Em Beirute, costumo ficar sempre no mesmo hotel. É pequeno, barato e central. Além disso, tem libaneses brasileiros na recepção e um dono singularmente solícito, que é druso. Os drusos, como os alauítas, têm como referência principal o Islão, mas acreditam na reincarnação. De acordo com as suas convicções, quem se case fora da comunidade hipoteca o retorno a esta vida. Com outras confissões a pena não é tão irremediável, mas os costumes e a lei têm garantido a observância do resultado.

A família deste amigo dava uma novela antropológica. Ele casou com a filha do seu primo materno, uma prática usual. A mãe da sua esposa – portanto, a sogra – é, por sua vez, prima, pelo lado materno, do meu amigo. Já o sogro casara, entretanto, com uma sua prima do lado materno que, por sua vez, era também prima do meu amigo... Baralhados? Esperem pela continuação: a tia materna deste meu amigo é avó da sua esposa; um seu primo materno deu em genro, porque casou, entretanto, com a filha do meu amigo; e, finalmente, uma irmã deste genro é, simultaneamente, tia por aliança da esposa do meu amigo, e sua cunhada. Capito?

Em Fustat, mil anos antes do imenso sarilho em que o meu amigo se meteu, também o incesto e as relações sexuais entre irmãos estavam proibidos,

92 Nome por que eram conhecidos os judeus no Al-Andalus.

203

mas o casamento entre primos era vivamente aconselhado pelas três religiões e os hebreus de tradição rabínica admitiam ainda a união com a filha da irmã. A geniza também regista situações em que o irmão de um falecido toma a viúva deste em casamento, bem como viúvos de falecidas que desposam a irmã desta em segundas núpcias. Fustat não era Alexandria, mas imitava muito bem...

O casamento em circuito fechado, na família alargada, tem uma poderosa motivação económica: preserva a acumulação de adquiridos na família do esposo. São os bens e propriedades, mais do que a religião ou os afectos, que projectam na actualidade os antigos processos de reprodução familiar.

Quando o casamento "fica em família", o amor é, na melhor hipótese, uma consequência. Maimónides censurava o acerto de matrimónios sem o consentimento da rapariga, mas nunca se atreveu a proibi-los explicitamente. Nestas circunstâncias, o "namoro" era desconhecido. Na escolha do par, o essencial era o dote pré-nupcial. Para a rapariga, o valor que levava para o casamento definia o seu futuro estatuto na casa do marido; já para o homem, o seu dote era a prova de que seria capaz de manter a casa e a família. Em nenhum contrato de casamento – e eles eram duramente negociados – se encontra a palavra amor, que é *"um dom de Deus"* e não das suas criaturas.

Ao invés, a importância dos laços de sangue é patente nas cartas entre próximos, por banais que fossem as convenções da escrita:

> *"Escreve um irmão à sua irmã: 'Possa eu ser o teu recato.'*
> *Escreve uma irmã ao seu irmão: 'Ao meu amado e dilecto irmão, minha esperança e segurança, minha salvação.'"*

Celebrado o casamento, a jovem parte para a casa da família do esposo. Yehudai Gaon, autor do primeiro código pós-talmúdico considerava que:

> *"Uma mulher não deve nunca levantar a voz contra o seu marido. Deve permanecer silenciosa mesmo quando este lhe bate – assim faz a mulher casta".*

Maimónides concorda:

> *"Uma mulher que se recuse a fazer o trabalho que lhe é pedido pode ser obrigada a isso, mesmo com o bastão."* [93]

Aparentemente, a violência do marido não era o principal drama das recém-casadas. A avaliar pela correspondência, o calvário eram as sogras e cunhadas. As jovens esposas eram as "gatas borralheiras" da casa. Essa condição podia, quando muito, ser amaciada pelo dote e pelos termos do contrato de casamento. Mas, até ser avó, nunca tinha a vida facilitada.

93 Ibidem, pág. 507.

Agora, transplantem a complicada família do meu amigo druso para a antiga Fustat, um espaço urbano delimitado onde todos se conhecem. Imaginem uma casa com uma "carrada" de mulheres e uma frota de crianças, dirigida por uma anciã. Olhem para essa casa na proximidade de outras, as dos irmãos e primos do esposo... e juntem a este mundo fechado as inevitáveis doenças, hereditárias e outras, e pensem na densidade relacional que este inferno sugere. Eis porque Fustat era, simultaneamente, tão solidária e tão sufocante...

SABEDORIA FEMININA

"Quando crês que está tudo definido e acertado, o egípcio diz-te: espera um pouco, que devo consultar a minha mulher."

Este é um dos mimos que a vizinhança árabe usa para amesquinhar o arrogante macho egípcio. Além de divertido, reflecte o fosso entre a ordem escrita pelos homens e o modo como as mulheres a tornearam, conquistando espaços de liberdade e autonomia. Esta grande saga de metade da Humanidade terá tido, em Fustat, razoável sucesso:

"Não se pode dizer que existisse uma verdadeira segregação dentro de casa. As casas hebraicas descritas na geniza não tinham, salvo raras excepções, um quarto reservado às mulheres. Existia reserva, mas não separação forçada." [94]

Confinadas ao recato, as mulheres não eram, portanto, reclusas. Porque estavam conscientes do seu estatuto de inferioridade e o recusavam? Não é fácil entrar nos universos das convicções mais íntimas. Em contrapartida, sabemos que a necessidade molda as práticas e as consciências. Por exemplo, as listas para a "sopa dos pobres" não distinguiam entre sexos. Para receberem pão e vestuário os homens e as mulheres misturavam-se no espaço público. O mesmo acontecia quando tinham questões judiciais para dirimir. As mulheres não frequentavam o souk, mas iam aos banhos uma vez por semana e frequentavam a sinagoga às terças, quintas e sábados. Assistiam ao serviço religioso em galeria própria, mas, antes e depois da liturgia, a separação de sexos desaparecia.

Na antiga tradição rabínica as meninas tinham direito à educação religiosa, um terrível exercício de memorização continuada. No século X tinham perdido tal prerrogativa. Contudo, as mulheres das famílias de estudo conheciam a Tora e o Talmude a ponto de darem lições de religião, o que, de resto, desagradava aos homens de leis que não tinham em grande conta tais ensinamentos.

94 Ibidem, pág.586.

A partir do século XI o trabalho generaliza-se entre as mulheres. A maioria dos ofícios são "femininos": lavadeiras, amas, preparadoras de casamentos e cerimónias... e muitas tecem e cozem em casa, para o mercado. Mas a geniza regista, surpreendentemente, a existência de professoras e de médicas. O monopólio do espaço público pelos homens começou a ser disputado porque a precariedade da vida assim o determinou.

Naquele tempo morria-se cedo e, não raro, por risíveis motivos. As viúvas, como as órfãs, eram numerosas. Também não faltavam as divorciadas. Pelas estimativas de Goitein, 45 por cento das mulheres casava mais de uma vez! Era fora de casa que se podia lutar pela sobrevivência. Mas também entre paredes a mulher que trabalha impõe, nos contratos de casamento, a renúncia do marido aos seus ganhos. Neste caso com apoio dos homens de religião, que criticavam asperamente *"quem espere manter-se com os ganhos da sua mulher"*. Neste caso, o machismo era vítima de si próprio...

O número de mulheres sem marido é extraordinariamente elevado por motivo de viuvez, repúdio ou incumprimento do contrato de casamento. A separação é um longo processo judicial onde os dotes se disputam arduamente. O facto dos pleitos serem numerosos prova que na separação não intervém apenas a vontade de um lado. O divórcio também ocorre por incumprimento masculino. Por exemplo,

> *"Os contratos de matrimónio estabeleciam que não era permitido ao marido ser transferido para um posto fora da cidade sem o consentimento da mulher."* [95]

A fuga do marido, em particular entre os mais pobres, está amplamente documentada e é uma das causas principais de separação. Então como agora, parte-se quando a sobrevivência impõe ou a vergonha recomenda.

JOGAR AOS DADOS

Sendo a vida difícil, qualquer pretexto servia para aligeirar o fardo. O povo esticava a corda. As famílias, qualquer que fosse a sua confissão, não festejavam apenas nascimentos, matrimónios e anos dos familiares. Também as aquisições de novas propriedades, nomeações e atribuições de títulos, curas de doença e as chegadas de estrangeiros, aligeiravam a rudeza dos dias. Sem televisão e à luz das velas, a mais se não era obrigado.

As festividades religiosas eram terreno privilegiado para se testar a magnanimidade do Altíssimo e a permissividade dos seus representantes em Terra. O momento mais importante na vida de uma família era a grande peregrinação: a dos muçulmanos a Meca e a de cristãos e hebreus a Jerusalém,

95 Ibidem, pág.56.

o que durante a ocupação pelos cruzados só excepcionalmente ocorreu. Porque era difícil e a maioria das pessoas era pobre, essa "viagem de vida" era compensada por peregrinações anuais, de menor distância, aos lugares dos santos e das relíquias.

Os hebreus partiam em desvantagem, porque os rabinos eram muito vigilantes em matéria de idolatria – ao contrário da concorrência, o povo de Abraão não podia adorar trapinhos nem bastões de santos e profetas. O único objecto de culto autorizado era a Tora. Como a sinagoga de Dammuh, antiga Mênfis, tinha uma das mais antigas e conceituadas, transformou-se num grande centro de peregrinação anual. Os rabinos toleravam a devoção popular, embora procurassem minimizar as tentações. Em peregrinação, a separação de sexos aligeirava-se e a festa contaminava a fé. O regulamento da peregrinação à sinagoga de Dammuh é, pela negativa, um verdadeiro catálogo dos excessos preferidos do povo. Eis alguns excertos:

> *"Os espectáculos de marionetas (n.a.: sombras chinesas) não são permitidos.*
> *(...) Não se pode fazer cerveja.*
> *(...) O jogo dos dados e dos grãos é proibido.*
> *(...) Na sinagoga não pode entrar nenhum instrumento musical.*
> *(...) As danças são proibidas.*
> *(...) Nenhuma mulher será admitida se estiver na companhia de um homem, a menos que seja muito velha."* [96]

E por aí adiante...

Nem todas as cidades tinham igual propensão para o pecado. Alexandria, cidade de porto, tinha – oh deus! – *"concursos de quem bebe mais, acompanhados de música"*... O cronista, na sua infinita contenção, poupou os seus leitores ao mais grave dos pecados, o da carne. É que os fatimidas autorizavam a prostituição desde que pagasse o devido imposto.

De qualquer modo, ninguém, em Alexandria, interrogaria as autoridades religiosas sobre a conformidade de tais festas aos usos em vigor. A resposta era conhecida de antemão. O cádi proibiria os concursos de vinho e o rabino torceria o nariz à música, uma arte evasiva dos mais elevados pensamentos. Ao contrário, já seria diferente. Com efeito, os muçulmanos nada tinham a opor à música e os judeus recebiam em casa com um copo de vinho. Tinham, até, um vinho não pecaminoso para maometanos – o mesmíssimo, mas levemente misturado com mel.

96 Ibidem, pág. 265.

No plano anterior: souk de Assuão. Em cima: souk do Cairo islâmico.

Uma pergunta dirigida a Maimónides exemplifica bem a tensão existente entre uma vida que as autoridades desejariam ascética e a necessidade vital do divertimento:

"Por exemplo, se tenho na mão três grãos e deixo que os meus compa-nheiros procurem adivinhar o número, aquele que o consegue tem direito a beber e fica com a mão seguinte. No Sabath e nos dias de festa é permitido este tipo de jogo? Muitos, que tenho em alta estima, fazem-no. Quer vossa excelência iluminar-me?
Resposta: tocar em dados no sábado, é proibido. Tocar em grãos é permitido. Mas nesse caso, trata-se de um jogo de azar, e por tal motivo é interdito." [97]

Neste diálogo, quem pergunta, suplica, e quem decide proíbe. Vimos como, noutras circunstâncias, o circunspecto e conservador Moisés Maimónides decidia com justiça e bom senso. Porque reage deste modo à inocência? Porque ao sisudo compete prevenir a tentação. O legislador intui que em ma-téria de ritos e costumes não se pode dar folga ao folguedo. Ele lá sabia porquê.

[97] Ibidem, pág. 262.

ISRAELITAS
METAMORFOSES

Não nutro por Jerusalém a ternura ou o enlevo que pratico por outras cidades deste mundo. Não estou seguro que o excesso de História e de Deus lhe tenha feito bem. Pelo menos, não a encantou. A primeira vez que vi a Cidade da Paz – Yeroushalayim – ou a Santa – Al Qods –, não passava de um minúsculo ponto de luz no cimo da montanha. É assim que num dia límpido, ela se observa do monte Nebo, aquele onde Moisés, com 120 anos de idade, se finou, depois de Deus o ter deixado olhar para a Terra Prometida. Como ponto de luz no topo da montanha, Jerusalém está muito bem.

Vista da estrada serpenteante que vem de Telavive, já não estou tão certo. Daí, a cidade parece-se mais com uma imensa fortaleza do que com uma cidade santa. À medida que a estrada empina, fica-se com a ideia de que demasiados guerreiros por ali terão passado, embora essa possa ser uma ilusão provocada pela pedra uniforme de que se faz a cidade.

A impressão volta a melhorar quando vemos Jerusalém do Monte das Oliveiras. É do seu miradouro a fotografia mais conhecida da cidade, com a cúpula doirada da grande mesquita de Al Aqsa ao centro. Daí não se nota que ela confina com o Muro das Lamentações, o que resta da destruição do segundo templo pelos romanos. Nem se ouvem os judeus integristas exigindo que a mesquita deveria ser metida num envelope e expedida para Meca, de modo a que, sob o seu solo, os israelitas pudessem ressuscitar a sua antiga casa de oração. As fotografias têm as suas vantagens. Vêem-se, mas não gritam.

Jerusalém também se podia ver do lado oriental, sinuosa, no topo de colinas recortadas pela luz do Sol ao fim da tarde. Mas isto era antes de outro muro, o que chegou já no século XXI, ter esventrado a paisagem. Agora, quem deseje olhar para Jerusalém a partir do oriente, tem que rodear a cidade, entrar na Cisjordânia e daí chegar a Abu Dis, depois de passar por alguns *check points*. Abu Dis era e é Jerusalém. Mas, seguindo pela sua estreita avenida principal, o visitante confrontar-se-á, de repente, com uma barreira de betão com 8 metros de altura. Ali acaba, sem mais nem menos, Abu Dis. Do outro lado do muro, a avenida, as casas e a cidade prosseguem, mas encontram-se em território judaico. Há um só lugar onde o betão que dividiu este pedaço da cidade a meio se transforma em rede. É aí, nesse brevíssimo intervalo entre muros, que se pode apreciar a paisagem que sugeri, embora aos quadradinhos. Fica exactamente onde a promessa de paz tinha levado, nos anos 90, uma família palestiniana com recursos a transformar uma velha casa otomana em hotel de charme. Depois, a promessa morreu e o hotel passou a posto de guarda. Daí vê-se. Vê-se, mas não se passa. Talvez este muro seja a causa do meu desconforto. Talvez.

Também pode ser porque sejam penosos os passeios no interior da velha medina medieval. A primeira impressão nem é má. Deve ser o único lugar do planeta onde judeus e árabes tradicionalistas estão condenados a encontrarem-se. Uns por causa do Muro das Lamentações; os outros, porque sendo muçulmanos ou cristãos, têm lugares santos em fartura.

Não sei se esta cidade é diferente das outras por causa de Deus ou apesar Dele. Os judeus vêem-na como capital do primeiro reino unificado do Senhor, o do rei pastor de funda na mão e o de Salomão, o sábio; os muçulmanos, que são tão pios quanto os judeus tradicionais, acreditam por sua vez que foi na esplanada da mesquita que Maomé, o mensageiro, ascendeu ao Céu; finalmente, os cristãos, que não ficam atrás de uns e de outros em matéria de glórias, sabem que foi em Jerusalém que Jesus concluiu a sua pregação, foi crucificado e ressuscitou ao terceiro dia. Tanta carga faz com que a cidade seja frequentada por um povo especial, o dos turistas da fé. Ele só não entra na esplanada da mesquita. Da última vez que um não muçulmano aí pôs os pés, sem autorização, a reacção não se fez esperar: dias depois começava, nos territórios ocupados pelo Estado de Israel, a segunda Intifada palestiniana. Esta, ao contrário da primeira, não se fez com jovens que enfrentavam os tanques com pedras, mas recorrendo a rockets e homens-bomba.

Salvo esta excepção, nenhum lugar santo escapa ao turista religioso. Este visitante encanta-se com os mistérios divinos, mas dificilmente se surpreende ou revolta se, repentinamente, se deparar com uma rua do centro da medina com bandeiras de David içadas em todos os terraços e penduradas em cada janela. Porque há-de aquela gente, trajada de preto e branco, chapéu na cabeça e estranhas patilhas em espiral, erguer bandeiras como se estivesse em terra conquistada? A resposta está à frente do nariz: aquela rua foi mesmo conquistada. Era árabe e passou a judaica. Mudou de dono. No caso, tinha acabado de ser comprada à Igreja Ortodoxa, com a aquiescência do seu metropolita, entretanto substituído. Mas foi tarde demais.

Eis o que me desgosta na Cidade da Paz: é um território de guerra surda e suja. Em 1948 foi dividida em duas: para oeste, os israelitas, para este, os árabes. Mas em 1967, na sequência da guerra dos seis dias, Israel tomou conta de toda a cidade e, anos mais tarde, proclamá-la-á como sua "capital eterna". Quando a "eternidade" entra na lei, é de recear sempre o pior e foi o pior que aconteceu. Trinta anos bastaram para que a população judaica passasse a ser maioritária na parte árabe. Não precisaram de uma guerra à moda antiga para isso. Bastou uma administração de tipo colonial. Rua a rua, casa a casa, os árabes estão a ser forçados à venda dos seus bens. A rua engalanada com bandeiras no centro da medina repete-se fora dela. As linhas de demarcação cedem, uma atrás da outra, ao poder do dinheiro e às discriminações. Os novos ocupantes são cada vez mais integristas. De facto, não partem só os árabes. Vão-se também os israelitas laicos. Uma cidade assim é um pecado.

SER OU NÃO SER...

Quem são ou o que são, afinal, os "judeus"? A resposta mais inteligente que encontrei é a de que são gente que adora colocar, a si própria, tal questão. Eis como a formula Maxime Rodinson:

"Gostaria de encontrar 'à primeira vista' as definições e as palavras que se impõem para designar uma unidade que se pareça, ao mesmo tempo, com o rei David, Einstein, Jesus de Nazaré, Maimónides, Moisés, Mendelssohn, Karl Marx, Menahem Begin, Jacques Offenbach, Benjamim Disraeli, Michel Debré, etc., sem me esquecer de si e de mim mesmo..." [98]

Norman Salomon, um reformista hebraico, recorre, por sua vez, a uma divertida comparação vegetal:

"O tomate é um fruto ou um legume? Para um botânico é sem dúvida um fruto e para um cozinheiro um legume. Mas que dirá de si o próprio tomate? Se lhe ocorresse pensar, sofreria provavelmente da mesma crise de identidade que atormenta os hebreus, quando alguém os tenta enquadrar como raça, grupo étnico ou religião. (...) E, no entanto, tomados como tal, nem os tomates nem os hebreus são particularmente misteriosos ou complexos, desde que não se entre em categorias simples como fruto ou legume e nação ou religião, que entretanto se revelam úteis para classificar outros tipos de alimentos e povos." [99]

[98] Alain Gresh e Dominique Vidal, in *Les 100 Clés du Proche-Orient*, pág. 364; Hachette Litératures, 2006

[99] Norman Salomon, in *Ebraísmo*, pág. 9; Einaudi Tascabili, 1999.

A identidade é um problema dos judeus de hoje. Na Idade Média, por exemplo, tal questão não se punha.

Para os cristãos era simples: os judeus eram os assassinos de Cristo. A arte sacra representava-os com narizes aduncos e pés espalmados, como parentes terrenos do diabo. Os judeus tinham direito a viver, desde que em guetos, com distintivo e sem direitos de propriedade. Era gente de que se devia desconfiar. Ainda hoje é comum ouvir-se *"vê-se logo que é judeu!"*, como se tal coisa se visse. Este tipo de desprezo revela-se, invariavelmente, em situações que mexem com dinheiro. Releva, quer da inveja, quer da ignorância. Quem diz tais disparates pensa que a aptidão financeira ou comercial dos judeus é inata, que nasceu com eles. É uma estupidez. Tal qualidade é a dos povos mediterrânicos que há muito se dedicam ao comércio. Se as comunidades judaicas se destacaram nos ofícios bancários tal aconteceu, entre outras razões, porque o dinheiro era a única "propriedade" de que podiam usufruir na Europa cristã. Como vimos no capítulo precedente, no Cairo eles podiam desenvolver todo o tipo de ofícios, tal como os seus irmãos muçulmanos e cristãos.

As comunidades de fé judaica tiveram melhor sorte com os muçulmanos, porque estes sempre as consideraram como um dos "povos do livro". Maomé teve problemas com as tribos judaizadas de Medina, mas o Corão está repleto de referências às narrativas bíblicas que, aliás, repete à exaustão. Para o profeta, os judeus de Medina eram árabes limitados na sua Revelação e só por isso não pertenciam à Umma. Eram, por assim dizer, parentes afastados da família. O adversário era o politeísmo.

Finalmente, para os judeus, a sua identidade era mais óbvia do que a vida que levavam. Eles viam-se como o "povo escolhido por Deus", onde quer que se encontrassem, ponto. Iavé espalhara-os pelo mundo para expiarem os seus pecados. Pode parecer absurdo, mas as comunidades judaicas interiorizaram a condição social a que foram votados na diáspora, aceitando-a como manifestação da vontade de Deus. Não foram caso único. Era esta a cultura do tempo. O Deus do Livro era absoluto e omnipotente, deixando reduzida margem ao arbítrio dos crentes. Eis como ele se exprime através da pena do profeta Jeremias:

> *"Num dado momento, decido arrancar, derrubar e destruir uma nação ou um reino. Mas se essa nação se afasta do Mal, então já não lhe envio o castigo que lhe tinha preparado. Noutra ocasião decido construir e fazer crescer uma nação ou um reino. Mas se essa nação faz o Mal e desobedece às minhas advertências, então já não lhe enviarei os benefícios que lhe tinha preparado."* [100]

Na Idade Média, os homens de religião estavam profundamente convencidos de que a ordem na Terra era independente da vontade humana. Para os judeus, a destruição do Templo, em 70 ec, e o esmagamento da sua revolta,

[100] Bíblia, Jeremias, XVIII, 7.10.

Egipto, pormenor da sinagoga de Fustat, no Cairo. Atrás, na entrada do capítulo:
Líbano, pormenor de parede em Chatila, campo de refugiados palestinianos de Beirute

em 135 ec, tinham sido castigos de Deus. Mais dois, na longa cadeia das tragédias bíblicas. Norman Solomon explica este fatalismo e como ele foi objecto de distintas leituras:

> *"Enquanto os cristãos e, em menor grau, os muçulmanos interpretavam a punição divina dos hebreus como uma recusa e um abandono [por Deus], estes consideravam-na como uma confirmação da sua própria condição de 'eleitos' (...), até ao momento em que Deus, na sua infinita piedade, decidisse redimir e defender o Seu povo."* [101]

Em conclusão, a identidade dos judeus é um problema moderno. Até fins do século XIX, assumiam-se como comunidades de fé, dispersas pelo mundo, e não como uma etnia sem fronteiras ou uma "raça de eleitos". Israel também não era uma urgência. Esperaria até ao dia em que o Messias "decidisse redimir e defender o seu povo". A tradição religiosa do rabinismo era "quietista". Não ousava substituir-se ao Senhor.

DAS RAZÕES DO SIONISMO

Na segunda metade do século XIX, uma doutrina política vai romper radicalmente com o fatalismo dominante e bater-se pelo "retorno" à terra de Sião. Essa corrente é o sionismo. Quando as pessoas comprometidas com

[101] Norman Salomon, in *Ebraísmo*, pág. 11 da edição já referida.

a causa palestiniana usam a expressão "sionismo", não o fazem com a intenção de denegrir um povo. Só por ignorância tal pode ocorrer. O sionismo que emerge nas sociedades da Europa Central e de Leste tem orgulho em si próprio e exprime o desenvolvimento de uma consciência de tipo nacional nas comunidades judaicas. É um nacionalismo no tempo da afirmação dos nacionalismos, que reclama uma terra para os judeus espalhados pelo mundo. O sionismo é uma corrente política que compete com o "quietismo" rabínico e também com o forte movimento socialista judaico que propunha, não uma terra-refúgio, mas a plena integração das comunidades judaicas nas nações que se começavam a afirmar na Europa.

Foram os progromes antijudaicos na Polónia e na Rússia, iniciados em 1872, que fizeram crescer a popularidade do sionismo. Apesar disso, a maioria dos judeus de Leste, que era composta por pobres e trabalhadores, preferiu a imigração para os Estados Unidos da América, que era a nova grande fronteira do mundo. A orientação dominante nos movimentos migratórios só mudaria mais tarde.

No início do século XX, o movimento sionista ainda discutia onde iria ser o lugar da sua terra. Teodor Herzl, o seu principal rosto, achava que podia ser no Uganda. Foram as correntes mais radicais e socialistas que argumentaram pela Palestina. O principal argumento usado não deixa de ser surpreendente, à luz das convicções hoje dominantes – era na Palestina que viviam os mais próximos:

> "O camponês judaico, como qualquer outro camponês, não se deixa facilmente desenraizar do seu terreno, que é fruto do seu suor e do dos seus antepassados. A população camponesa, apesar da repressão e dos sofrimentos, ficou no seu lugar, fiel a si própria." [102]

Os autóctones da Palestina do mandato britânico seriam, assim, os descendentes das tribos que primeiro abraçaram o judaísmo. Com efeito,

> "A origem dos felás não remonta aos conquistadores árabes, que submeteram Eretz Israel e a Síria no século VII da nossa era. Os conquistadores não eliminaram a população de trabalhadores rurais que aí se encontravam. Apenas expulsaram os soberanos bizantinos estrangeiros; não fizeram qualquer mal à população local." [103]

Estas opiniões foram escritas em 1917 por Ben Gurion, o fundador do Estado de Israel. Como muitos outros sionistas do princípio do século XX, estava cheio de razão. Os pastores das montanhas da Terra Prometida foram politeístas quando politeísta era o seu mundo, abraçaram o judaísmo quando ele se consolidou e só parcialmente se converteram ao cristianismo,

[102] Shlomo Sand, in *Comment le Peuple Juif fut Inventé*, pág. 261; Fayard, 2008. O autor cita uma passagem do livro *Eretz Israel no passado e no presente*, que o fundador de Israel escreveu em parceria com Yitzhek Ben Zvi.

[103] Idem, pág. 260.

depois do cisma na tradição judaica se ter oficializado. A maioria, contudo, resistiu às políticas de conversão forçada que Bizâncio viria, mais tarde, a impor.

Não foi por acaso que o Levante acolheu com entusiasmo a conquista árabe. Ela libertava a região do centralismo imperial. O Islão não precisou de recorrer às conversões forçadas para conquistar adeptos entre os hebreus. A fé era muito semelhante. O tempo e o imposto[104] trabalhariam para a causa de Alá.

Onde o sionismo de esquerda se enganou foi sobre as suas próprias origens. As comunidades do Leste da Europa é que não descendiam das antigas tribos de pastores da Palestina. Com elas, apenas partilhavam a religião. No fim da sua vida, o nobel Arthur Koestler escreveu um livro, nunca editado em hebraico, que começa assim:

> *"À época em que Carlos Magno se fez coroar imperador de Ocidente, a extremidade oriental da Europa, entre o Cáucaso e o Volga, era dominada por um Estado judeu conhecido pelo nome de Império Khazar..."* [105]

No século XIII, os habitantes das planícies e planaltos deste reino – que no seu auge chegou a ter fronteiras na actual Hungria – foram dispersos pelas invasões de Genghis Khan. A migração fez-se para Norte, para terras que hoje pertencem à Rússia, à Ucrânia e à Polónia. Foram eles que introduziram a fé judaica no Leste e Norte do continente europeu. A décima terceira tribo, perdida nos confins do mito, era, afinal, de origem turco-mongol. Como se pode imaginar, não era o melhor dos cartões de apresentação.

DO MITO À HISTÓRIA

Foi editado recentemente em Israel um livro muito polémico cujo título, provocatório, diz tudo: *Como Foi Inventado o Povo Judeu*. O seu autor, Shlomo Sand, viaja no mundo da "mito-história" em que o ideal sionista se fundou. Autor a autor e obra a obra, conta como, a pouco e pouco, o que era uma comunidade de cultura e fé se transforma, no plano das ideias, em povo-raça. Esta metamorfose apoiou-se, evidentemente, na Bíblia. Até ao século XIX, o livro sagrado

> *"(...) nunca tinha sido considerado como uma obra independente, legível sem a intermediação dos comentários da tradição oral (...) A Mishna e o Talmude eram os textos judaicos que se usavam e a Bíblia não era difundida a não ser em passagens e sem continuidade narrativa."* [106]

Ironia da história, são os laicos que vão transformar a Tora num "mito vivo" e também numa teleologia, a da redenção do mundo por via de um "povo eleito", carente de um lugar onde possa viver em paz e segurança. Esse povo

[104] Ver capítulo precedente.

[105] A. Koestler, in *La Treizième Tribu*, Édition Texto, 2008.

[106] Idem, pág.109. Na tradição hebraica só os caraítas, uma corrente minoritária no judaísmo, dispensava a mediação rabínica.

só pode ser excepcional – vem de longe, de muito longe, de terras duras e difíceis; foi perseguido, disperso; mas, apesar de todas as vicissitudes, manteve a sua endogamia e nunca perdeu a fé. Numa época em que as teorias de Charles Darwin faziam furor, não foi preciso esperar muito para que os materialistas do movimento sionista somassem dois e dois e aplicassem o evolucionismo, concebido para as ciências naturais, ao organismo social que estava a nascer...

> *"A fonte do conflito entre judeus e não judeus reside no facto de que os primeiros constituem um grupo hereditário diferente".* [107]

Esta frase não é de Hitler nem de Goering ou de qualquer um dos geneticistas da raça que gravitavam no universo nazi. Pertence a Moses Hess, um intelectual alemão e judeu que, antes de se ter transformado numa figura de proa do movimento nacionalista, fora amigo de Karl Marx.

O drama que atormenta a investigação de Shlomo Sand foi formulado pelo próprio:

> *"Quais são as hipóteses de vencer a teoria de Hitler, segundo a qual os judeus são portadores de características biológicas específicas, quando ainda ontem havia quem me falasse de "sangue judeu" e quando numerosos habitantes de Israel continuam a acreditar na existência de 'um género judeu'"?* [108]

A pergunta é pertinente porque no plano jurídico a identidade judaica continua a oscilar entre a fé e o sangue:

> *"É considerado judeu quem é filho de mãe judaica ou quem se converteu ao judaísmo e não pertença a nenhuma outra religião."* [109]

Esta singular formulação impede que um polaco filho de mãe judaica, mas cristão, possa adquirir a respectiva nacionalidade depois de emigrar para Israel. Este exemplo, que foi objecto de uma longa disputa jurídica, é o resultado de um Estado que, desde o primeiro dia decidiu misturar a fé com algo que poderíamos definir como um "etnocentrismo sem fronteiras". Como subtilmente definiu o "pai da nação" israelita:

> [Israel] *"não é o mandato da nossa Bíblia, mas a Bíblia é o nosso mandato".* [110]

Por causa da Tora, Israel não tem constituição. Os tradicionalistas não aceitam qualquer texto que possa competir, na ordem terrena, com a Lei confiada a Moisés no monte Sinai. Do mesmo modo, são os tribunais rabínicos e não o Estado que regulam contratos de casamento, divórcios e heranças.

[107] Idem, pág.116.

[108] Ibidem, pág. 35.

[109] In *Lei do Retorno*, artigo 4º b.

[110] Citado por Alain Gresh e D. Vidal em *Les 100 Clés du Proche-Orient*, pág. 338; Hachette, 2006.

220

Tunísia, sinagoga de Djerba. Na página seguinte: Tunísia, Djerba

As uniões entre pessoas de diferente religião, raras, têm que se fazer fora do país, porque não existe a figura do casamento civil. Entre isto e a sharia como fonte da lei, a diferença não é grande.

Para o Estado hebraico, a decisão de partir para Israel é uma *Aliya*, uma "Ascensão", e não uma migração. Do mesmo modo, a lei que regula a nacionalidade é a do "retorno". Para o sionismo, ser judeu é, simultaneamente, ter uma religião, uma origem e uma terra. Mesmo que muitos filhos de mãe judaica não sejam crentes e que a descendência de muitos crentes nada tenha a ver com o mito das origens hebraicas. Esta é a próxima viagem.

PEQUENA PARAGEM EM DJERBA

Djerba é uma estância balnear igual a tantas outras. O principal interesse desta ilha tunisina é humano. Ainda aí vive uma pequena comunidade judaica. Eles são os últimos de uma minoria que, nos anos 50, chegou a ter 100 mil pessoas. Hoje não passam de algumas centenas. Vivem em dois bairros, o "grande" e o "pequeno", ambos modestos. Tão modestos como antigos são os ofícios que praticam. Vivem em lugares diferentes porque pertencem a distintos ritos, mas ambos se encontram com os familiares que imigraram na festa da Primavera, que celebra o Êxodo dos escravos do Egipto. As festividades decorrem na Ghriba, a principal sinagoga da ilha, e no seu caravanseral, que ficam a alguns quilómetros do centro da vila.

Em 2002, a Al Qaeda atirou com um camião de explosivos contra os muros do complexo. Morreram 20 pessoas. Quando lá estivemos, em 2004, a celebração ainda se ressentia do atentado. Era bem mais pequena do que em anos anteriores, mas nem por isso menos animada. Um cristão de ocidente dificilmente a veria como uma festa hebraica. Na sinagoga não se reza, também se reza. No seu interior, as pessoas lêem, trocam confidências bisbilhoteiras e dormitam enquanto o guarda serve aguardente e as crianças exercitam a inteligência dos dedos em jogos electrónicos. Os mais supersticiosos também têm o seu canto de eleição. Por detrás de uma portinhola incrustada numa das paredes, esconde-se um pequeno gaveto onde as mulheres colocam ovos com os seus nomes e velas. O pivete não se recomenda. Ao calor das velas, os ovos cozem para serem depois comidos, um sinal de boa fortuna. A segunda sala da sinagoga tem as paredes carregadas de mãos de Fátima e peixes com promessas de bons augúrios, além de algo a que um cristão talvez chamasse "altar". Aos olhos de um leigo, a Ghriba é um santuário pagão. Ao lado, no caravanseral, chegará à mesma conclusão.

Os autóctones e familiares que ocupam a praceta divertem-se perdidamente com um leilão de ofertas à Manara, o altar da procissão que se seguirá. As mulheres acompanham os velhos músicos e os lances com aquele som que só as línguas enroladas das árabes e berberes conseguem produzir.

Que tem esta descrição a ver com as imagens que conhece do Muro das Lamentações? Ou com os filmes de Woody Allen? Nada, salvo que está diante de três diferentes expressões de cultura judaica. A que acabei de descrever é magrebina, árabe e berbere, portanto. Os familiares que visitavam a comunidade eram, na sua maioria, franceses. Porque foi para França e não para Israel que a maioria partiu nos idos de 50 e 60 do século passado, como tantos outros tunisinos de fé muçulmana.

O terrorismo do integrismo islâmico é, além de bárbaro, ignorante. O atentado foi dirigido contra árabes e berberes de religião judaica. A tradição oral do lugar conta que a primeira comunidade chegou à ilha em barcos fenícios e que outra se teria seguido à destruição do Templo pelos romanos. A ter fundo de verdade, esta lenda não sela um destino racial ou étnico. Mesmo que tais comunidades se comportassem de forma estritamente endogâmica, o que é mais do que duvidoso, acolheram judeus das várias tribos berberes que foram judaizadas ao longo dos primeiros séculos da nossa era. Ao contrário do que reza o mito, o judaísmo foi prosélito. Em Cirene e em Cartago existiam fortes comunidades judaicas. Quando o cristianismo se começa a implantar no Mediterrâneo, muitas hesitam. A hibridez marca a vida religiosa da época. Paulo de Tarso tinha até uma classificação para elas: eram "tementes a Deus". Quando as cidades do império romano entram na sua longa agonia, as migrações são inevitáveis. Algumas comunidades fiéis à Tora espalharam-se pelo Sara. Os frutos dessa dispersão revelam-se mais tarde. Quando, no século VII ec, os árabes do Islão se dirigiram para ocidente, defrontaram a resistência berbere. Durante oito anos ela foi dirigida por uma mulher, Kahina, que professava a religião dos hebreus. A confederação guerreira perdeu, mas várias das suas tribos encontrar-se-iam, cem anos depois, na primeira linha da aliança árabo-berbere que iria transformar radicalmente o Sul da Península Ibérica.

Vários comandantes militares e administradores das grandes cidades da Andaluzia eram judeus – berberes judeus. A mistura dos conquistadores com as extremosas peninsulares não deu mau resultado. Foi no Al-Andalus que floresceu a mais sofisticada cultura islâmico-judaica da Idade Média. Os berberes judeus não falavam hebraico nem aramaico, embora se reconhecessem no Velho Testamento. Criaram a sua própria língua, o ladino.

Não foi apenas na Península Ibérica que as sementes da Kahina frutificaram. Ibn Khaldoum refere a existência de tribos nómadas judaizadas, bem mais a Sul, nas entranhas do Sara e em plena África subsariana. Um reino judaico-berbere sobreviveu até ao fim do século XV.

Os descendentes dos primeiros colonos de Djerba são, portanto, árabo-berberes. Se não partiram para Israel é porque continuam fiéis à tradição "quietista" dos seus antepassados – a de que o Messias desceria um dia para fundar Israel, mas quando Ele, e não os homens, assim o decidisse.

E não é tudo.

DESVIO PELA LENDA DA TRIBO PERDIDA

Há dez anos, para uma outra série de documentários – o *Mar das Índias* – uma pequena equipa viajou numa máquina do tempo até aos altos planaltos da Etiópia. Lá, seguimos fielmente as instruções de um padre português, Francisco Álvares, que visitara as terras do Preste João no século XVI. As memórias que deixou tinham, ainda, a actualidade de um guia turístico. No Lago Tana, um mar salgado a mais de dois mil metros de altura – que luta ciclópica os elementos aí travaram! –, as embarcações ainda se fazem com molhos de canas de papiro atadas. Duram menos de um mês. As tecnologias usadas nos estaleiros do Cairo, há mil anos, eram seguramente mais sofisticadas. Nas feiras de aldeia em redor do lago, a troca por troca ainda rivaliza com a moeda. Também essa seria a norma nos antigos mercados egípcios. Mas os do Cairo e de Alexandria do ano 1000 já tinham cambistas e infra-estruturas de acolhimento para comerciantes e viajantes. Afinal, podemos imaginar como era a vida dos antigos. Eles ainda estão entre nós.

A viagem à Etiópia, um país onde a esperança média de vida deve rondar os 45 anos, foi um verdadeiro choque. Estivemos em Lalibela, a cidade santa dos coptas dos altos planaltos. Imita Jerusalém até no nome que puseram ao fio de água que a percorre – o Yordanus. Sentimentos contraditórios, de impotência e raiva, tomaram conta de nós. Na véspera do Natal, milhares

Etiópia, Igreja monolítica de S. Jorge, escavada na rocha, em Lalibela.
No plano seguinte, outro aspecto da mesma igreja.

de etíopes afluem ao santuário. Por uma das estradas de acesso, vimos corpos de peregrinos em pele e osso acabarem, exangues e esgotados, a sua caminhada pela vida. Ali estavam nas bermas, devolvidos ao pó, com os outros, os ainda vivos, prosseguindo a sua marcha, indiferentes àquele destino. Não os julgue. Por lá, a morte é banal e, não raro, um alívio.

Em seguida, assistimos a uma cerimónia interminável, de 24 horas, em redor de uma das várias igrejas monolíticas, de uma só pedra, que o santuário oferece. São escavadas na rocha, ou seja, "crescem para baixo", separadas umas das outras por muros altos. Cada igreja tem o seu fosso e é aí que decorrem as festas litúrgicas. Aquele em que estivemos encontrava-se literalmente apinhado e o mesmo sucedia com os topos dos muros envolventes, onde se podia tentar ver o que estava a acontecer em baixo. Ninguém se mexia, sob pena de queda. As pessoas, sabe Deus como, amparavam-se umas nas outras, acocoradas. Nesta posição aguentaram tarde e noite. Rezaram, dormitaram e defecaram onde se encaixaram. Traziam consigo missais, mas não os sabiam ler. A maioria era analfabeta e os que não o eram não tinham como ler a escrita dos padres, que é só deles e do Eterno que a inspirou. Em consequência, também não percebiam patavina dos cânticos dos dabtaras, os padres cantores. Para os nossos códigos, aquela miséria infinita em forma de fé era simplesmente pavorosa. Foi nessa altura que me lembrei que as missas em latim não acabaram assim há tanto tempo.

A vida dos antigos era mesmo muito, muito precária. Um cataclismo, uma mazela, um bando de gafanhotos ou de homens armados, uma zanga infectada ou uma doença desconhecida levavam-na para o outro mundo, o que quer que isso fosse. A fé fazia parte do dia-a-dia porque o povo tinha que se agarrar a qualquer coisa. Milagrosa, tornava suportável o drama da existência. Os homens que perceberam isso antes dos outros usaram a vantagem. Eis porque a religião, amparo dos fracos, foi sempre o alimento dos fortes. Política e religião de mãos dadas, pois claro. A segunda informava e confortava a primeira. Era a sua cultura.

Na Etiópia dos coptas essa cultura adquiriu forma de lei num Livro de Glória de Reis, o *Kebra Negast*. Escrito pelos coptas alexandrinos que deram às terras altas nos primeiros séculos do primeiro milénio da nossa era, selou uma aliança de ferro entre a fé dos missionários brancos e o négus, o chefe da principal etnia do território, os ahmaras. O Livro elevou o títere à condição de imperador cristão por muito que, na prática, o lendário Preste João não passasse de um vulgar cobrador de impostos que se deslocava de lugar em lugar levando atrás de si uma esfarrapada cidade ambulatória. Quando faleceu o último négus, Hailé Selassié, os padres coptas detinham 40 por cento das terras altas e o protocolo de Estado garantia aos súbditos que ele fora o 224º imperador de uma linhagem ininterrupta, cuja origem remontava a uma história de amor com três mil anos.

Exacto. Diz a lenda que foi nessa época longínqua que uma poderosa embaixada do reino de Mar'ib, liderada pela mais bela das rainhas africanas, visitou Salomão em Jerusalém. Este, apesar de confortado por 700 esposas, sucumbiu aos encantos da visitante, a lendária rainha de Sabá, a que os etíopes dão o nome de Makeda e os muçulmanos, Balkis. Desse "coup de foudre" nasceu Melenique. O príncipe cresceu na Etiópia mas, adulto, quis regressar a Jerusalém para conhecer o pai. O encontro real deve ter sido problemático, porque Melenique roubou a Arca da Aliança. Com a ajuda de uma tribo hebraica, trouxe-a para a Etiópia através dos céus, porque a fuga se fez em carros com cavalos alados. Fantasia? Por favor, acredite, nem que seja porque eles acreditam mesmo e a estória ainda não acabou.

Assistimos ao Timkat, a festa que assinala a Epifania, em Gondar, a segunda cidade dos planaltos. O povo canta e dança sem descanso e de madrugada purifica-se mergulhando nas águas santas de um tanque de duvidosa salubridade. A celebração, como a precedente, transpira África por todos os poros. O único sinal de gravidade é dado pelos padres que transportam, sobre as cabeças e debaixo de chapéus-de-sol de cores garridas, réplicas da Arca da Aliança. A Arca é a representação de Deus, o mandamento e a originalidade desta variante do cristianismo copta.

Garantem os padres coptas que a Arca original se encontra em Axum, a cidade do Norte, na igreja de São Simeão, e não no Egipto, onde Indiana Jones a procurou. De qualquer modo, ele não a poderia visitar. O guardião que impede a entrada aos curiosos nunca abandona a casa de oração. Dorme com a Arca até Deus o chamar, o que acontece com frequência. Para este último facto há duas explicações. A primeira tem mistério: se a Arca lá está é porque existe; se existe, tem poderes mágicos; se os tem, é provável que sugue a vida a quem a protege porque assim foi no Sinai. A segunda hipótese é mais corriqueira: o guardião deve estar farto de responder sempre do mesmo modo ao mesmo pedido que os visitantes lhe fazem – *deixe ver para acreditarmos* – e decide mudar de vida ou pedir à Arca que o leve para o Céu. De facto, que sentido tem passar a vida a repetir a mesma ladainha: *"Se acredita, porque precisa de ver? Se não acredita, porque é que a quer ver?"*

Espertos, estes coptas. Mas mais espertos ainda foram os israelitas que, em 1985 e em 1991, montaram as operações "Moisés" e "Salomão" com o objectivo de levarem a tribo perdida da Etiópia – a que acompanhara Melenique – para a Terra Prometida. A primeira operação – que, como a segunda, foi preparada pela Mossad e pela CIA – levou oito mil falashas para Israel, através do Sudão. A segunda, pecuniariamente acertada com Mengistu Mariam, o imperador que se dizia comunista, transportou outros 14 mil através de uma ponte aérea de 41 voos, realizada num só sábado.

Os cínicos dirão que Telavive estava carente de mão-de-obra barata. A minha interrogação, de momento, é outra: porque há-de ser "lenda" a saborosa história de amor entre Salomão e a rainha de Sabá, e "factos históricos" as sagas de Abraão, de Moisés ou de David? Afinal... não foram os israelitas resgatar os descendentes de Menelique?

A PROMESSA, SEGUNDO A BÍBLIA

Abraham Ibn Ezra, um poeta judeu de Toledo, do século XII, foi quem primeiro se atreveu a questionar a Bíblia como livro de História. O andaluz não acreditava em demónios e tinha as suas dúvidas sobre a autoria do Pentateuco. Seis séculos passaram até que outro judeu, este de Amesterdão e de origem portuguesa, Bento Spinoza, e um padre cristão francês, Richard Simon, arriscassem as primeiras tentativas de leitura racional do livro sagrado. Como reconhece frei Francolino Gonçalves, um investigador dominicano português que vive em Jerusalém desde 1969:

"Tradicionalmente, tomava-se o Antigo Testamento à letra e, em nome da inspiração divina que se lhe reconhece, tinha-se por inteiramente fidedigno, não só o relato da história do povo hebraico, mas também o das origens do mundo e da Humanidade. Julgava-se até poder datar estes últimos acontecimentos. Segundo a era judaica, 2004 corresponde ao ano 5.764 da criação..." [111]

[111] In *Os Estudos Bíblicos Hoje*; revista do Instituto de São Tomás de Aquino, n.º 17.

Infelizmente, a frase não pode ser colocada no pretérito perfeito. Muitos crentes continuam a acreditar que o que a Bíblia nos conta aconteceu de facto. Isto é tão verdadeiro em Israel como na Etiópia ou nos EUA, onde as igrejas neopentecostais dispõem de milhões de adeptos e de uma rede de universidades e institutos destinada a provar que "a história bíblica é a verdade da história do mundo". Estudos de opinião recentes, realizados nos EUA, confirmam a influência desta corrente de opinião: a maioria dos norte-americanos acredita nos "factos" da Bíblia e até nas suas mais terríveis projecções, como o Apocalipse.[112] Acreditam nelas tanto quanto os coptas etíopes no seu Livro dos Reis... O problema é que, tomada à letra, a Bíblia é um livro perigoso. Eis como no *Génesis* se formula a primeira Promessa de terra:

> *"Naquele dia, o Senhor concluiu uma aliança com Abraão, dizendo-lhe: dou esta terra à tua descendência, desde o rio do Egipto até ao grande rio, o Eufrates. A terra dos quineus, dos queniseus, dos cadmoneus, dos hititas, dos periseus, dos rafaítas, dos amorreus, dos cananeus, dos guirgaseus e dos jebuseus."* [113]

A oferta a Abrãao foi renovada por Iavé a Moisés:

> *"Por isso desci a fim de o libertar da mão dos egípcios, e de o fazer subir desta terra para uma terra boa e espaçosa, para uma terra que mana leite e mel, terra do lugar do cananeu, do hitita, do amorreu, do perizeu, do heveu e do jebuseu."* [114]

Nos dois casos, a terra que Deus oferece aos seus aliados já está habitada por outros. Os nomes desses povos ou tribos mudam ligeiramente, mas são muitos – onze no primeiro caso e seis no segundo. A escala do território oferecido não é menos preocupante. Oscila entre um "grande Israel" e um "pequeno Israel". Mas em qualquer caso constitui uma promessa de guerra eterna. É em passagens como esta que os "literalistas" encontram legitimação para os mais desvairados sonhos de conquista.

Quando a dimensão religiosa se juntou à vontade política do sionismo, a osmose transfigurou a própria fé. Não é por acaso que Athur Koestler distingue entre judaísmo e "religião israelita":

> *"A religião israelita (diversamente do cristianismo, do Islão e do budismo) supõe a pertença a uma nação histórica, a um povo eleito. Todas as festas israelitas celebram acontecimentos da História nacional: a saída do Egipto, a revolta dos macabeus, a destruição do Templo. O Antigo Testamento é, para ela, acima de tudo um livro de História nacional; se ele deu ao mundo o monoteísmo, o seu credo é, todavia, mais tribal que universal. Cada oração, cada rito, proclama a pertença a uma antiga raça, o que coloca*

112 Informação contida na série *Os Enigmas das Escrituras Sagradas*, produzida pela National Geographic e exibida em Portugal em Agosto de 2008. A frase entre aspas sobre a Bíblia e a história encontra-se na introdução que o padre Carreira das Neves escreveu para a excelente edição ilustrada que o Expresso publicou em fascículos com trechos da Bíblia.

113 *Bíblia Sagrada*, Génesis, 15, 18-21, pág.43; edição da Difusora Bíblica, 2001.

114 *Bíblia Sagrada*, Êxodo 3, 8, pág.104, edição referida.

automaticamente os judeus fora do passado racial e histórico dos povos no seio dos quais vivem. A religião israelita, como o demonstram dois mil anos de tragédias, engendra nacional e socialmente a sua segregação." [115]

Os quineus e queniseus, os cadmoneus e os hititas, os periseus e rafaítas, os amorreus e cananeus e até os guirgaseus e os jebuseus de hoje subscreveriam decerto este ponto de vista. A pergunta é: porque aceitam eles a Bíblia como o primeiro Livro da revelação?

DESVIO PELA TERRA PROMETIDA

Em todas as viagens há momentos que o vento leva e outros que não se esquecem. Lembro-me daquela manhã em que partimos de Amã, a capital da Jordânia, para o Mar Morto, pelas sete e meia da madrugada. Alguém teve a peregrina ideia de colocar ao guia uma inocente pergunta sobre a Terra Santa. Para desespero da comitiva, creio ter sido eu. O palestiniano não se fez rogado. Ele tinha a Bíblia na ponta da língua e gostava de exibir os seus conhecimentos. Ahmad desfiou os episódios bíblicos enquanto olhávamos para a paisagem árida e nos aproximávamos do Mar Morto, 140 metros abaixo do nível do mar. Foi neste cenário abafado e desolado que fui colorindo as palavras do árabe com as memórias dos filmes bíblicos em 70 mm e technicolor. Funcionou às mil maravilhas. A paisagem árida e seca, que fugia à medida que avançávamos, encheu-se, por encanto, de fantasia.

Para Ahmad, as dez pragas do Egipto não eram uma alegoria, nem sequer uma adaptação livre e criativa de uma excepcional cadeia de acidentes naturais e humanos. Eram factos históricos indiscutíveis estabelecidos pelos profetas. Nessa sequência sangrenta utilizei o filme de Cecil B. de Mile com John Houston no papel de Moisés. Nele, o nosso intérprete introduzia apenas uma subtileza, imperceptível à memória visual, mas prenhe de consequências: as tribos do Êxodo, que a Bíblia atribui à linhagem deixada por Sara, mulher e meia-irmã de Abraão, seriam, também as descendentes da escrava que com ele copulou, Hagar, e da qual nasceram os árabes. *Si non é vero é benne trovato*, diriam os italianos. Com efeito, o relato bíblico diz-nos que a escrava Hagar e o seu filho Ismael foram expulsos da tribo de Abraão devido às invejas da intratável Sara. Em seguida, perderam-se no deserto. Ahmad enfatiza a sua salvação por um anjo e eu imagino Gabriel, de asas providenciais. Funciona de novo. Vejo-o distintamente salvando o recém-nascido, este a crescer e a sua descendência a espalhar-se por doze casas. Insiste Ahmad: *"Porque não teriam algumas dessas tribos chegado ao Egipto?"* Bela questão. Mas nesse momento a carrinha tinha chegado ao Mar Morto e a conversa interrompeu-se. Reflecti maduramente na retórica do palestiniano enquanto tentei, pé ante pé, caminhar por cima das águas. Inspirado, mas com uma

115 A. Koestler, in *La Treizième Tribu*, págs. 306 e 307, edição já referida, 2008.

réstia de racionalidade, admiti que o nível de salinidade autorizasse a levitação. Na terra dos milagres, porque não?

Não vos direi como correu a experiência. Saibam apenas que me teria faltado a ousadia se, então, conhecesse uma interessantíssima série documental em quatro episódios, intitulada *La Bible Dévoilée,* realizada em 2005. O seu registo foge quer à tradição devocional quer à moda esotérica. O trabalho segue, a par e passo, um livro com o mesmo título, de Israel Finkelstein, arqueólogo, e Neil Asher Silberman, historiador. Os autores cruzam a narrativa bíblica com as provas arqueológicas existentes e chegam a várias conclusões. A primeira é a de que é muito mais fácil escrever milagres do que fazê-los. Isso teria condicionado a minha temeridade.

Concentremo-nos de novo no meu amigo palestiniano. Ele teria sofrido se conhecesse o documentário. Para os seus autores, o problema de Hagar e de Ismael não era a inveja de Sara, nem sequer o facto desta ter sido protagonista da primeira procriação divinamente assistida da História quando deu à luz Isaac... com 120 anos de idade e a providencial ajuda de quatro anjos. O drama de Hagar e de Ismael é o de só terem existido em livro e, mesmo nessa satisfatória hipótese, mil e quinhentos anos depois do momento em que o relato bíblico os faz entrar em cena.

O obstáculo que se pode colocar à variante muçulmana do êxodo também não é a da ascendência das tribos, mas o de ter existido, o que coloca Moisés e Iavé em sérias dificuldades. Finkelstein e Silberman são, contudo, judeus piedosos. Sugerem uma hipótese bem plausível para a pergunta *"afinal, quem eram os israelitas?"* Note que coloco a pergunta no passado. É com ela que entramos na recta final desta digressão pela Cananeia. Aí nos encontraremos de novo com os fenícios e nos mais obscuros séculos da História do Levante. Mas não nos antecipemos.

O TESTAMENTO DA FUNDAÇÃO

Primeiro, a versão oficial: Moisés vê a Terra Prometida do alto do monte Nebo e por aí se fica. Lá em baixo estão o Mar Morto e o vale do rio Jordão e logo a seguir Jericó. Quem parte à conquista da terra do "leite e do mel" é Josué. 40 anos de deserto excitam a imaginação e foi nesse estado alarve que 30 mil homens tomaram em 15 dias todas as terras de Canaã. A descrição é a de um *blitzrieg*. As muralhas de Jericó caíram ao som das trompas celestes que acompanhavam a Arca da Aliança. Os vencedores entram na cidade e não poupam ninguém, nem as ovelhas e os burros, vá lá saber-se porquê.

A dificuldade da narrativa não é com as trompas de Iavé, literariamente plausíveis, mas com as muralhas propriamente ditas. Jericó fora, de facto, destruída, mas no século XV aec, e começou a ser reconstruída por volta de 1200 aec... sem muralhas. Parafraseando um arqueólogo bem-humorado,

Síria, lugar de Ruweiha. Nas páginas anteriores, por ordem: Etiópia, eremitas coptas em Lalibela, e pastores na nascente do Nilo Azul, Etiópia

> *"se querem um milagre, aí o têm, Josué destruiu uma cidade que não existia."* [116]

Podemos, portanto, absolver Josué. Por outro lado, se o ataque a Jericó nunca existiu, então também é improvável que o Senhor dos Exércitos, Iavé, tenha "imobilizado" o sol no céu para que a matança se pudesse consumar à luz do dia. Por este milagre-que-não-houve apenas sofreu, séculos mais tarde, Galileu. Este sábio não conseguiu explicar ao Santo Ofício como é que a sua tese – a mobilidade da Terra e a imobilidade do Sol – se compaginava com a vontade divina. Num ponto os inquisidores tinham inteira razão: Deus só pode imobilizar... o que se move.

A conquista, garante o relato, prosseguiu, cidade a cidade. Existem, com efeito, evidências de destruição noutras cidades das montanhas da Palestina. Quando, em 1948, se fundou o Estado de Israel, exércitos de arqueólogos, armados de picaretas, pás e pincéis, desceram sobre os lugares bíblicos e os primeiros achados pareciam dar razão ao texto. Assim como o novo Estado se acabara de fundar pela guerra, também há 3200 anos uma conquista precedera a formação da nação. Nessa altura,

> *"Não houve cidade que se rendesse pacificamente aos israelitas, à excepção dos heveus, em Guibeon. Foi necessário tomar tudo pela força das armas, pois era desígnio do Senhor que estes povos endurecessem o coração*

[116] Depoimento de Bryant Reich in *Os Enigmas das Sagradas Escrituras*.

Jordânia, vista da Terra prometida a partir do Monte Abu. Nas páginas 242/243, beduínos ceifando, Jordânia

238

e combatessem Israel, para que pudesse votá-los ao anátema sem piedade, e exterminá-los, como o Senhor ordenara a Moisés." [117]

Sucede que a campanha militar não podia ter ocorrido em 15 dias nem mesmo em 15 anos. As destruições existiram, mas ao longo de umas boas 15 décadas. Das descobertas apressadas da fundação de Israel, nada subsiste. Não houve conquista.

Como não houve qualquer "idade de ouro" no século X aec. No tempo de David, se David existiu, Jerusalém não era mais do que uma aldeia de 3 a 4 hectares, sem palácios nem templos. O que vale para o rei-pastor serve igualmente para o seu sucessor. À luz das evidências existentes, Salomão parece-se mais com um chefe de aldeia do que com um rei. Este ponto é decisivo, porque David e Salomão são, no texto bíblico, os responsáveis pelo único reino unificado da história hebraica. É neles que o mito materializa a promessa divina e se alicerça o "direito natural e histórico" à segunda fundação de Israel – três mil anos depois...

Foi tudo inventado? Nem por isso. Nas montanhas a Norte de Jerusalém há ruínas que confirmam a existência de cidades com palácios e templos de dimensão apreciável, datáveis do século IX aec. É a Norte, nas terras que o relato classifica de "pobres" e "atrasadas", que repousam os sinais de algo parecido com uma "idade de ouro". As ruínas de Samaria, uma cidade-

[117] *Bíblia Sagrada,* Josué, XI, 19.20, pág. 324 da edição referida.

-capital construída de raiz, durante o reinado de Omri, são a prova disso mesmo. Contudo, existe uma séria dificuldade de concordância entre a Bíblia e os achados: o inspirado redactor bíblico define o referido monarca como debochado e idólatra.

As glórias atribuídas a Jerusalém são, na realidade, as de Samaria, um século mais tarde. Finkelstein e Silberman só por piedade evitaram acusar o autor do *Livro de Samuel* de infringir o nono dos Mandamentos: *"Não invejes a casa do teu próximo (...) nem nada que lhe pertença"*. Mas lá que merecia, merecia...

A HIPÓTESE BEDUÍNA

Jerusalém, no século X aec, é pobre e atrasada; Samaria, no século seguinte, é pujante. Nas montanhas do Sul da Cisjordânia não há templo nem palácio; a Norte, sim. Porquê? Os arqueólogos que nos guiam partem desta constatação para a sua hipótese: a origem dos israelitas deve ser procurada nos dois séculos precedentes, os do "buraco negro" que "engoliu" o Mediterrâneo oriental.

Foi durante esse período que várias tribos iniciaram o povoamento das terras altas da Palestina, então praticamente desertas. Tais comunidades dedicavam-se à pastorícia e trocavam as suas proteínas pelos cereais cultivados pelas populações sedentarizadas. Durante o "grande caos", as pequenas cidades de costa e a agricultura envolvente soçobram, rompendo o equilíbrio em que assentava o sistema de trocas. Condenados a terem que produzir os seus próprios cereais, os pastores subiram às montanhas.

Após a ocupação israelita da Cisjordânia, em 1967, os arqueólogos israelitas puderam esquadrinhar o território conquistado. Os achados confirmaram um movimento de povoamento lento, mas consistente, sem conquista e longe das tragédias ocorridas nas regiões costeiras. Os povos que chegaram às terras altas não construíram templos nem cidades. Montaram modestos acampamentos ovais com guardas para os animais. Eram, portanto, beduínos.

Quem tenha visitado a Cisjordânia sabe que a inclemência do clima e a abundância de água são muito diferentes nas montanhas do Sul ou mais a Norte. A aldeia continuou aldeia nas terras altas do Sul. Mas a Norte, a pastorícia e o cultivo de cereais foram acompanhados da vinha e da oliveira. Com o tempo, alguns dos acampamentos transformaram-se em vilas e cidades. O ciclo da vida foi mais rápido onde o clima e os recursos ajudaram. O mesmo se pode dizer da organização política e administrativa.

Seja como for, falar de "reinos" é excessivo. A Palestina de então é um mosaico de realidades tribais e clânicas que se recompõem num contexto regional que, entretanto, também se estava a modificar. No Crescente Fértil, os hititas tinham dado lugar aos assírios. No delta do Nilo, o Egipto lambera as suas feridas e preparava-se para defrontar o novo rival mesopotâmico. Entre estes colossos está a Cananeia, povoada por tribos a que a Bíblia deu vários nomes – edonitas a Sul, moabitas a Sudeste, israelitas nas terras altas do centro, amonitas mais a Norte... Há outros, mas estes chegam para se perceber o essencial: entre os dois impérios rivais temos frágeis poderes tribais que, nos melhores casos, administram vilas que são vassalas dos poderes fortes que as rodeiam. O Levante é um mundo de pequenas sociedades patronais que compram a paz contra tributo.

Avancemos no tempo. Em 722 aec, os assírios tomam as montanhas da Cisjordânia e Samaria é destruída. As tribos do Sul pedem protecção ao Egipto, sem sucesso. Judá aceita, em consequência, o tributo imposto pelos assírios e recebe grande parte da população do Norte. Em 40 anos, a pequena Jerusalém decuplica de população e de área urbana. No século VII aec já é uma cidade.

Do Norte não vêm apenas homens, mulheres e gado. Chegam saberes, lendas, hábitos e divindades, que cada tribo tem as suas. Nas ruínas de Samaria os arqueólogos encontraram estatuetas de deusas e também a de um touro. Nada de especial se pensarmos que este animal é uma das formas de Baal, a principal divindade da Mesopotâmia e das cidades fenícias e cananeias do Levante. Cada cidade tinha, aliás, um deus principal, o seu protector. Nas terras altas também era assim. O judaísmo ainda não nasceu.

De concreto, descobriram-se dois amuletos com inscrições em hebraico antigo, que se referem a Iavé. Não sabemos, sequer, se este era o deus principal de Judá, mas admitamos que sim. Seja como for, os refugiados do Norte trouxeram consigo os seus e os deuses nem sempre se sentam facilmente à mesma mesa.

DAS LENDAS E DOS MITOS

Como se formam as lendas e os mitos nas populações com culturas nómadas? As estórias reflectem, inevitavelmente, o seu movimento. Um historiador deste período, Robert Carroll, define-as como *"jornadas para dentro e para fora"*. Bate certo com as sagas do relato bíblico. Em hebraico antigo, êxodos, exílios e deportações são uma e a mesma palavra, "gôlâ". É a mudança no padrão de comportamento – a sedentarização – que transforma as memórias do movimento e as fixa no tempo e no espaço. Esse porto de abrigo, a cidade, é provavelmente provisório, mas isso não sabe quem conta. Movimento e chegada ao destino referenciam-se a um fundador, a um pai ou patriarca. A lenda de Jacob, que o *Génesis* transforma em Israel, depois de ter lutado com Deus, tem, aparentemente, origem nas tribos do Norte. Mas é a Sul, em Jerusalém, que os sacerdotes irão dispor de quase um século para misturarem a sua própria cosmogonia com as lendas que acompanham os que chegam. As rivalidades e diferenças de ponto de vista entre Eloím e Iavé encontram-se na própria Bíblia e traduzem diferentes experiências e memórias de estrada. Francolino Gonçalves sintetiza esta tensão, hoje aceite por muitos investigadores:

"As lendas 'patriarcal' e 'exodal' das origens implicam concepções diferentes – sob vários aspectos, opostas – de Iavé, de Israel e das relações entre ambos. Segundo a lenda 'exodal', Iavé é, antes de mais, o Senhor da história. Israel não é originário do território onde vive, mas imigrante nele. Iavé fez de Israel o seu povo, chamou-o do Egipto, fê-lo vir para Canaã e deu-lhe o seu país. Israel deve exclusivamente a Iavé não só a existência como povo, mas também o seu território. Israel não deve nada a mais ninguém nem a nada. Por conseguinte, Iavé é o seu único Deus, com a exclusão absoluta de qualquer outro.

Contrariamente à lenda 'exodal', a 'patriarcal' supõe que Israel, descendente do seu epónimo Jacob/Israel, é autóctone de Canaã. A existência de Israel explica-se pela sucessão genealógica, a qual funda e justifica o direito de Israel ao território que ocupa. O Deus da lenda patriarcal, tal como ressalta dos relatos do Génesis, é, antes de mais, o Senhor da Natureza, isto é, dos fenómenos relativos à fecundidade dos seres humanos, dos animais e do solo." [118]

As "duas lendas" não são "quimicamente puras". O modo como uma divindade se manifesta no círculo íntimo da família e do clã altera-se quando adquire dimensão no contexto de uma aliança tribal ou alcança estatuto de culto nacional ou religião de Estado. O "deus da casa" é mais convivial e digerível do que o senhor dos exércitos. Não exige exclusividade nem fidelidade porque uma e outra decorrem da vida quotidiana. Também não é incompatível com o deus do vizinho porque não concorrem entre si. Em certo sentido é um psicólogo dos tempos modernos – habituou-se aos desabafos, tristezas e alegrias do adepto. É uma criatura modesta, que "pertence à família" e que só muda de natureza se esta o promover. O busílis é o "upgrade". Gonçalves admite que a emergência de Iavé como senhor dos exércitos se processa em contexto de "aliança tribal" e que as suas exigências de exclusividade e intolerância só se afirmam quando o poder que o adopta carece de legitimidade divina para se afirmar.

RELER A BÍBLIA À LUZ DA HISTÓRIA

"A história da Bíblia é a história da sua interpretação e a verdade da Bíblia é a verdade da sua história." [119]

Quando é que os beduínos da montanha se transformam em "judeus"? Segundo Finkelstein, a resposta encontra-se no século VII aec, no reinado de Josias. Ele chega ao trono em 640 aec, com apenas oito anos de idade. Deixemo-lo crescer e atingir a idade adulta. É nessa altura que o rei assírio, a braços com problemas domésticos que se revelarão fatais, deixa as montanhas do Levante à sua sorte. Para Jerusalém, a oportunidade é, também, um problema.

[118] In *Os Estudos Bíblicos Hoje*; revista do Instituto de São Tomás de Aquino, nº 17.

[119] Carreira das Neves, in *Bíblia, O Livro dos livros*, pág. 20 do fascículo Grandes Mitos I; Expresso, 2006.

O jovem monarca sonha com a conquista dos territórios abandonados pelo poderoso vizinho, mas receia que a partida do protector estimule os apetites do faraó egípcio, que ameaça o flanco sul. A conjuntura é de excepção e a resposta vai ser surpreendente.

No reino, alguém descobre um texto antigo. Nele se conta a fantástica história da fuga dos escravos do Egipto, que estrutura o *Deuteronómio*, o último livro do *Pentateuco*. A sua narrativa é a de um pequeno povo eleito por um grande Deus e que foi capaz de vencer o maior dos faraós. Os "israelitas" devem a sua vitória a Iavé e à relação que Ele mantém com o "pai" da nação, Moisés.

Para a hipótese de Finkelstein, é irrelevante se o antigo manuscrito e o seu herói existiram ou foram inventados. Interessa-lhe a genialidade da construção teológica e a sua concordância com as urgências do rei. O manuscrito aponta o dedo ao inimigo e faz depender a Promessa de Deus – a Terra Prometida, ou seja, a absorção das terras do Norte por Jerusalém – da obediência à sua Lei, porque Iavé dá e tira em função do comportamento do povo. A reforma religiosa de Josias, na realidade a invenção do judaísmo, é um programa político: um só deus, um só culto, um só templo e uma só capital, Jerusalém.

Para uma comunidade que não chegava a ser, sequer, uma federação de tribos, a alteração é radical e não podia ser pacífica. Josias destruiu todos os templos, impondo, em contrapartida, um único, o de Jerusalém. O episódio do bezerro de ouro no Sinai é, a esta luz, particularmente instrutivo: no mito, Iavé esmaga o seu concorrente de Norte, El,[120] e massacra a multidão de infiéis. É bem provável que este sangrento episódio reflicta as disputas de obediência existentes no próprio reino. Contudo, a centralização política e religiosa também se terá realizado por assimilação. A genealogia dos patriarcas dá a Abraão o lugar cimeiro, mas absorve Jacob. Seja como for, o primeiro judaísmo é "sulista".

Vários historiadores aceitam a "hipótese beduína" de Finkelstein, mas não com o modo como ele vê a fundação do judaísmo. Não me deterei nessa discussão. Seja o judaísmo uma criação política do século VII aec ou uma construção cultural mais lenta que só virá a adquirir forma doutrinária três ou quatro séculos mais tarde, a novidade que este apresenta não é a da fusão entre Reino e Religião, comum entre as civilizações conhecidas, mas a da relação que se estabelece entre o novo deus e as suas criaturas. Iavé é, ainda, um deus mesopotâmico, mas exige da Humanidade bem mais do que ela se habituara a dar. Iavé é o primeiro deus que não precisa de imagem. É, primeiro, uma Arca e, logo a seguir, um rolo, a Tora. A sua superioridade é tal que, alguns séculos mais tarde, os sacerdotes não permitirão, sequer, que o seu nome pronunciado:

"De tal modo (...) que Yhwh se tornou no 'totalmente Outro', em luta aberta com todos os politeísmos e respectivas imagens." [121]

[120] El é o singular de Eloím. No início, o Único é ainda um plural.

[121] Carreira das Neves, in *Bíblia, O Livro dos livros*, pág. 44 do fascículo Grandes Mitos I; Expresso, 2006.

Este Deus, totalizante e totalitário, sem rosto e impronunciável, não se entende fora do seu tempo. Ele é parte integrante de uma grande aventura mediterrânica – a da conquista da abstracção. Séculos antes, um pouco mais a Norte, nas cidades de costa de Biblos e Ugarit, esse renascimento chegara, pelas mãos dos fenícios, à escrita alfabética. Agora, nas montanhas, atreveu-se à reinvenção de Deus. Um pouco mais tarde, dar-nos-á a moeda e a democracia, divindades de outras modernidades, mas filhas da mesma história.

UM PAÍS DE COLONOS E IMIGRANTES

Há pouco, saímos de Jerusalém em cavalos alados. A ela regressamos de avião, com os falashas, três mil anos depois. Não tiveram grande sorte, os da tribo perdida. Metade ainda hoje não escreve nem lê em hebraico. Logo à chegada, os judeus ultra-ortodoxos duvidaram da sua origem divina e obrigaram os desgraçados a segunda circuncisão. Os falashas saíram da pobreza de um país com a mania das grandezas, para as misérias de uma sociedade tão civilizada quanto intolerante. Porque chegaram tarde e eram pretos, estes etíopes puderam manter as suas crianças. Diversa foi a sorte dos seus vizinhos do Iémen, que nos idos de 50 também partiram para a terra que lhes prometeram.[122] À chegada, os miúdos foram entregues a famílias de judeus da Europa, para que fossem educados por famílias com sólidos valores ocidentais. Israel era dirigida pelos líderes das primeiras vagas de imigração, oriundas da Rússia e da Europa Central. Os askhenazim jogavam tudo por tudo no aumento demográfico da população judaica, mas não queriam ser engolidos por ele. Para os europeus, a Promessa não era Israel, mas um certo Israel. Sonegar as crianças aos seus pais era compreensível à luz de um objectivo maior:

"Não queremos que os israelitas se transformem em árabes. Devemos lutar contra o espírito levantino que corrompe os homens e as sociedades e conservar os valores autenticamente judaicos desenvolvidos na Diáspora." [123]

A preocupação demográfica, que nunca foi abandonada, seria mais bem sucedida no mundo árabe do que nos Estados Unidos e na Europa do pós-guerra. Ela encontrou, contudo, na queda do muro de Berlim, um novo suplemento de vida. Ao mesmo tempo que montava as operações para a tribo perdida da Etiópia, Israel recebia 900 mil imigrantes oriundos dos escombros da defunta União Soviética. Só a um terço desses "retornados" foi reconhecida a condição judaica. Apesar disso, não tiveram que ir à circuncisão e receberam, à cabeça, seis mil euros em shekels, a moeda local, além de inúmeras facilidades de instalação. Apetece dizer que não é difícil integrar imigrantes... desde que os candidatos sejam altos e loiros e se disponham a engrossar as fileiras das colónias.

    Nestes três exemplos se condensa o nascimento de uma nação. Israel começa por ser um incruste do Ocidente em terra do Oriente. Mas os caminhos

122 Os judeus do Iémen referenciam-se ao antigo reino de Hymiar, dos séculos VI e VII ec.

123 Ben Gurion, citado por Alain Gresh e Dominique Vidal in *Les 100 Clés du Proche-Orient*, pág. 438; Hachette Litératures, 2006.

da História são tão ínvios quantos os do Senhor. Sessenta anos bastaram para que Israel se transformasse naquilo que o seu "pai" mais temia: um país do Levante à moda do Levante.

O nascimento de uma nação nunca é um passeio pelo jardim. Israel não nasce melhor nem pior do que outras nações erguidas por colonos. Apesar das guerras e massacres, comparados com os aborígenes australianos, os aztecas pré-colombianos, os índios do Norte da América ou com os nativos das Áfricas coloniais, os palestinianos não saem a perder. O problema é que Israel não nasceu nos séculos XVIII e XIX, mas no exacto momento em que o mundo, saído da Segunda Guerra Mundial, se lançava na aventura da descolonização. A esta luz, o anacronismo não podia ser maior.

Raras vezes o nascimento de uma nação teve tão grande carga dramática. Ele dá-se quando uma Europa mal refeita de uma guerra que a esgotara se confronta com o horror do Holocausto e não sabe o que fazer com os milhares de sobreviventes dos campos de extermínio. Era-lhe muito fácil, em tais circunstâncias, redimir a culpa exportando o problema. Assim se cristalizou a lenda moderna de que a Palestina era *"uma terra sem povo para um povo sem terra"*.

Se combinarmos a memória e a experiência das perseguições anti-semitas na Europa com a dimensão teológica da promessa de terra, percebe-se porque é que, do lado dos colonos, se reuniram todos os ingredientes para uma luta sem quartel em nome da sobrevivência. Mas experimente agora colocar-se no reverso desta epopeia, na pele dos que sempre viveram na sua terra e que nada tinham a ver com as tragédias ocorridas na Europa. O que faria em tal circunstância? Eis porque é que o conflito israelo-palestiniano, que parece saído das guerras bíblicas, nada tem a ver com direitos de antepassados, mas com a titularidade das terras dos vivos.

Os leitores conhecem a minha análise sobre este conflito.[124] Não me deterei nela nem em apontamentos de reportagem das visitas que tenho feito à Cisjordânia e à faixa de Gaza. Há muitas e as melhores são, em regra, de jornalistas de Israel.[125] Partilho inteiramente da opinião de Arthur Koestler:

> *"O direito à existência de Israel não se funda sobre as hipotéticas origens dos judeus nem sobre a aliança mitológica entre Abraão e Deus; é fundado sobre a legislação internacional (…) e por isso existe de jure e de facto."* [126]

Vejo a Palestina como uma terra para dois povos. Os israelitas de hoje nada têm a ver com os de antanho, mas é na Palestina que vivem. Interessa-me pouco a opinião de Deus neste conflito. Com ou sem Ele, não tem saída pelas armas.

Não vejo como seja possível negar aos refugiados da guerra de 1948/49 o seu direito ao regresso. A expulsão de 700 mil palestinianos das suas terras e casas há 60 anos encontra-se largamente documentada. Na primeira linha dessa investigação estiveram e estão historiadores israelitas, como Benny

[124] Ver *No Labirinto, o Líbano entre Guerras, Política e Religião*; Almedina, 2007.

[125] De entre as edições em português, recomendo, em particular, *Beber o Mar em Gaza*, de Amira Hass, editado pela Caminho.

[126] Arthur Koestler, in *La Treizième Tribu*, pág. 305 da edição já assinalada.

Morris ou Ilan Pappe. O primeiro é hoje um "falcão", mas nunca renegou o seu trabalho pioneiro sobre o "pecado original" de Israel. Já Ilan Pappe publicou recentemente um livro[127] com abundante informação sobre o modo como essa limpeza étnica foi cuidadosamente preparada e, em seguida, apagada da história com igual premeditação. Tudo começou

"Na 'casa vermelha', que fazia o orgulho dos pedreiros e artesão judeus que a tinham construído nos anos 20 para ser a sede da união local do sindicato operário. Ela serviu para isso até ao dia em que, em fins de 1947, se transformou no quartel-general da Haganah, a principal milícia clandestina sionista na Palestina". [128]

Foi aí, entre cartazes de realismo socialista judaico, que

"A 10 de Março de 1948, numa fria quarta-feira depois do meio-dia, onze homens, velhos dirigentes sionistas e jovens oficiais judeus, acertaram os últimos retoques no plano de limpeza étnica da Palestina. Nessa mesma tarde, as ordens foram enviadas às unidades no terreno para prepararem a expulsão sistemática dos palestinianos de vastas regiões do país. Essas ordens seguiram acompanhadas de uma descrição detalhada dos métodos a empregar para evacuar os habitantes pela força: intimidação massiva, cerco e pilhagem das cidades e dos bairros, incêndio das casas, dos bens, das mercadorias, expulsão, demolição e colocação de minas nos escombros para impedir que os expulsos regressassem. Cada unidade recebeu a sua própria lista de aldeias e bairros alvo. O 'plano D' – tal era o nome de código – constituía a quarta e última versão dos planos menos desenvolvidos que esquiçavam, em grandes linhas, o destino que os sionistas reservavam à (...) população indígena". [129]

Invocando um evento idêntico, mas "ocorrido" há dois mil anos, os israelitas afirmaram de armas na mão o seu *direito histórico e natural* ao retorno. Sabe-se hoje que essa expulsão, seguida de exílio, nunca existiu.[130] Mas esse é um assunto para os historiadores. Nenhuma política razoável se pode erguer sob argumentos de legitimidade milenar. Que os adversários discutam as modalidades concretas do direito ao retorno, mas não o princípio em que assenta. Nenhum conflito pode sarar sem enfrentar as questões difíceis. Pessoalmente, gostaria de ver a Palestina como uma terra de acolhimento, que israelitas e palestinianos fossem capazes de administrar em conjunto e em pé de igualdade. Mas o óptimo pode ser inimigo do bom. Se as partes querem viver separadas porque as feridas do último século ainda sangram, que assim seja. Um dos meus amigos israelitas sintetizou muito bem o seu desejo: "o que quero é a Paz agora, enquanto estou vivo". Como o compreendo!

127 *Le Nettoyage ethnique de la Palestine*; Fayard, 2006.

128 Obra referida na nota anterior, pág. 10.

129 Idem, pág. 10.

130 A ideia de que os romanos, depois da última revolta judaica contra o império, teriam deportado dezenas ou centenas de milhares de judeus não encontra qualquer apoio na documentação histórica da época. Shlomo Sand demonstra que esta é uma lenda tardia, sedimentada pela historiografia proto-nacionalista do início do século XIX.

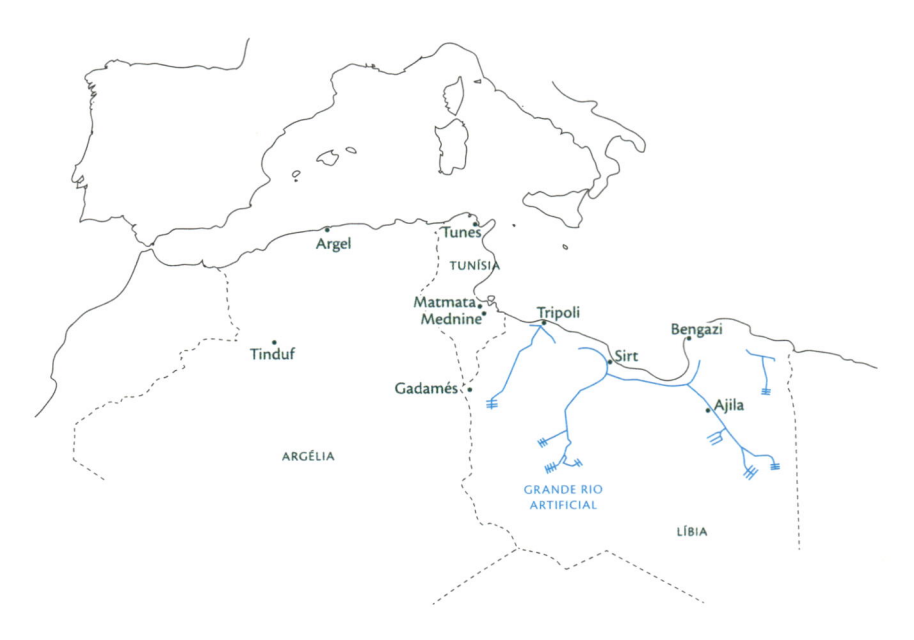

LÍBIOS
A MANIA DAS GRANDEZAS

As pedras dispersas pela planície, cobertas de areia, representam soldados de baioneta e camponeses e camponesas com charruas e animais de tracção. Está, também, por ali, o rosto do conducatore. São pedaços do Arco do Triunfo inaugurado por Mussolini em terras líbias, em 1937. Nesse ano, o ditador ainda prometia aos italianos um novo império de mil anos em terras de África, digno do mais perene que o Mediterrâneo conhecera. Era um anacronismo, claro. Mussolini sabia que a unificação das tribos itálicas e das cidades helénicas e cartaginesas da grande península fora alheia a qualquer ideia ou sentimento "nacional", tal como, contemporaneamente, o entendemos. Mas a política é matreira e o fascista decorava de glórias passadas o seu próprio futuro. Ele era a reincarnação dos Césares, na palavra e no gesto.

Pelo menos, herdara a anexação militar da Líbia, ocorrida 26 anos antes. Seguiu-se uma colonização coxa e atribulada, oferecida à pobreza siciliana como alternativa à emigração para os Estados Unidos da América. A Líbia não tinha o atractivo das fotografias que chegavam do Atlântico, com árvores de fruto repletas de moedas de oiro, mas transformava camponeses sem terra em proprietários. O rei Vittorio Emanuelle III garantia a cada família um pedaço de terra e, nesta, uma casa, um poço, maquinaria elementar e animais. Para quem nada tinha, representava um novo começo em terra virgem. Partiram 120 mil.

Nenhuma promessa de tão vasto alcance durou tão pouco. A II Guerra Mundial afogou as ambições imperiais do fascismo. No Magrebe, o exército

Líbia, restos do Arco do Triunfo de Mussolini, no lugar de Siltar.
Na entrada de capítulo: Líbia, café em Bengazi

de Mussolini engole a areia que pisa. Apesar disso, os colonos sobrevivem à derrota militar. Os seus últimos 18 mil descendentes só abandonarão a Líbia no Verão de 1970.

O retorno dos italianos não foi tão atribulado quanto os de outras paragens. Poupados à ira popular, puderam levar as mobílias e bens de uso pessoal. Deixaram propriedades, imóveis e ainda 15 mil milhões de liras nas contas bancárias de Tripoli. Não se impressione porque a moeda italiana valia pouco. Mais impressivo é o inventário de bens que deixaram no país. Ele regista, por exemplo, 400 mil oliveiras e meio milhão de vitelos. Eram trabalhadores, estes sicilianos.

Os colonos foram despejados na sequência do golpe militar que, em 1969, depôs o rei Idris I. Atribuir ao líder da principal confraria islâmica do país o estatuto de monarca é, porventura, excessivo. O trono não existia, teve que ser inventado. A monarquia líbia foi uma dádiva de terceiros e não o resultado de uma tradição ou de uma independência conquistada. No rescaldo da II Grande Guerra as antigas potências coloniais não podiam continuar a governar directamente as suas colónias. Ingleses e franceses, com interesses na região, entenderam-se e Idriss I, que podia reivindicar uma herança de resistência da sua confraria à ocupação italiana, foi o resultado.

Os golpistas eram jovens, idealistas e sectários. Queriam acabar com o protectorado e devolver a Líbia aos líbios. Cumpriram a promessa.

Líbia , estátuas de bronze dos irmãos Filleni, no lugar de Siltar.
Nas páginas seguintes: cafés de estrada entre Sirt e Bengazi

A estrutura fundiária herdada da colonização não foi tocada; apenas mudou de mãos. Mesmo a pequena moradia siciliana, de um piso e com alpendre rematado em arco redondo, subsiste nas pequenas propriedades da Cirenaica. O novo proprietário não a ocupou nem a demoliu. Ao lado, construiu a sua, que só se distingue daquela porque os arcos do alpendre são em bico, à moda árabe. Houve, contudo, uma mudança: como a agricultura não se encontra entre as qualidades dos líbios, a terra é trabalhada por felás do Egipto. São tão bons quanto os sicilianos... e podem ser pagos em espécie. O Mediterrâneo também se repete nas suas manhas e mazelas.

Repete-se até no ritual do derrube das estátuas que acompanhou a partida dos últimos colonos. É essa a história que contam as pedras do Arco do Triunfo de Mussolini, dispersas e cobertas por areia. Nenhum império dura para sempre e o dos italianos não passara de um sonho acordado.

O SACRIFICIO DOS IRMÃOS FILLENI

No topo do Arco do Triunfo o escultor colocou em lugar de honra duas magníficas estátuas de bronze. A história dos dois irmãos que elas representam merece ser contada. Há muito, muito tempo, uns dois mil e quinhentos anos pelas nossas contas, os púnicos de Tripoli e os terianos da Cirene desentendiam-se regularmente sobre as fronteiras dos respectivos territórios.

Entre a Tripolitânia e a Cirenaica, as areias do Sara chegam, amiúde, ao próprio mar. São centenas de quilómetros de terra inóspita que só os nómadas da região e as caravanas, oriundas da África continental, atravessavam. Por causa dos direitos de passagem nesta fronteira de vento e comércio, se confrontavam as lideranças dos dois maciços montanhosos, até que alguém que a História não regista, mas devia, sugeriu que o conflito se dirimisse com uma corrida. As partes aceitaram e assim se fez: os de Tripoli e os de Cirene lançaram, no mesmo dia e à mesma hora, dois pares de atletas numa corrida que terminaria onde eles se encontrassem. Aí se marcaria a fronteira.

Os irmãos Filleni correram como o vento e a fronteira foi marcada a Este de Sirt, num porto de escoamento de caravanas que hoje se chama Sultan. Os cirenaicos, descontentes, contestaram o resultado. Para evitarem nova guerra, os heróis de Tripoli, ofereceram as suas vidas ao altar dos derrotados. Assim termina a lenda que as duas estátuas de bronze evocam. Só não se percebe porque é que Mussolini, que se inebriava com guerras e conquistas, aceitou que o seu Arco homenageasse uma mensagem de paz. Se calhar, não conhecia a lenda.

A corrida é também uma metáfora da própria Líbia, que não é bem um país, mas três numa imensa fornalha. Nas profundezas do deserto, a fixação só é possível em oásis que quase se podem contar pelos dedos das mãos. A terra atravessa-se de Sul para Norte, até à estreita faixa costeira, porque essa é a direcção da vida e o sentido da riqueza. Depois, a Líbia oferece dois outros países, polarizados a Este e a Oeste pelas únicas regiões húmidas que conhece, as dos maciços de Cirene e Tripoli. Mas entre ambas e para lá delas, manda sempre a travessia, agora entre Este e Oeste. Durante milénios foi este o destino, como se o tempo tivesse sido suspenso pelo Sol e em terra mandassem apenas as areias, os ventos e as tribos nómadas de berberes.

E DE REPENTE, A MODERNIDADE

A vida, que escorria com todo o tempo do mundo, imitando-se de geração em geração, foi, nos últimos 40 anos, literalmente aspirada pela Modernidade. Como se verá, não é impunemente que, num piscar de olhos, se passa da tenda e do camelo à corte de regras e comodidades da vida urbana e ao automóvel. Para o visitante, é uma experiência inesquecível, umas vezes hilariante, outras irritante, mas sempre e sempre surpreendente.

O primeiro choque apanha-se logo à saída do aeroporto, mal nos metemos à estrada. As bermas são o cemitério dos plásticos e detritos dos líbios. Aquela gente não faz a menor ideia do que seja o asseio fora de portas. Ninguém presta a menor atenção ao que é de todos e essa não parece ser uma prioridade do Estado.

Bengasi, a segunda cidade da Líbia, ilustra muito bem esta "disfunção". Situada sobre o mar, numa imensa baía, a sua marginal oferece um cenário das Arábias do século XXI. Ao fim do dia, com o Sol a cair e as luzes dos edifícios modernos a acenderem-se, parece de outro lugar. Quem ali aterre sem ter visto mais nada, só pode perguntar: "*Isto é a Líbia? Não, não é possível!*" É possível, sim. Quem tem petróleo, tem possível. O problema é quando se passa à cidade por detrás do postal, a do comércio pobre, das ruas sujas e das fachadas gastas. Não é preciso caminhar muito. A verdadeira cidade começa logo na primeira ou segunda paralela à marginal. O descuido não é uma originalidade líbia, mas um entranhado hábito que tanto se encontra no Cairo como em Amã ou em Palermo. Aqui nota-se mais, talvez porque os nossos olhos não tenham muito por onde se distraírem. Bengasi não é nova nem antiga; é monótona.

O desleixo líbio não decorre da pobreza, mas da explosão urbana e da modernização. O povo não é pobre, longe disso. Num país de cinco milhões de almas, circulam quatro milhões de automóveis. Como mais de metade da população tem menos de 15 anos, dá dois por cabeça... Nem se diga que tal índice de motorização, de nível europeu, se deve a um parque automóvel idoso e poupado. Velhos são os parques do Cairo ou de Damasco. Mesmo o de Lisboa. O da Líbia é Daewoo e Fiat de última geração. As únicas velharias que circulam nas estradas e ruas são os transportes públicos, não porque sejam antigos, mas porque os utilizadores são pouco cuidadosos.

Não queremos abusar das más impressões. No museu de Tripoli, mal se entra na grande sala de apresentação, túmulos romanos e estátuas de recorte clássico rivalizam com um carocha. Exactamente, um Volkswagen carocha. Era nele que o Grande Líder se deslocava, antes do golpe militar contra o monarca que fingia governar o país. Deixe de lado a originalidade de um museu em formato "viagem no tempo", onde não faltam, sequer, os coloridos trajes tribais que envergonham as austeras túnicas de pedra branca das estátuas gregas e concentre-se sobre o essencial: se, em 1969, um jovem coronel conspirava de carocha, é porque o povo andava a pé e os sheiks de burro ou a camelo. Em 40 anos, este mundo passou do tempo de sempre ao presente. É este o curto-circuito líbio, um choque temporal que não pediu licença para se anunciar e que emerge quando e onde menos se espera. Exemplo? Perguntámos ao guia porque é que as corridas de camelos tinham sido proibidas pelo regime. A resposta dele foi "*porque Kadhafi adora camelos e quer que o povo os trate bem e os respeite.*" Antigo e moderno: que as associações de amigos dos animais se reclinem respeitosamente ante o mais alto magistrado da Jamahiria...

O ENIGMA DE UM LÍDER

A ocidente, a ideia que se tem de Kadhafi é a de um ditador trágico-cómico. A sua imprevisibilidade, a mania de andar com a tenda às costas e o seu inesgotável guarda-roupa cristalizaram essa imagem. Por sugestiva que seja a caricatura, vale a pena evitar as simplificações. A vocação teatral de Kadhafi não é a de um canastrão, mas a de um líder que dá valor aos símbolos.

Kadhafi não nasceu em berço de oiro. Passou a infância entre os seus, uma tribo berbere da região de Sirt, hoje a terceira cidade do país. A sua educação religiosa foi tradicional antes de ingressar no ensino secundário. No liceu revela-se um aluno aplicado, bem como na universidade, onde se licencia, com distinção, em Direito. O jovem Kadhafi opta, em seguida, pela carreira militar, uma escolha que vários líderes árabes da sua geração também farão. As Forças Armadas constituíam um meio privilegiado de ascensão social, de informação e até de contacto com as ideias que circulavam pelo mundo. Foi na tropa que muitos dos futuros líderes aprenderam a conspirar pelas ideias de independência, soberania, progresso e modernidade. Kadhafi não foi excepção. Concluiu a sua formação militar em Inglaterra, no colégio da British Army e só depois regressou à Líbia, como oficial do Signal Corps, em 1966. Tinha aproveitado do ocidente o saber técnico, mas o seu modelo é Nasser, que governa no país vizinho. A figura do líder egípcio contrasta com a do monarca a quem deve obediência. Kadhafi sabe que a independência do seu país é uma tutela, uma mentira que mantém o povo no atraso e na pobreza. Ele e os seus pares têm vergonha de um regime que não consegue ser dono, sequer, do petróleo que possui. Enquanto os vizinhos afirmam a sua soberania, o orçamento líbio do final dos anos 60 continua a depender das rendas pagas pelas três bases militares estrangeiras instaladas no país. Não podia durar e não durou.

O coronel Kadhafi, com 27 anos de idade é, antes do mais, um nacionalista árabe. É nessa ideia que converge com a maioria dos seus pares. Mas não é só isso. A Líbia é uma terra de atravessamento, um território de tribos e histórias nómadas. O kadhafismo é também um unionismo tribal, que tribal era – e continua a ser – o tecido social e cultural do país. O guarda-roupa do Grande Líder não é, por isso, uma mera questão de gosto pessoal. As suas túnicas, embora de alta-costura, dão visibilidade à identidade árabe e berbere. Neste aspecto, imita mais os sauditas do que Nasser, que trajava à ocidental.

Três elementos ligam a Líbia e a Península Arábica: areias, petróleo e estrutura social tribal. Alguma coisa os seus diferentes líderes teriam que ter em comum. Com os príncipes do Golfo, Kadhafi partilha, por exemplo, uma leitura rigorista do Islão. Ele não é, evidentemente, um wahabita, a escola mais conservadora do sunismo. Pelos padrões daquela é mesmo um perigoso revolucionário, que foi capaz de proibir a poligamia invocando que o profeta a condicionou à igualdade de tratamento, algo manifestamente impossível de garantir na vida moderna. Não sorriam, que o argumento é teologicamente muito sólido e demonstra que o coronel sabe como levar a água ao seu moinho. Este é o ponto. Ao contrário da maioria dos líderes nacionalistas da sua geração, ele nunca quis dissociar o Estado da religião. Como vários monarcas árabes, de Marrocos ao Golfo, Kadhafi intitula-se "comandante dos crentes", à moda dos califas. Não é um wahabita, pois não.

Mas os seus escritos sobre mulheres não deixaram de ser penosos de ler pelo facto de ter proibido a poligamia.

Entre o coronel berbere e os príncipes beduínos do Golfo a diferença é de tenda. A tenda! Uma vez mais, não se trata de gosto ou de hábito, mas de política. Visitámos a de Sirt, que serve de sede à Assembleia Popular da Jamahiria. Foi feita em Itália. É composta por uma tenda central circular, onde funciona o plenário, e por outras em redor, mais pequenas, e nela entrelaçadas. A seu modo, é um palácio, embora com paredes e tectos de tecidos impermeáveis, suspensos de postes hidráulicos que sobem e descem em função da posição do Sol. No interior, tem o conforto do ar climatizado. Sob uma aparência frágil e nómada mandam na realidade a alta tecnologia e a riqueza dos materiais. Claro que os exteriores da luxuosa sala do plenário estão repletos de fotografias do Grande Líder nas mais variadas indumentárias e posições. Numa das tendas envolventes fica a sala para conferências de imprensa. É um décor. Num canto tem a comunicação com púlpito, para pose oficial de Estado oficial; noutro, o cenário está preparado para que o Líder seja filmado atrás de uma secretária, trabalhando em prol do povo; e noutro ainda, o ambiente é o de uma sala de estar berbere, destinado à conversa em família, mais íntima e informal, com os súbditos. Nada se deixa ao acaso. Ao acaso só mesmo ele, o Grande Líder.

Quando Kadhafi passeia a sua tenda berbere pelas capitais do Velho Continente, oferecendo condições financeiras extraordinárias às empresas europeias, estou convencido de que se ri consigo mesmo. Após décadas de isolamento, ajusta todas as velhas contas por saldar. Ele não viaja como pedinte, de mão estendida. Pelo contrário, exibe a sua diferença, obrigando os líderes europeus a engolirem, em nome dos negócios, tudo o que sobre ele disseram e escreveram em matéria de direitos humanos. Vinga-se.

O PRINCÍPIO DE DEUS

"Circulem, que não há nada para ver!"

É óbvio que a liderança líbia partilha uma ideia grandiosa do seu próprio país. Não é para menos, garanto-vos. A Jamahiria encontra-se no coração do Sara, que impõe um cerco às terras do Mediterrâneo em quase toda a sua extensão sul. Este deserto não é como os que antes descrevemos. *O Sara "é" o Deserto.* No singular e sem adjectivos.

Fizemos seguramente uns cinco mil quilómetros neste país. Foi duro. Por lá é que as distâncias se medem mesmo em monotonia. Os lugares-comuns que nos vieram à memória não foram os do Wadi Rum. Aqui praguejámos contra os oceanos de areia, as caldeiras do inferno e o "reino da morte", como os egípcios chamavam ao Sara. Em cada lance de viagem, só queríamos chegar a qualquer lado com vida que se visse. *Uma miragem, por favor!*

Foi na "estrada dos sudaneses", a via que liga o Mediterrâneo ao Sudão, que compreendi o primeiro diálogo do príncipe Faiçal com Lawrence da Arábia:

"Você é mais um desses britânicos loucos pelo deserto? Olhe que nós só queremos água e palmeiras. Nós não gostamos do deserto." [131]

Cito de cor, porque a memória dessa estrada sonolenta invadiu, por momentos, o teclado em que escrevo. Até que, repentinamente, o Sara surpreendeu. Tínhamos saído da costa mediterrânica há algumas horas, na direcção de Ajila, quando, mal a noite caiu, se desencadeou no firmamento um baile de luz e som como jamais veremos. Não era da insolação, que o Sol se retirara. Nem sequer do calor, que o acompanhara. Também não era uma miragem porque, de noite, elas descansam. Não. Foi, simplesmente, inusitado. Durante quarenta minutos, de cinco em cinco segundos, os raios dançaram no céu, ao som da trovoada, como bailarinos no grande palco do Universo. Não eram como os de cá, na vertical ou na diagonal. Não. Surgiam de qualquer lugar, sem ordem aparente, com desenhos inimagináveis. Presenciámos uma coreografia cósmica ao som de um concerto de trovões. Depois, tudo acabou sem consequência. Sem uma gota de água.

Como reagiria um berbere, há dois ou três mil anos, ante tal espectáculo? Provavelmente, como o de hoje. Com os conhecimentos de que dispunha, concluiria, racionalmente, que aqueles raios eram deuses ou que a "jam session" tinha sido, em si mesma, uma manifestação de Deus. Não podia pensar de outro modo. Foi nesse momento que percebi que a religião começou por ser uma procura de razão num mundo de inexplicáveis. E foi também aí que tudo o que lera sobre o Sara adquiriu vida própria.

O que sabemos do deserto dos desertos? Que tem dois mil quilómetros, do Atlas marroquino até ao lago Chade, onde começa a África subsariana; ou quatro mil, entre a costa atlântica e o Nilo. Mais metro menos metro, é do tamanho da Europa. Quanto à Líbia, essa está no centro deste exagero.

As imagens de satélite fazem do Sara um desespero lunar. Como não há regra sem excepção, neste caso é preferível o *zoom* à grande panorâmica. O Sara é muito mais variado do que se possa supor. Em 9 milhões de km2 há espaço para areias e dunas, pedras e rochas, planícies, planaltos e cadeias montanhosas e até para vulcões adormecidos, canyons e desfiladeiros. Quem o atravesse, apaixona-se ou enlouquece, o que faz pouca diferença.

Se conseguir chegar aos planaltos de Akalus, Messak e Tassili, na Líbia, verá, sem pagar bilhete, *"o mais prodigioso museu de arte rupestre a céu aberto."* [132] Nós não chegámos lá, mas deve ser verdade.

Se, pelo contrário, se atrever aos grandes maciços montanhosos do Tibesti, entre a Líbia e o Chade, não precisará de grande imaginação para neles descobrir pirâmides egípcias, catedrais góticas e fortalezas alucinadas.

[131] In *Lawrence da Arábia*, realizado por Sir David Lean.

[132] La Galérie d'Art "Gents d'Avant", in *Désirs de Désert*, pág. 119; Autrement, 2000

A distância ajudá-lo-á. O problema que o Homem tem com o Sara é mesmo o da sua esmagadora dimensão. Uma região de maciços dunares, os ergs, onde as ondas de areia chegam a 300 metros de altura, faria a felicidade de qualquer amante de paisagens... não fora o facto desta poder ocupar uma área contínua equivalente à do nosso país. Os desertos de pedras, os regs, não são tão excitantes como as dunas e têm, igualmente, o defeito de desafiar o infinito. Imaginam o reino de sua-majestade-a-rainha-de-Inglaterra sem árvores nem chuva e repleto de calhaus, só com calhaus? Pois é essa a medida de comparação que serve para o reg da região de Tanezrouft, entre a Argélia e o Mali. Este, como acertadamente supõe, também não visitámos...

Quando, há pouco, vos falei da monotonia do deserto de areia, liso como uma placa de zinco, no caminho para Ajila, fui simplesmente impaciente. A 400 quilómetros do Mediterrâneo, Ajila encontra-se no princípio do "Grande Mar de Areia". Chamaram-lhe assim por uma boa razão – ela liga a Líbia oriental ao Egipto ocidental e chega aos maciços do Ennedi, no Sudão. Por outras palavras, é bem maior do que a França ou do que a Alemanha, embora provavelmente um pouco menor do que ambas em conjunto.

Falemos agora de outras terras altas que não visitámos. Por exemplo, não vimos o pico de Tahat, na região do Ahaggar, no Sudeste da Argélia, com neve a 3 mil metros de altura. Nem os vulcões do Tibesti, entre a Líbia e o Sudão, que são ainda mais altos e oferecem crateras com 10 a 15 quilómetros de diâmetro. Garantem os guias que têm fontes sulfurosas. Se Dante tivesse viajado até este confim do mundo, teria reescrito a sua apresentação das portas do inferno. Mas o poeta teve a mesma dificuldade que nós e ficou-se pelos geysers da sulfurata de Nápoles. Nem sempre o gigantescamente belo é acessível a todos os mortais.

Neste mapeamento da diversidade convém ainda nomear os rios secos, sempre secos ou momentaneamente molhados, bem como os lagos, os oásis e os mares de sal. Serão restos do grande mar que o Sara teria sido um dia? Não. Os lagos deste deserto são fluviais. As bacias e planícies de sal são o resultado da destilação provocada pela evaporação da água doce dos antigos lagos. Duro, não é? Por isso, pego no copo de água que tenho a meu lado e passo às boas notícias: na imensidão, existe matéria viva. Há camelos e palmeiras e tamareiras. Por causa de uns e de outras, até há homens e mulheres no deserto. Não são muitos. Por aqui, a vida serve-se, como alguém escreveu, em doses homeopáticas. Apesar disso, os grandes amantes do deserto juram que a sua flora e fauna se recomendam: 150 tipos de flores, 116 espécies de mamíferos, 106 de répteis. Quase dão para encher um parque natural, cogitará o cínico com os seus botões. Veja-se a coisa de outra perspectiva: o que sobreviveu, se sobreviveu, resiste a tudo. Parafraseando Antoine de Saint-Exupéry, essa é a vida que pertence "*às melhores e às mais tristes paisagens do mundo*".

Líbia, café de estrada

Khadafi é um homem desta paisagem e deste mundo. Só pode ter a mania das grandezas. Não sei se a sua tribo era de casta nobre, guerreira, ou simplesmente de pastores. Ou se, pelo contrário, os seus antepassados chegaram a Sirt na condição de escravos até ao momento em que a História, numa das suas periódicas cambalhotas, inverteu as ordens hierárquicas do tempo. Não sei, sequer, se a tribo do grande líder era dos oásis, cobradora de direitos de passagem e compradora de serviços, ou se, diversamente, se dedicava às caravanas. Só sei que estes diferentes modos de vida se concebem à medida do infinito.

ENTRE TERRA E ZINCO

Foi ainda sob os efeitos do concerto cósmico que, pelas onze da noite, chegámos a Ajila. Não havia onde ficar porque o hotel estava por conta de uma prospectora petrolífera. Vinte e cinco quilómetros mais a Sul, noutro oásis, também os quartos tinham sido tomados, desta feita por uma multinacional de exploração de gás. Preparávamo-nos para pernoitar nos assentos da carrinha que nos transportava, quando Alá se lembrou de nós e enviou o seu sinal na pessoa de um devoto, o senhor Youssef. Este berbere tinha assistido às nossas tentativas para encontrar uma cama no deserto e, condoído, ofereceu a sua casa. A proverbial hospitalidade berbere existe e recomenda-se.

Numa modesta casa berbere, nunca faltam tapetes, kilins, espumas e cobertores no divã, a sala de visitas. Foi aí que nos recompusemos. Ao nascer

do Sol, mesmo os derrotados pelos mosquitos, tiveram a sua recompensa. Um dos filhos da casa trouxe duas grandes travessas circulares com a primeira refeição do dia: água, chá, azeitonas, atum em lata, tomate, pepino, pão e café. A singular composição mostrava, seguramente, o que de melhor a família tinha para oferecer. Não começámos sem que o patriarca nos tivesse saudado e nós a ele, com alegre profusão de salamaleques. Depois, foi impossível pagar. Seria mesmo uma afronta à honra tentar fazê-lo. E ainda não foi tudo.

O senhor Youssef insistiu em servir-nos de guia. Sabia que tínhamos ido a Ajila por causa de uma fotografia de uma pequena mesquita do século VIII, feita de adobe e com telhados pontiagudos que lembravam chapéus de bruxas. O paralelo é pouco islâmico, mas ilustrativo. Pelas sete da manhã, ali estava a mesquitinha à nossa espera porque há muito fora esquecida pelos crentes, que têm outras maiores e mais modernas. A entrada faz-se por uma porta empenada de madeira muito, muito baixa. O arquitecto seria anão? Eram de baixa estatura os berberes do oásis, quando os árabes aqui chegaram? Ou o imã que os acompanhava sabia que a melhor forma de impor o respeito é obrigar à curvatura logo de entrada, como na basílica da cidade de Belém, na Palestina? Por este ou por aquele motivo, foi assim, curvados, que entrámos. Por fora conheço muitas mesquitas e por dentro algumas. Mas nenhuma tão despida e tão simples como esta.

Não há bela sem senão. O bairro de adobe, nas traseiras da casa de oração, encontra-se em ruína. Foi abandonado. Ao invés, em frente da mesquita, cresciam os alicerces de uma casa moderna e toda a zona envolvente apresentava movimentos de terra com vista a uma nova urbanização. Bem vindos à Líbia moderna!

Só agora vos conto o que menos me agradou na casa da família de Youssef: o divã era muito quente, mesmo de noite. Tão quente quanto calorosa a família. Ajila é refém de um progresso que se mede em toneladas de cimento e zinco. Há uma década, tinha mil almas. Hoje são dez mil porque se transformou numa cidade mineira. É assim nos oásis do deserto líbio. É assim no Sara fora da Líbia, em particular no Sul da Tunísia, onde a região de Matmata, que George Lucas popularizou na sua *Guerra das Estrelas*, resiste penosamente à transferência das suas populações, que viviam em habitações trogloditas, para casas de habitação social a céu aberto. É assim, mesmo em Gadamés, que é Património da Humanidade e que se situa bem a ocidente de Ajila, embora a uma longitude semelhante. O petróleo, o gás e a extracção de outras matérias-primas, fenómenos relativamente recentes na história destes países, explicam grande parte desta vertigem que renunciou a melhorar as antigas condições de habitabilidade em nome do novo, esse "progresso" entendido como estrada universal de sentido único.

265

GADAMÉS, MUSEU AO AR LIVRE

"– Não vão para muito longe, porque é fácil perderem-se neste labirinto, e depois não há ninguém para vos indicar o caminho.
– Mas porque não há ninguém neste lugar tão agradável, tão melhor que o agreste exterior?
– Porque as pessoas queriam poder viver em casas modernas". [133]

Gadamés situa-se na Líbia ocidental, a uns mil quilómetros da costa mediterrânica. Para os romanos, este oásis era Cydamus, a sede da Terceira Legião, encarregue de proteger a civilização das intrusões bárbaras, ou seja, dos berberes, que não reconheciam fronteiras de tipo estatal. Mais tarde, estes acabaram mesmo por aqui se instalar, não sem duras rivalidades clânicas que chegaram a dividir a cidade pela linha de água que a atravessava. No início do século XX, beneficiando do comércio de caravanas que ligava Tombuctu ao Mediterrâneo, Gadamés tornou-se um importante centro agrícola e de artesanato de couro. Assim era quando os italianos aqui chegaram, em 1913. Recentemente, o turismo substituiu o couro, mas a agricultura, alimentada por um engenhosa rede de canais de rega, ainda sobrevive no palmar que envolve a cidade. Essa água já não é a do rio, que secou; também já não é a da captação que os italianos fizeram em 1932, a 300 metros de profundidade; ainda é a do poço que os franceses abriram em 1948.

133 Fragmento de conversa registada no VIIIº caderno de viagem.

Líbia, Gadamés

Gadamés está tão bem preservada como a cidade de Shibbam, no vale do Hadramaut, e não é por acaso que também foi classificada como Património da Humanidade pela UNESCO. Envolvida num palmar, é uma pérola da arquitectura de terra. Fora do oásis as temperaturas superam facilmente a barreira psicológica dos 40 graus. O calor é seco e sufocante. Mas no interior o ar circula e é quase fresco. O segredo deste prodígio é humano e não do ar condicionado. Gadamés é fresca com adobe, madeira de palma e massa cinzenta. Dito assim, não tem novidade. No Sara, a arquitectura de terra não é propriamente uma novidade. Avancemos, portanto. A primeira surpresa da medina encontra-se nas suas ruas que são cobertas de adobe e têm o aspecto de galerias ou, mais singelamente, de corredores. Contudo, também este expediente é, amiúde, utilizado no deserto para combater a canícula. No Sul de Marrocos, por exemplo, várias cidades de terra cobriram as suas ruas, que são escuras como o breu, mesmo ao meio-dia. É precisamente na luz e na circulação do ar que reside a originalidade de Gadamés. As galerias e os corredores da medina beneficiam da luz do Sol, embora se poupem aos seus rigores. A cada 15 metros, os gadamés criaram aberturas nas ruas cobertas, que nalguns casos fazem pequenos pátios, de modo a que a luz do Sol chegue às zonas cobertas e se faça a circulação do ar pela alternância entre pressões mais altas e mais baixas. É nesta delicada alternância entre luz e sombra que reside o segredo do microclima da cidade.

A frescura da cidade antiga também se explica pelas casas, de três andares. É o modo como se entrelaçam umas nas outras que transforma a rua em galeria. Os pisos térreos têm entrada, escadaria e área de armazém; o primeiro andar é ocupado por uma sala comum, dotada de um pé direito generoso e iluminado por uma abertura no tecto; é deste piso que se acede, de novo por escadas, aos quartos, em mezanine. Finalmente, no terceiro andar, ficam a cozinha e o terraço, onde se dormia nas noites mais quentes. É neles que as mulheres tinham o seu mundo e as crianças brincavam. Como as casas se colam umas às outras, é possível saltar de pátio em pátio e, daí, ter acesso directo ao palmar, ao gado e às hortas. No limite, as mulheres podiam ir às compras sem nunca descerem ao mundo dos homens.

Gadamés é tão inteligente e engenhosa como Shibbam e encontra-se em excelente estado de conservação. Mas é uma cidade triste, fantasmagórica. O que faz a diferença entre estas duas pérolas é o tempo verbal apropriado para descrever a vida que nelas exista. A cidade líbia *era;* a iemenita ainda *é.* Em Shibbam, o passado faz parte do presente das sete mil pessoas que aí vivem. Em Gadamés, foi reformado. A cidade antiga transformou-se num museu ao ar livre. Quanto à dos vivos, mora ao lado, exposta ao Sol e com telhados de zinco. O progresso, pois.

Líbia, Gadamés. No plano seguinte: Marrocos, ceifa a meia encosta no Atlas

NUM MUNDO MUITO ESPECIAL

E se existisse um lugar neste mundo onde o progresso fosse de outra medida e seguisse por distinta estrada?

Imagine-se algures no deserto, rigorosamente no meio de nenhures. Nessa região perdida há aldeamentos a que os seus habitantes chamam dairas. Cada grupo de dairas tem uma wilaya que, no fundo, é uma daira maior e mais equipada. Admitamos que são sete – sete é um belo número – e que somadas às suas dairas, abrigam 120 mil almas – uma multidão para uma república esquecida que se situe no meio de um deserto sem oásis.

Comecemos por uma dessas wilayas. Tem escola. Nesse lugar, todas as crianças aprendem a contar e a escrever em árabe e também em espanhol, que alguma língua estrangeira se deve aprender, mesmo que não se saiba bem para que possa servir. Coloquemos na praça do lugar, que não passa de um areal batido, também um salão de beleza. Mesmo que as mulheres, como os homens, se cubram com grandes lenços, que no deserto as areias finas penetram até aos ossos. Ao lado do cabeleireiro temos uma sala de leitura. Tudo indica que sirva para o exercício das letras porque àquele mundo os livros só chegam de quando em quando. Do outro lado da praça está ainda um centro de ofícios. Numa sala tem teares verticais, noutra uma exposição de trabalhos e, na terceira, vários computadores alinhados, que um dia os da terra precisarão de comunicar com o mundo do modo como ele comunica entre si.

Naquela praça não há estátuas de líderes nem mesquita. Aliás, não há mesquitas na república. O povo, que é muçulmano, fala directamente com Ele, do mesmo modo que à noite lê nas estrelas. Em contrapartida, podemos encontrar ainda uma pequena construção térrea. No interior, uma terapeuta lida com crianças invisuais e noutra sala um professor inicia adultos com dificuldades do foro mental em trabalhos oficinais que os experimentam como artistas. Sim, mais coisa menos coisa, é disto que me lembro. Ah, esquecia-me do centro de saúde. No gabinete da médica, um cartaz chegado não se sabe de onde, previne contra uma doença do mundo de fora, a sida. Teria lá chegado? Assim parece. O mundo, pelos vistos, começava a descobrir aquele lugar esquecido.

É da minha imaginação, da sua, ou esta república existe mesmo? Tenha um pouco de paciência porque, como alguém me explicou:

"Vocês têm o relógio, mas nós somos os donos do tempo".

As famílias das dairas e wilayas vivem em tendas ou em casas térreas de tijolo, sem janelas, cada quarto dando para um pequeno pátio interior. Umas e outras alinham-se ao longo de ruas de areia, direitas como se fossem romanas. Quando o calor aperta, e ele aperta quase sempre, é na tenda ou à luz das estrelas que se dorme. Admita que é porque elas são intensas que os aldeamentos não têm iluminação pública. No fundo, vivem como sempre se viveu, ou quase. Contudo, várias famílias têm pequenos painéis solares ao lado das suas tendas. Com eles alimentam as gambiarras e as rádios, que televisão não há.

A água, o bem mais escasso do deserto, chega regularmente ao lugar num camião-cisterna que a deposita em depósitos para ser distribuída em função do número de pessoas de cada família. O mesmo se passa com a comida, que é racionada e se restringe a quatro bens de base – azeite, farinha, açúcar e arroz. E as proteínas? Algumas famílias têm cabras e galinhas, mas não me perguntem de que se alimentam. São poucas e raquíticas. Guardam-nas fora dos aldeamentos, em pequenas cercas circulares delimitadas por arame e reforçadas, na base, com improvisadas placas de chapa torcidas. Num museu do ocidente passariam por instalações de arte contemporânea. No meio de nenhures, é o melhor que se arranja.

Aquela vida não tem luxos. Será feliz?

Entra-se neste país por uma fronteira, fazendo passar o jipe entre dois muros de adobe pintado que seguram uma trave metálica com um letreiro suspenso onde se pode ler a palavra "república". Cada um dos muros terá, no máximo, 10 metros de comprimento. Porque os puseram ali, se não servem para nada? Suspeito que o fizeram para se anunciarem ou para gozarem o visitante, habituado às fronteiras de verdade. Depois, lá dentro, é como vos contei. Areia e areia e mais areia. As minhas recordações colocaram por lá duas árvores, que se viam ao longe, chamando a atenção para uma colina

ligeira nos limites do horizonte. Seriam uma miragem? Talvez não, porque aí perto, na wilaya do governo, existia um pequeno canteiro, um canteiro único regado a conta-gotas e onde quase se podia sentir o esforço que uma mão cheia, não mais, de legumes rasteiros, fazia para existir. De verde, foi o que vi. Minto. Saboreei umas folhas de alface no almoço que o presidente ofereceu. Do menu constava também um copo de água, fanta, chá, frango assado e, iguaria das iguarias, uma salada russa. Repito a pergunta: esta república existe?

SER SEM TER É POSSÍVEL?

Existe e tem nome: República Árabe Sarauí Democrática. Com 33 anos de idade, começou por ser um gigantesco acampamento de refugiados. Em Novembro de 1974 o reino de Marrocos lançou sobre o Sara Ocidental uma "marcha verde" de dezenas de milhares de colonos protegidos pelo seu exército. O monarca marroquino aproveitava o vazio aberto pelo fim do franquismo em Espanha. Madrid, então potência administrante da região conhecida por Rio do Oro, queria colocar uma pedra sobre essa história colonial e, como Portugal em Timor-Leste, não cuidou do dia seguinte. Dez anos antes, Marrocos defendera na ONU o direito dos autóctones à independência, mas agora os planos eram outros. A ocupação fez-se de um só golpe. Os sarauís não estavam preparados para resistir e mais de 40 mil tomaram o rumo do exílio pelos trilhos que conheciam – os do seu deserto.

Instalaram-se na região de Tinduf, na Argélia. Na verdade, esta cidade pertencia aos territórios atravessados pelos rgaybats, ou sarauís, antes das independências terem imposto ao deserto as fronteiras que eles desconheciam. Berberes de "alta tenda", herdeiros dos almorávidas e dos sanhadjas, estes "homens azuis" estavam habituados a modos de vida austeros e a grandes gestas de heroísmo e combate. Aguentaram o primeiro embate na condição de refugiados e partiram para a guerra. A "gente das nuvens" praticou a guerrilha ao modo das razias, como sempre o fizera, lançando raides sobre as posições marroquinas e os seus comboios de transporte. Mas foram as mulheres, que ficavam nos acampamentos, quem os transformou no que eles são hoje.

Em resposta aos raides – e para proteger as minas de fosfato que explorava em terra alheia –, o reino de Marrocos ergueu um muro de 1600 quilómetros ao longo das areias. É o maior e o mais esquecido do planeta. Do lado de lá, a maioria dos habitantes tinha, entretanto, deixado de ser sarauí; do lado de cá, os nómadas inventaram uma república de exílio. Em 1989, as partes declararam o cessar-fogo sem resolverem o conflito. A sobrevivência dos refugiados continuou a depender das Nações Unidas. Por um lado, a ela se deve, com apoio da União Europeia, a ajuda alimentar que permitiu a sobrevivência. Por outro lado, a solução política do conflito, que lhe compete, ganha pó na extensa secção dos assuntos pendentes.

Pergunta: como é viver, durante 35 anos, na estrita dependência de quatro produtos de base? Sinceramente, tenho dificuldade em imaginar. E como é que um povo obrigado a viver nestas circunstâncias não se transforma numa comunidade de pedintes? Para esta pergunta já tenho resposta. Afastados da estrada do progresso, inventaram outro: eles são sem terem. Este é o segredo que explica o paradoxo de Tinduf. Eles sabem que não dura para sempre. A associação entre uma extrema austeridade – garantida pela ajuda humanitária – e um surpreendente nível de prestação de serviços e organização comunitária – o proporcionado pela república – é, inevitavelmente, um equilíbrio precário. Quando um povo é reduzido pelo mundo à dimensão de "problema humanitário", está tramado. Ser sem se ter pelo menos alguma coisa para além do orgulho é muito, muito difícil. Em particular quando não é possível, nem desejável, trancar esse mundo a sete chaves.

A pouco e pouco o lado de dentro e o de fora comunicam. Visitei uma daria que tinha algum comércio. Creio que seria a única. Teria umas dez a vinte "vendas" alinhadas ao longo de uma rua. Ofereciam de tudo um pouco, o que, como podem supor, não era muito. Mas há alguns anos, nem isso. Há anos, a circulação de moeda não existia sequer nos acampamentos.

A república também gerou expectativas. Se as crianças frequentam a escola, as famílias desejam que elas, após a escolaridade básica, prossigam os estudos. Só o podem fazer na Argélia, em Espanha e em Cuba. Assim sucede com as que se revelaram mais aptas. Quando regressam, não trazem consigo apenas a licenciatura, mas também um pedaço do mundo que conheceram. Nessa altura, a pergunta é inevitável: porque pode um comerciante enriquecer, mesmo que pouco, vendendo trapos, e eu, que presto serviços qualificados não tenho, sequer, direito a um magro salário? Pois. Num campo de refugiados situado no meio de nenhures, não há como pagar salários. Os professores e os médicos recebem apenas compensações suplementares de bens elementares.

O contacto entre o mundo de cá e o de lá estabelece-se igualmente por iniciativa deste. Centenas de famílias espanholas e várias municipalidades recebem jovens sarauís nas suas casas. Através da solidariedade, muitos dos nossos vizinhos expiam a responsabilidade do seu país nos trágicos eventos de 1974. Entre as famílias de lá e as dos adolescentes geram-se cumplicidades. Sempre que visitam os campos, as famílias espanholas deixam algum dinheiro e bens, como, por exemplo, os pequenos painéis solares de que vos falei. Por isto e por aquilo e porque a vida é assim, criam-se as premissas de uma economia assente na troca monetária.

Curiosamente, a tradição berbere é igualitária. A hierarquia existia, mas entre tribos com distintas funções. Guerreiros e pastores não eram iguais. Mas entre guerreiros e entre pastores, os níveis de igualdade eram parecidos com os que existiam entre os escravos que tinham ao serviço. Nestas sociedades sem Estado, o líder era o resultado de longas negociações e tinha vantagem em não abusar do poder que lhe conferiam, sob pena de reforma antecipada. Se as mulheres sarauís dispõem de maior autonomia do que a maioria das muçulmanas, isso também ocorre porque a sociedade rgaybat era matrilinear. Todos estes factores ajudam a compreender porque é que os sarauís se aguentaram igualitários no exílio e não abdicaram de decidir por si próprios. Mas a dúvida permanece: e quando o conflito se resolver e eles puderem regressar às suas terras do lado de fora, que progresso triunfará? E quando a disputa regional encontrar a sua solução e o grande mundo lhes bater à porta, como será?

DUCHES DE ÁGUA DO NEOLÍTICO

Regressemos à Líbia moderna. Com a população a crescer e com uma taxa de urbanização superior a 90 por cento, a sede e a dependência alimentar, problemas de sempre, adquiriram proporções dramáticas. Nos anos 70, o regime procurou enfrentar a dificuldade com um programa de povoamento dos oásis. A alvenaria e o zinco, tão vilipendiados atrás, bem como a electricidade, faziam parte dessa estratégia de contenção da pressão demográfica sobre as cidades de Tripoli e de Benghazzi. Para que pudesse resultar, o regime obrigava-se a garantir nos oásis as condições da vida moderna a que os líbios começavam a habituar-se nas cidades da orla mediterrânica. A ideia fazia todo o sentido. Ela permitia estimular a produção agrícola onde a água já se encontrava disponível porque os oásis são o resultado das enormes reservas de água potável que o Sara guarda dentro de si. Esta é uma história do tempo do mundo. Os lençóis subterrâneos mais recentes ter-se-ão formado há 18 milhões de anos. Só não se conhecem os volumes armazenados que escondem as areias. A estratégia de criar uma rede de oásis, auto-suficientes do ponto de vista alimentar e capazes de produzir excedentes para a abastecer a costa, parecia sensata e razoável. Ela oferecia ainda a vantagem adicional de combinar uma agricultura tecnologicamente avançada com a preservação das tradições comunitárias.

O programa de repovoamento foi, sem dúvida, a promessa que melhor traduziu o "contrato" entre tradição e modernização que materializa a própria essência do kadhafismo. Contudo, o projecto falhou, quer por razões culturais quer por razões económicas. Por um lado, não se revelou fácil mobilizar para o deserto quem entretanto conquistara o direito à cidade e lhe tomara o gosto; por outro lado, a produção agrícola nas profundezas do deserto, longe dos grandes centros de distribuição, só podia ser competitiva com astronómicos subsídios.

Na viragem para os anos 80 alguém terá explicado ao coronel que em economia existem "custos de oportunidade" e o pragmatismo do líder fez o resto. Muito bem, se não é possível levar os líbios até à água, então que se

Líbia, mural alusivo ao Grande Rio Artificial

traga a água até aos líbios. Assim nasceu o maior dos projectos do regime: o Grande Rio Artificial, ainda hoje em fase de conclusão.

A ambição é a dos grandes faraós: bombear as águas das profundezas do Sara, transportá-las ao longo de milhares de quilómetros para gigantescos reservatórios na costa, através de dois canais artificiais protegidos do Sol por tubos de quatro metros de diâmetro e, finalmente, fazê-la chegar ao campo e às torneiras de cada habitação, é obra.

Visitámos a construção de um dos "afluentes" desses dois grandes "rios". É grandioso. Ao longo de quilómetros e quilómetros, as tubulações de betão armado, com dois metros e meio de diâmetro, aguardam ao lado do canal escavado nas areias, enquanto sucessivas caravanas de camiões as trazem, deixando uma fina camada de poeira da linha do horizonte. Na paisagem, não se vê uma sombra, apenas o rasto de poeiras levantadas pelas colunas de transporte. Todo o trabalho se faz sob fornalha. Visitámos também um dos dez reservatórios da rede de costa. "Reservatório" é uma modesta forma de expressão para o lago que tínhamos à frente dos olhos, equipado com maquinaria de ondulação para evitar os fenómenos de salinização. Finalmente, estivemos num campo de culturas experimentais, servido pelos ramais mais finos de distribuição da água concentrada nos reservatórios. Por uma vez, compreende-se o gongorismo do líder, quando inaugurou a primeira estação de captação de águas subterrâneas, em 1984:

"Em nome de Deus lanço a primeira pedra da fundação para começar a execução do grande projecto de rio artificial que, com a ajuda de Deus, deixaremos correr em abundância (...) na mais longa viagem de sempre da água fresca. (...) Glória é ser esta grande nação uma criadora de milagres. Através do Rio Artificial será o novo milagre adicionado às Sete Maravilhas do Mundo." [134]

A "oitava maravilha" tinha, originalmente, a agricultura como prioridade, dada a escassez de terras de cultivo. A aposta era fazer da costa uma imensa mancha verde que fosse capaz de suster as areias do deserto e, ao mesmo tempo, garantir a almejada independência alimentar da Líbia. Mas a realidade fintou, mais uma vez, a intenção: 80 por cento das águas bombeadas do Sara não se destinam a regadio, mas às canalizações domésticas das cidades líbias. Os súbditos de Kadhafi matam a sede e lavam-se em águas do neolítico.

Loucura? Insólito. No país ao lado, Hosni Moubarack tem um projecto pelo menos tão megalómano quanto o de Mouammar El Kadhafi: construir um canal, este a céu aberto, entre Abu Simbel, a Sul de Assuão, e o Mediterrâneo. O objectivo deste "Nilo bis" é o de ligar entre si os oásis ocidentais do Egipto. A água que escasseia nas cidades líbias abunda no Cairo. Mas a sede dos regimes é a mesma – chama-se progresso.

OS IMIGRANTES

Em Tripoli, perto de um pequeno restaurante tunisino onde íamos jantar, decorria uma enorme feira de chão, de pechisbeques, tecidos baratos e comidas avulsas. Quisemos mergulhar na confusão, mas os guias afastaram-nos imediatamente, explicando que aquilo era só para imigrantes e que nem para os líbios servia, quanto mais para os estrangeiros. O Grande Líder bem pode pregar a unidade pan-africana, mas o que ele não consegue evitar é a mais terrível "disfunções" da modernidade líbia: a afirmação, entre os súbditos, de um sentimento de superioridade que roça o racismo.

A partir dos anos 70 os líbios desataram a fazer filhos. Em três décadas a população quintuplicou. Mas os efeitos da expansão demográfica foram muito limitados na população activa. Dos actuais cinco milhões de habitantes, metade pertence ao sexo feminino. Como só umas 300 mil trabalham como assalariadas nos serviços de saúde, educação e atendimento, comece a subtrair. A maioria das mulheres fica em casa, onde trata das crianças e dos homens.

[134] Tradução a partir de um cartaz de grande formato alusivo à obra.

Por outro lado, dos dois milhões e meio de homens, mais de metade tem menos de 15 anos e duas ou três centenas de milhares são idosos com mais de 65 anos. Para trabalhar, sobram pouco mais de um milhão de activos. Não chegam.

A Líbia recruta os braços que lhe faltam aonde a miséria os gera em excesso – no Sudão e no Chade, e também na Tunísia, em Marrocos e no Egipto. Estes últimos, como vimos, concentram-se na agricultura e em profissões técnicas especializadas; os magrebinos instalam-se na hotelaria e na restauração, que as terras de passagem não são pantagruélicas e precisam de quem o seja; finalmente, na base da cadeia de qualificações encontra-se a mão-de--obra para a construção e as grandes obras, a que chega da África subsariana. Dependendo dos períodos e dos caprichos do poder, metade da população activa da Líbia é imigrante. Está longe de ser caso único. Nas monarquias petrolíferas da Península Arábica, os imigrantes chegam a constituir 60 e 70 por cento da população.

Das seis da manhã às oito da noite, os sudaneses e os chadianos ocupam as praças das cidades por onde passámos. De trincha, pincel ou martelo e quase sempre com balde, esperam, acocorados nos passeios – naquele jeito que têm africanos e orientais de se sentarem sem cadeira – que alguém os contrate para mais um dia de trabalho. É nestas "praças de jorna", como lhes chamávamos em Portugal, que o "milagre líbio" do ouro negro e do gás adquire rosto e sofrimento. Sempre que a Jamahiria precisa de braços, chama-os e eles aí vão, em camiões de caixa aberta, atulhados, pelas estradas alcatroadas que rasgam o Sara; quando as necessidades diminuem, recambia os excedentes pelas mesmas estradas, mas agora em sentido descendente. Como se pode imaginar, nada disto se faz com elegância.

O regime não gosta que os estrangeiros fotografem as praças dos imigrantes e muito menos que tentem chegar à fala com eles. Os guias, indispensáveis a menos que se fale árabe, têm instruções precisas para o evitar. Por vontade deles, os viajantes conversariam apenas com as pedras das ruínas, que têm imenso para contar. No dia seguinte ao episódio da feira-que-não-era-para-líbios-nem-para-estrangeiros, acabámos mesmo a desabafar com as pedras. Disse-lhes que as areias em que repousam também se especializaram na conservação de velhos hábitos – por ali, os sedentários continuam a manter as mulheres em casa, os escravos à espera de trabalho e até os homens, os que povoam as ruas, se armam em cidadãos. Manias ou fado?

MAIORIAS
PELO MUNDO DE DENTRO

Tudo ocorre à luz das velas, sob fundo negro. Abra, a escrava, está inclinada sobre o homem e com as mãos pressiona-lhe o peito. Os seus olhos estão fixos sobre a vítima. Não os vemos e não sabemos se pensam. Holofernes, a vítima, também não. O general está deitado de tronco para cima, sob um lençol branco já empapado em sangue, mas a sua cabeça foi virada para nós pela mão esquerda de Judite que, entretanto, o degola com a espada que empunha com a direita. Do pescoço do desgraçado esguicha o sangue. Gotas salpicam o peito da assassina e o vestido amarelo que o cobre. Os olhos desta mulher estão absolutamente concentrados na sua obra. São profissionais. Judite decapita sem dúvidas. Como se mata um porco.

Judite é uma das raras heroínas da Bíblia e o seu salvífico crime foi abordado por vários pintores. A descrição teria sido diferente se vos tivesse apresentado a versão de Caravaggio. Na interpretação deste pintor romano Abra é uma velha e não intervém na tragédia. Judite, pelo contrário, é uma adolescente e o seu olhar cruza-se com o da vítima. Não se falam, mas comunicam. Os olhos de Holofernes gritam; os da jovem, cumprem. Mas deixam escapar um vislumbre de tristeza.

O primeiro quadro é de uma mulher, Artemísia Gentileschi. Não podia ser o de um homem. Porque se exprime ela de forma tão cruel e desapiedada? Parte da resposta encontra-se no ar do tempo. Os tenebristas italianos pintavam com dureza e Artemísia era italiana e tenebrista. Dez anos antes deste quadro, que se encontra na Galeria dos Uffizi, em Florença, pintara uma primeira versão deste sangrento episódio. É tão cru de sentimentos como a sua sequela. De permeio, Artemísia pintou ainda outras variantes de Judite e de Abra. Na narrativa bíblica as duas mulheres levam a cabeça do general, decapitado no seu acampamento, para a cidade de Betúlia, de que eram naturais e que se encontrava cercada. Os sitiados queriam exibi-la do alto das suas muralhas para desmoralizarem o inimigo. Nos quadros da pintora, as duas mulheres ignoram, indiferentes, a cabeça que transportam numa baixela de prata. Estão, mais uma vez, friamente concentradas na sua missão. Olham para fora das fronteiras do quadro como espias em fuga.

Se inicio este capítulo por Artemísia Gentileschi, que os ilustrados classificam de "proto-barroca", é porque, folheando apontamentos antigos, reparo que tinha pensado nela para abrir um quinto episódio da série documental, dedicado às mulheres do Mediterrâneo. Artemísia, como Judite, era uma profissional – num tempo em que se contavam pelos dedos de uma mão as mulheres que conseguiam viver dos proventos da sua pintura. Começou muito nova. Com 13 ou 14 anos ainda não sabia escrever, mas já pintava. Vivia com o seu pai, Horácio Gentileschi, um dos grandes expoentes do "caravaggismo" italiano.

A pintura de Caravaggio é facilmente identificável porque os seus jogos de claro e escuro deram ao naturalismo uma enorme intensidade dramática. Se tivesse vivido uns séculos mais tarde, no arranque da aventura do cinema, seria, provavelmente, um grande autor do realismo épico. Como viveu nos séculos XVI e XVII, pintou e fez escola. À sua volta reuniu um grupo de artistas tão interessantes quanto ébrios, brigões e adúlteros. Foi nesse ambiente que Artemísia cresceu. Até que um dia foi violada.

O seu primeiro quadro, de 1610, ou antecipava a tragédia ou foi dela contemporâneo. Representa outro episódio bíblico, o de *Susana e os Velhos*. No livro, dois juízes chantageiam a rapariga. Ameaçam-na com uma acusação de adultério se não se lhes entregar. O rebuscado Rubens, por exemplo, apresenta Susana despida e de costas voltadas para o centro da acção. Contudo, é para aí que está virada a sua cabeça e o olhar não exprime apenas receio. Há, naqueles olhos, um lado tentador que relativiza e diminui as intenções dos velhos. O primeiro salta um murete e prepara-se para o assédio; o segundo assiste, como um vulgar "voyeur". Nunca uma mulher pintaria a cena desta forma.

No quadro de Artemísia o drama exibe-se sem atenuantes. Os velhos têm os seus braços apoiados no parapeito da bancada de pedra onde Susana, nua, está sentada. Debruçam-se sobre ela. Enquanto o primeiro homem profere a ameaça, o segundo segreda-lhe. Eles são conspiradores. A nossa rejeição é imediata e intuitiva. Acentuando a carga dramática da cena, Susana não os enfrenta com os olhos. Pelo contrário, vira-lhes a cara. É o movimento do seu corpo, nu, que testemunha o que lhe vai na alma. No fim da vida, Artemísia regressará ao tema. O seu derradeiro quadro será, de novo, uma Susana. Porque a violação lhe deixou uma marca indelével? Sim e não.

Nem Artemísia nem o seu pai denunciaram às autoridades a violência de que ela fora vítima com 16 anos. Esperavam ganhar o violador em casamento, um procedimento aceitável para a época. Este teria dito inicialmente que sim à rapariga, mas acabou por recuar na promessa. Só então Horácio Gentileschi coloca o seu colega e amigo em tribunal. Aqui se inicia a segunda etapa do drama. No pleito, o que está em causa não é o acto, mas a honra da família. Horácio também apresenta queixa contra um segundo cúmplice, que acusou de lhe ter roubado um quadro. Trama da vida real e narrativa bíblica interpenetram-se. Os réus, para se defenderem, acusam Artemísia de se entregar a quem a deseje. Em pleno tribunal, o juiz submete a rapariga a exame ginecológico e a uma prova de tortura, para que confesse. Isto, bem mais do que a violação, é que não se esquece.

Na sequência do julgamento, a pintora parte para Florença ao abrigo de um casamento de conveniência que não durará. Muda de nome, integra a academia de desenho, até então inacessível às mulheres, e encontra protecção nos Medici. Ela decidiu ser pintora no mundo dos pintores e pinta como eles. Numa carta de apresentação enviada a um mecenas siciliano, António Ruffo, garante-lhe que *"encontrará o ânimo de um César na alma de uma mulher"*. *"Não o maçarei com conversa feminina"* porque *"as obras falarão por si próprias."*

Sempre que pode pinta mulheres. Fá-lo-á em Florença, de novo em Roma, em Londres e finalmente em Nápoles, onde chega com 37 anos, aí passando os últimos 20 anos de vida. Nesta cidade pintava José Ribera, tenebrista entre os tenebristas, cuja obra pode ser apreciada no Museu do Prado, em Madrid.[135]

Artemísia é mais suave do que Ribera. Usa a cor com outra liberalidade e concentra-se mais nos pequenos detalhes. Mas a dureza que colocou nas suas Judites, repeti-la-á pelas Lucrécias, Esteres, Cleópatras e Minervas que pintou. A sua *Catarina de Alexandria* quase adquire rosto e olhos de rei. A virilidade que Artemísia põe nas suas mulheres é a da sua própria condição no violento mundo dos homens. A sua pintura redime e reabilita meia Humanidade, mesmo que, aqui e ali, seja necessário dotá-la dos atributos que a cultura do tempo endossava à outra metade.

Como não há regra sem excepção, na catedral de Sevilha encontra-se uma Maria Madalena diferente de todas as mulheres que Artemísia Gentileschi pintou. Ela apoia o seu rosto na mão e repousa com a tranquilidade dos anjos. É belíssimo o seu sono. Porque os anjos não têm sexo?

ESTRATÉGIAS DE ENCANTAMENTO

Layale, Jamal, Rima e Nasrine trabalham num salão de beleza saído do baú das memórias dos anos 70 do século passado. A primeira, já nos trinta, ainda vive com a família. Namora como os adolescentes, em carros debaixo de pontes.

[135] No Museu Nacional de Arte Antiga também se podem apreciar dois quadros deste pintor.

Espera que o homem, que é casado, se decida por ela. A segunda, pelo contrário, é uma mulher divorciada, mãe de dois filhos. Dissimula a meia-idade com menstruações fingidas e tem um gosto pavoroso que suscita ternura e piedade. Parece saída de um filme de Almodôvar. A terceira mulher é mais nova. Vive só e é lésbica num mundo que aprecia pouco o género, embora o penalize mais se praticado no masculino. As três são de famílias cristãs, ao contrário da quarta, que é muçulmana e se encontra comprometida. O problema desta jovem é muito prático: como parecer virgem na noite de núpcias...

Se abstrairmos do factor religioso, de resto irrelevante, estas quatro mulheres podiam ser portuguesas. Seria possível encontrá-las num bairro popular de Lisboa nos anos 80 ou mesmo um pouco mais tarde. O universo das suas conversas, dos seus pequenos dramas, alegrias e sonhos, é feminino e não tem pátria. Os modos são os do Mediterrâneo. Vivem em Beirute, mas podiam ser de Lisboa, de Sevilha, de Palermo ou de Nápoles.

Ao lado do salão de beleza onde trabalham há uma pequena retrosaria muito parecida com as das nossas vilas e cidades de interior. Há vinte anos ainda existiam nos bairros de Lisboa, antes de terem sido substituídas por lojas dos trezentos. Quem toma conta do pequeno estabelecimento é a tia Rosa, costureira. Tem sessenta anos, um coração de oiro e uma mãe a cargo, que é um problema – um pouco desaparafusada, julga-se adolescente. Por mero acaso, a tia Rosa acabou de encontrar o seu príncipe encantado. É um estrangeiro elegante e discreto, de recursos modestos e que vive só, num pequeno apartamento. Seduzida, pede às meninas do salão de beleza que lhe arranjem o cabelo. Logo a seguir, vemo-la, de cabelos arruivados, no quarto onde dorme com a sua mãe. Esta, apesar do Alzheimer, pressente o perigo e pressiona a filha. Dão-se, então os dois momentos mais belos do relato que evoco. Através do espelho do toucador, vemos a metamorfose no rosto da Rosa. Ela está a pintar-se para ir ter com o seu campeão no exacto momento em que decide não mudar de vida. A mãe era uma prisão, mas era também a sua obrigação. Começa, então, lentamente, a desmaquilhar-se. No café em frente, o seu par espera. É um belo sexagenário, garanto-vos. Quando acaba o cigarro, paga a conta e retira-se com a dignidade das tristezas contidas. Vemo-lo de costas, afastando-se. Vestia as calças curtas que Rosa lhe arranjara e usava peúgas brancas. É Chaplin no seu melhor.

Este relato não consta das minhas viagens. São fragmentos de um filme belíssimo, *Caramelo,* que passou quase despercebido em Portugal. Se o incluo nesta digressão pelo mundo das mulheres, é porque a sua abordagem é, em certo sentido, a inversa da seguida por Artemísia Gentileschi. A cineasta libanesa Nadine Labaki realça os atributos que o mundo dos homens associa às mulheres. Fá-lo com talento e economia de recursos. Ela quer derrubar, um a um, os muros da incompreensão. Rami é lésbica? Pois é, mas as colegas estão com ela. Cochicham sobre a hipótese de uma

Montra em prédio de Damasco, Síria. Na entrada de capítulo:
passeio de domingo na marginal de Alexandria, Egipto

cliente se transformar na sua namorada, como comentariam qualquer aventura heterossexual. Nasrine não é virgem? Pois não, e depois? As amigas ajudam-na e levam-na a um médico que coloca hímens artificiais. Layale é um caco sentimental que faz figuras tristes, condenáveis à luz da moral vigente? Acontece. O filme mostra como o seu desespero é pateticamente banal, humano e adorável.

Caramelo introduz os homens no mundo das mulheres. Fá-lo sem concessões ao voyeurismo. O óbvio é sempre subtil, mesmo pudico e nunca fere susceptibilidades. A cineasta quer encantar os corações. Todos, sem excepção. É esta a sua radicalidade. Naquele salão de beleza, como nos quadros da pintora italiana, é a vida sentimental das mulheres que se retrata e retrata nos olhos dos homens. As duas artistas têm estratégias opostas, mas partilham o mesmo objectivo.

Gosto de pensar que Nadine Labaki recupera e actualiza uma tradição que remonta às *Mil e Uma Noites,* uma colectânea de contos medievais de autoria desconhecida e data incerta. Estas histórias de amor, sexo e aventura passaram de geração em geração e de lugar para lugar, ao ritmo das caravanas que atravessavam a Ásia de lés a lés. Como um espelho, reflectem olhares e sentimentos viajantes, os da burguesia comercial que se relaciona com os meios da corte. O elo que as liga tem nome de mulher – Xerazade – e essa é a primeira e principal surpresa, da qual derivam todas as outras.

Síria, mulher de Ruweiha

A trama passa-se no fim da longa dinastia persa dos sassânidas, os últimos antes da conquista islâmica, e envolve dois herdeiros reais e duas irmãs. A sinopse conta-se num parágrafo: os dois reis foram vítimas da infidelidade das suas esposas e endureceram os corações. Um deles, Shariar, decidiu vingar-se nas mulheres, uma por uma, à cadência da sucessão dos dias e das noites. Estava o seu reino quase vazio de raparigas, quando Xerazade, filha do próprio primeiro-ministro, se lhe oferece em sacrifício. O pobre pai, que assim o podemos classificar ignorando a sua riqueza, ficou mortificado. Sabia que a filha, uma vez nas mãos do monarca, teria o destino de quantas a antecederam. Mas Xerazade confiava na estratégia que urdira. Depois de ter saciado sexualmente o terrível rei, pede-lhe para se despedir da sua irmã. Autorização concedida, esta acorre ao palácio e, em jeito de lembrança, solicita a Xerazade que lhe conte uma das suas histórias de encantar. O rei apreciou a narrativa e concedeu-lhe uma segunda noite. Foi assim que, até à milionésima primeira, Xerazade fintou a morte deixando o rei preso da continuação dos seus contos.

Terá sido nas *Mil e Uma Noites* que os criadores de telenovelas se inspiraram? Serão as famílias modernas, como o temível rei, viciadas em histórias? Feito o aparte, regressemos ao livro: a pouco e pouco, o tirano que se vingava em sangue, reconcilia-se com o princípio da vida. Na centésima trigésima quarta noite, Xerazade coloca na boca do capado Aziz o seu verdadeiro segredo:

Síria, mulher de Zalabiyya © SL. Na página seguinte: Líbia, mulher berbere da Cirenaica

"O único remédio do amor é o amor e nada mais."

As histórias de Xerazade não enfeitiçaram o rei, conquistaram-no. Para uma feminista radical a mensagem soa frouxa, simplesmente feminina. Mas a lição da história está longe de o ser: *"as filhas dos muçulmanos"* só escaparam ao destino que o rei lhes traçara porque existia uma mulher que conhecia o poder libertador dos contos.

Apesar da incerteza na datação, várias das histórias das *Mil e Uma Noites* terão sido cantadas nas cortes muçulmanas dos séculos IX a XI. Esta liberdade era inimaginável nas suas congéneres europeias. A sofisticação e a subtileza não eram atributos comuns entre os senhores do Ocidente, indiscutivelmente mais aptos na espada do que em assuntos de coração. Os cavaleiros de Cristo eram, então, razoavelmente primitivos: não se lavavam, comiam como alarves e divertiam-se como bárbaros. Talvez não fosse assim "tão" diferente a Oriente. Mas na viragem do milénio, as cortes dos califas e dos sultões conheciam as virtudes do banho nem que fosse por motivos religiosos, tinham tomado o gosto ao luxo, um anestesiante poderoso, e viravam-se para as benfeitorias do conhecimento que, a Ocidente, se tinham exilado nos mosteiros. Foi em Bagdade e em Córdoba que a cultura muçulmana devolveu ao mundo os saberes perdidos da civilização grega e os misturou com os que chegavam nas caravanas de Oriente. Bem antes do Renascimento, o Islão foi renascentista.

Muitas noites depois das mil e uma de Xerazade, Omar Kayyam era apreciado na corte de Bagdade. Ei-lo, elogiando o amor:

"Quão pobre o coração que não sabe amar,
que não pode embriagar-se de amor.
Se não amas,
como podes explicar a luz inebriante do Sol
e a mais leve claridade da Lua?" [136]

Para este poeta agnóstico e amante do vinho, o amor era uma virtude que só os tontos, os sisudos e os tristes não alcançavam. Já para os seus contemporâneos de Ocidente, a tarefa era bem mais árdua. Com talentos de paciência, os trovadores povoaram a Idade Média ocidental de amores impossíveis. Era o melhor que se podia arranjar num mundo trancado pelo pecado original.

DOS CUIDADOS A TER COM ALÁ

Porque é que o Islão, de início progressivo, é hoje tão conservador face ao estatuto das mulheres? Várias explicações são possíveis. A que prefiro pode ser formulada do seguinte modo: todos os poderes revolucionários se transformam no seu contrário, mal os homens se habituam. Esta ideia foi, pela primeira vez, esboçada por Ibn Khaldoum. Como se recordarão, este muçulmano do século XIV, analisando as dinâmicas sociais das tribos berberes, sustentava que as características guerreiras dos nómadas enfraqueciam após a conquista, à medida que os combatentes se habituavam às vantagens da sedentarização. Nesta mutação, o historiador não atribuía importância particular ao factor religioso. Com efeito, as religiões tanto conformam as mentalidades como se lhes adaptam. Judaísmo, cristianismo e islamismo são patriarcais porque patriarcais eram e são as sociedades em que se implantaram.

A pergunta seguinte é óbvia: se assim é, porque ficou o Islão aprisionado no tempo mais duro do patriarcado? Uma vez mais, não existem respostas de sentido único. Permitam-me, no entanto, que destaque uma a que nem sempre a tradição crítica ocidental dá a devida atenção: enquanto a Bíblia é um livro de livros e foi escrita por mãos inspiradas, mas humanas, o Corão assume-se como revelação final de Deus. Este livro está para um muçulmano como Jesus – e não os evangelhos – para os cristãos. O Corão é a Palavra. A elevação do texto foi de tal modo interiorizada pelos crentes que, até finais do século XVIII, resistiu às tipografias por se recear que as máquinas pudessem adulterar a sua pureza. Este atavismo supersticioso não é estranho ao relativo atraso científico e tecnológico que o mundo muçulmano viria a revelar a partir do século XVII, mas esse é um assunto de que agora não nos ocuparemos. Fixemo-nos antes na natureza divina do livro e nas dores de cabeça que impôs aos seus intérpretes. No Corão, o que são ordens ou,

[136] O. Kayyam, in Rubaiyat, pág. 17; Coisas de Ler, 2002. Uma antiga edição das Publicações Europa-América, com tradução de Melo e Castro, é francamente mais feliz, mas encontra-se esgotada.

mais modestamente, recomendações? O que é imutável ou, pelo contrário, explicável pelas circunstâncias e portanto adaptável? E quando há dúvidas, a que se obedece: à letra ou ao espírito?

Se a extracção avulsa e descontextualizada de citações é sempre um exercício imbecil e intelectualmente desonesto, no caso do Corão isso é especialmente verdadeiro. Muitas das prescrições corânicas sobre as mulheres são simplesmente incompreensíveis, se abstrairmos do seu penoso estatuto na Península Arábica do século VII ec.

Excluída da herança, a sorte da mulher dependia da vontade do filho – que decidiria sobre ela quando atingisse a maioridade – ou do marido que a repudiara. Não raro, o casamento da mulher era precedido de acasalamentos prévios com terceiros para que o candidato a que fora destinada soubesse, antecipadamente, se era fértil. Este tipo de práticas envolvia vários homens e ocorria com raparigas mal entradas na puberdade. Não preciso de entrar em minudências descritivas para que o leitor ou a leitora se sintam horrorizados.

A situação das cativas era ainda pior. Nos anos de fundação do Islão, o lugar da mulher na sociedade é indissociável do debate sobre a escravatura. Maomé era contra ela? Ou a sua política – libertação em troca de conversão – era apenas uma táctica que facilitava a conquista e popularizava o Islão? Não ouso entrar nos segredos mais íntimos do homem, nem estes são relevantes para o resultado. O universo em que o profeta vive é marcado pela economia tribal. Esta depende largamente da razia e o seu bem mais precioso eram as mulheres capturadas ao adversário. Saque e paraíso eram, portanto, contraditórios entre si. Esta é a tensão que sela o compromisso islâmico – a escravatura continuaria a ser permitida, mas não entre crentes. À luz deste acordo, os cativos e as cativas, bem como as mulheres dos adversários, podiam adquirir a sua liberdade convertendo-se. No mundo das areias foi uma revolução. Como se verá, não aguentou a sua primeira prova de fogo.

Após a conquista de Meca, os muçulmanos defrontaram as tribos de Taef, uma retaguarda agrícola essencial para a própria cidade. Passo adiante os pormenores. Com dificuldade, os "bons" ganharam aos "maus", ou seja, aos politeístas. Só o saque compensava o sangue derramado. Foi nesse contexto que o comandante dos derrotados anunciou a sua adesão ao Islão. O gesto agradou a Maomé, mas não aos seus homens. Eles não acharam graça nenhuma à súbita vocação monoteísta dos adversários. A conversão permitia-lhes manter os seus bens e em particular as suas mulheres e escravas, o que esvaziava o saque dos seus melhores activos. Esta súbita "desvalorização do capital" enlouqueceu os combatentes. Se a moda pegava, qual a razão de ser das razias? De que serve uma boa guerra, se ela nada oferece de substancial ao vencedor?

Na mesquita, Maomé começou por exibir os seus dotes de político: *"estes cativos não me pertencem apenas a mim, mas a todos os muçulmanos"*. O povo, de faca afiada, aquiesceu. Em seguida anunciou que prescindia da sua parte no saque e tentou excluir-se da decisão sobre a repartição. Nessa altura, os homens ameaçaram: *"não te deixaremos partir sem que tenhas tu mesmo feito a partilha".* Entre a espada e a parede, Maomé ainda oferece seis ovelhas dos seus rebanhos por cada cativa que os combatentes libertassem.

> *"A guerra santa reduzia-se, naquela oração de sexta-feira, a um comércio cerrado onde Maomé jogava o futuro de todo o seu projecto: conseguiria convencer as suas tropas a irem para lá da razia e verem na cativa algo mais do que parte de um botim, nomeadamente uma crente como eles próprios?"* [137]

A resposta é negativa. O profeta acabou mesmo por repartir segundo o costume. A margem de manobra permitida pela economia de saque impôs a sua lei. Parafraseando Fátima Mernissi, o profeta conseguira dar às mulheres o direito à herança e ao paraíso; já *"subtraí-las ao poder dos homens se revelava bem mais difícil."* Eis uma bela síntese para milénios de opressão de género.

A PALAVRA E A HERANÇA

A entrada das mulheres no mundo das heranças – seguramente uma das medidas de maior alcance tomadas por Maomé – ilustra bem a dificuldade que os reformadores islâmicos têm quando lidam com a revelação divina. O articulado corânico é, neste domínio, um verdadeiro código sucessório. Sob um critério geral muito simples – duas partes para o homem e uma para a mulher – nada foi deixado ao acaso. Para impor as suas instruções, Alá rematou-as com um seco *"É imposição de Deus".* Só que... o que era progressivo passou a ser, à luz dos consensos actuais, simplesmente incompreensível.

Na Europa, os regimes sucessórios foram, durante muitos séculos, bem mais injustos do que o preceito corânico. Mas a secularização das sociedades ocidentais trouxe consigo o princípio da igualdade nas heranças. Na maioria dos países de tradição muçulmana, isso não aconteceu. A desgraçada precisão das instruções divinas refreou o espírito reformista. Se o Corão fosse uma obra de discípulos, mesmo de califas, a injustiça já se teria, de um modo ou de outro, resolvido. Mas como a lei corânica é a palavra de Deus...

Eis como Tariq Ramadan, um sociólogo muçulmano reformista, lida com este assunto:

> *"Peguemos no exemplo controverso da herança. O texto corânico não tem ambiguidades. (...) O seu princípio compreende-se em função da concepção da família no Islão, onde o homem deve suportar integralmente os seus encargos financeiros. Não vou adoçar o texto. Mas aplicá-lo à letra, sem medidas compensatórias, numa sociedade completamente desestruturada, produz inevitavelmente uma terrível discriminação."* [138]

[137] Idem, págs. 173 e 174.

[138] In *L'Islam en Questions*, pág. 271; Babel/Sindbad, 2002.

Repare: Ramadan não toca no texto. Ele decide travar a sua batalha no interior das balizas fixadas pela tradição. Para tanto, selecciona um ângulo particular de ataque:

"Nos países muçulmanos (...) há mulheres que não têm nada, que foram deixadas pelos seus maridos e que assumem todos os encargos financeiros da família ou das crianças. Os poderes públicos devem compensar estas desigualdades. A soberania, nestes casos, deve pertencer à racionalidade humana: o texto visava a justiça, mas a sua aplicação cega pode transformar-se numa injustiça. É preciso rever a aplicação para manter a fidelidade ao princípio. É este o trabalho dos reformistas e não creio que o seu ponto de vista seja minoritário." [139]

As consequências práticas desta abordagem são muito interessantes. Os reformistas defendem, por exemplo, um salário para a mulher que fica em casa arcando com o trabalho doméstico e rendimentos compensatórios do Estado para as que têm famílias a cargo. Tariq Ramadan procura ainda intervir a montante e a jusante dos limites que o Corão impõe em matéria de heranças. Sem tocar nas instruções sucessórias, ele pensa que o mundo islâmico deve reconsiderar globalmente o lugar das mulheres na sociedade – do direito à educação e ao trabalho até à liberdade de escolha do parceiro e ao divórcio a pedido, onde as revelações apresentam surpreendentes oportunidades para as mulheres.

VIOLÊNCIA DOMÉSTICA

Confesso a minha ambivalência porque sou um universalista. Por mim, diria a Tariq Ramadan e aos muçulmanos que o Corão é como a Bíblia, um livro humano, e que a essa luz deve ser lido e interpretado. Ou então, que Alá, na sua infinita misericórdia, apreciaria o tresler dos crentes e ainda sorriria, satisfeito pelo atrevimento. Mas de bom grado reconheço que esta poderá não ser a mais eficaz das pedagogias nos tempos que correm. Por isso, tenho enorme respeito por quem escolhe explorar as fronteiras interpretativas da sua própria tradição.

Enquanto escrevia este capítulo, recebi a notícia de que a principal autoridade religiosa do xiismo libanês, o *ayatolah* Fadlallah, emitira uma *fatwa* sobre a violência dirigida contra as mulheres. As suas instruções contrariam abertamente a passagem corânica que autoriza o castigo das mulheres em caso de revolta contra o esposo:

"Àquelas de quem temais a rebelião, admoestai-as, confinai-as aos seus aposentos, castigai-as. [Mas] Se vos voltarem a obedecer, não procureis pretexto para as maltratar." [140]

[139] Idem, pág. 273.

[140] In *Corão*, terceira parte do verso 34 do capítulo das Mulheres.

Como surgiu esta disposição, a contracorrente de outras que favoreciam as mulheres? Ela é o resultado da queixa de uma mulher que se apresentou a Maomé reclamando a aplicação da lei de talião contra o seu marido, por este a ter violentado durante uma discussão azeda. Não é difícil reconstituir a cena porque ela continua a repetir-se demasiadas vezes por todo o mundo, seja qual for a confissão dos envolvidos. Coloquem-se agora na pele do profeta: podia despachar favoravelmente, sem perder a sua autoridade entre os homens? Maomé esperou por uma manifestação do Divino, o que fazia sempre que o dilema aconselhava prudência. Quando Alá falou, os homens respiraram de alívio e as mulheres perceberam que a clemência dos céus terminara. Mas a história não acaba aqui. Al-Tabari, um grande comentador do Corão, que viveu no século X, elucida que Maomé chamou o marido da mulher para lhe comunicar o verso, mas acrescentou: *"eu queria uma coisa, mas Deus determinou de outra maneira"*. Ou seja, o profeta não deu ponto sem nó. Bnu Saad, um respeitado biógrafo do século IX, garante que os discípulos criticavam as fraquezas de Maomé sempre que o assunto envolvia as mulheres. Provavelmente farto de discussões nas suas costas, teria um dia desabafado:

"Está bem, batam-lhes, mas só os piores recorrerão a tais métodos". [141]

Podemos agora regressar a Fadlallah. Para um ocidental que conheça o Islão pelas notícias de televisão, o xiismo é o Irão e o Hezzbolah e está tudo dito. Ainda por cima, este ayatollah foi um dos fundadores do referido movimento e consta, seguramente, das listas negras dos serviços secretos de Israel e dos EUA. Como é possível, nestas circunstâncias, que as xiitas libanesas o vejam como o seu anjo da guarda? Pedi-lhe uma audiência no início de 2008 e levei comigo uma mulher. Usámos vários transportes antes de sermos recolhidos por uma viatura do aparelho de segurança xiita, que se enfiou no labirinto das ruínas de guerra antes de, finalmente, nos depositar no local do encontro. O homem franzino que tínhamos diante de nós falava baixinho, na melhor tradição dos religiosos, qualquer que seja a sua fé. Eu sabia que ele era conhecido por interpretar o Corão à luz dos argumentos da razão. Vários cristãos libaneses me tinham revelado a sua secreta inveja por este homem, que consideram moderno se comparado com as restantes autoridades religiosas do país. Posso confirmá-lo. Numa viagem anterior, estivera com o patriarca dos maronitas e ele nem sabia com que delegação estava a falar... Além de conservador, ultrapassara todos os prazos de validade. Quanto ao chefe religioso dos sunitas, o seu discurso antijudaico só encontra equivalente nos deploráveis pontos de vista que exprime sobre as mulheres. Com Fadlallah, foi diferente. Ele estava sinceramente satisfeito por não ter à sua frente apenas

141 Bnu Saad, referido por Fátima Mernissi, obra assinalada, pág. 200.

homens. Aprecia a vida com todas as metades da Humanidade e crê que essa era, igualmente, a visão do seu profeta. A fatwa que emitiu fala por si:

> *"Apesar de todos os progressos (...) a mulher continua a sofrer da violência que se exerce sobre ela. Essa violência (...) não tem um carácter especificamente oriental. Engloba a totalidade do mundo, mesmo que os seus modos e a envergadura possam diferir de um lugar para outro."*

A instrução enumera, em seguida, os domínios em que a violência se exerce sobre a mulher e conclui com onze disposições. Nunca questionando a letra dos preceitos corânicos, eis como dela se desenvencilha:

> *"O predomínio do homem em relação à mulher não significa que este lhe seja superior ou soberano sobre ela. O homem é responsável pela gestão dos assuntos da família num espírito de parceria, onde ambos partilham todos os assuntos comuns entre eles, enquanto dois esposos."*

Deste postulado, Hussein Fadlallah parte para as consequências:

> *"O Islão afirma que ninguém tem autoridade sobre a mulher, desde que é púbere, adulta e autónoma, no que toca à gestão dos seus próprios assuntos. Ninguém tem o direito de lhe impor um marido que não deseje. O contrato de casamento deve ter o acordo da mulher. Se não, é ilegal e sem efeito."*
>
> *"No quadro do casamento, o Islão considera a mulher como ser jurídico independente do homem do ponto de vista financeiro. O marido não tem o direito de se apropriar dos seus bens pessoais nem de intervir no seu comércio (...)."*
>
> *"O Islão não autoriza o homem a exercer qualquer forma de violência física sobre a mulher. Ele não tem igualmente direito a atentar contra os seus direitos legais, conforme ao contrato de casamento, nem de a expulsar de casa, nem de a insultar, injuriar ou dirigir palavras duras. Tal constitui um pecado pelo qual o homem será castigado por Deus e perseguido pela lei islâmica."*
>
> *"Se o homem exercer a violência física contra a mulher e esta se vir incapaz de se defender por outro meio que não seja o de ripostar, isso é-lhe lícito em legítima defesa. Se o homem exercer a violência jurídica contra a mulher, frustrando alguns dos seus direitos conjugais, como o das despesas ou a vida sexual, a mulher tem o poder de renunciar às obrigações que lhe estão fixadas pelo contrato de casamento."*

Visitei o Líbano várias vezes na condição de jornalista e, nos anos mais recentes, como deputado europeu. Sei que uma fatwa como esta faz

Líbano, mulher e filhos do campo de refugiados palestinianos de Narh El Bared, em Tripoli © MP

pelas mulheres mil vezes mais do que dez mil discursos sobre a laicidade e a igualdade de direitos. Fadlallah, o xiita, assinaria por baixo o ponto de vista de Tariq Ramadan, sunita, quando este interpela o feminismo europeu:

> *"Quem é feminista? Aquela ou aquele que fala como um ocidental, estando completamente desconectado da sua sociedade, mas que agrada aos ouvidos dos intelectuais europeus? Ou, melhor, quem está enraizado nas suas referências e luta do interior, ao ritmo das emoções e das inteligências do seu povo, para que o pensamento evolua e amadureça?"* [142]

QUANDO AS APARÊNCIAS ILUDEM

Quem quiser perceber "o mundo de lá" deve despir-se dos preconceitos do "mundo de cá". O Líbano oferece a vantagem da sua desvantagem – condensa, numa área equivalente ao Algarve e ao Alentejo, todas as contradições que assaltam o Médio Oriente. Mais do que um Estado, o país dos cedros é um mosaico de religiões e de clãs, de paisagens e desigualdades.

Quem siga de Beirute para o Norte ao longo da costa sente-se num país ocidental. Essa impressão deve-se, antes do mais, à demencial profusão de publicidade estática, com mulheres e homens belíssimos, anunciando os mais modernos bens de consumo do capitalismo de massas

142 In *L'Islam en Questions*, pág. 289; Babel/Sindbad, 2002.

Síria, crianças de escola com o líder bordado

em poses provocantes. Mas basta que o viajante abandone a via rápida costeira e entre pelas estradas da montanha para, de imediato, se sentir numa outra Europa, a da Sicília, com santos e santinhas em cada curva, ao lado de bandeiras e cartazes com a imagem protectora do chefe de clã local.

Se a viagem se fizer de Beirute para Sul, o país de hegemonia cristã desaparece por completo. A costa é plana e a vegetação quase desaparece. Mais para o interior regressam as terras altas. Mas ao contrário das do Centro e do Norte do país, estas são secas e agrestes. Também a publicidade muda. É mais escassa e menos despida. Anuncia bens de consumo correntes e não os últimos modelos e marcas de Ocidente. Em compensação, as estradas estão cheias de "outdoors" em honra dos mártires. Estamos noutro mundo.

Esta breve descrição deixou de lado o belíssimo vale da Beckaa, um planalto agrícola entre cadeias de montanhas, situado a mil metros de altura, onde se cultivam as verduras, os legumes e as leguminosas da inigualável gastronomia libanesa, ela própria uma metáfora do país, com cada condimento e sabor em seu pratinho. Beirute, a capital, também é, a seu modo, uma "mezée", uma cidade de cidades demarcadas por fronteiras invisíveis, mas bem reais. Aí se passa, num abrir e fechar de olhos, de um bairro de riqueza infinita para outro, de refugiados palestinianos, onde os andares se improvisam uns em cima dos outros, desafiando todas as leis da gravidade, as terrestres e as divinas. Antes da guerra civil que suspendeu aquele país entre 1974 e 1989, existiam vários bairros que misturavam as obediências religiosas. Agora, são raros. Os libaneses reconhecem as diferenças, de rua para rua. Por exemplo, o salão de beleza de *Caramelo* situa-se quase de certeza numa zona popular cristã, mas fronteiriça a um quarteirão muçulmano. Nós, os estrangeiros, só distinguimos à zona. Lembro-me da primeira vez que entrei em Beirute sul. Senti-me em Teerão, embora não conhecesse Teerão. Quando regressei ao centro da capital, julguei-me na cidade do Mónaco, embora também nunca lá tivesse estado. Beirute é uma cidade louca. O turista costuma ficar nas zonas mais ricas e luxuosas, com as suas lojas de marca e discotecas. Sente-se "por cá". Não tem tempo nem paciência para perceber que este aquário não é forçosamente mais moderno, nos hábitos e nos costumes, do que o Sul de hegemonia xiita. Ele não imagina, sequer, que uma fatwa como a de Hussein Fadlallah seria simplesmente impensável entre sunitas e olhada de soslaio pela maioria dos cristãos.

O viajante deve olhar para a publicidade estática que assalta o país como uma cortina. Por detrás deste *hijab* esconde-se a ordem das famílias alargadas e dos chefes de clã. Também as religiões são, a seu modo, um véu. É nelas que os clãs, faça chuva ou faça sol, encontram o seu seguro de vida. O mesmo se passa com a generalidade dos partidos políticos, que emprestaram ao tribalismo a patine de que este carecia para se integrar no sistema democrático. Este mosaico é o do Mediterrâneo, não o de uma religião particular. É assim em Israel, como o é no Sul de Itália, onde a política e os sistemas de protecção e extorsão continuam a obedecer a linhagens de poder familiar e patriarcal. Foi nas montanhas do Norte do Líbano que percebi *O Padrinho* e a política italiana.

As aparências não se devem, contudo, minimizar, porque as ilusões são poderosas e influem nas mentalidades. A fatwa de Hussein Fadlallah é, em si mesma, expressão e resultado da portentosa colisão de atavismos e modernidades que faz do Líbano um laboratório único no seu género. Uma mulher, por ser cristã, não é mais moderna do que a sua congénere xiita, drusa ou sunita. Depende. As diferenças também não se medem pelo uso de um lenço na cabeça. Conheci cristãs e drusas descobertas bem mais conservadoras do que xiitas com lenço. Ao invés, também estive com mulheres xiitas e sunitas, de jeans e sem lenço, tão ou mais independentes do que as que povoam o mundo de Nadine Labaki em *Caramelo*. A maioria das sunitas e das xiitas usa lenço. Mas, ao contrário do que os média fazem crer, o integrismo é muito mais comum entre os sunitas, cujas lideranças são pró-ocidentais, do que entre os xiitas. No Sul do Líbano, a maioria das mulheres usa véu, mas não vi ninguém com *niqab*, o pedaço de tecido que cobre o rosto das mulheres na Arábia Saudita ou no Iémen e que tem o mesmo efeito da burka afegã.

Líbano, cartaz do Hezzbolah alusivo às invasões israelitas, em Nabatieh © MP

Em Nabatieh, a capital do Sul xiita, no coração da hegemonia Hezzbolah, visitei a principal escola secundária da cidade. É uma instituição privada, dirigida por uma congregação de irmãs católicas. Noventa por cento dos mil e oitocentos estudantes são xiitas. Aprendem em turmas mistas, as batas da escola são facultativas a partir do nono ano de escolaridade, e a maioria das adolescentes não usa lenço. Embora "por lá", parecia "uma escola de cá". No quadro das visitas oficiais há sempre almoços com as elites locais. No de Nabatieh, a maioria das mulheres estava descoberta. Mais uma ilusão? É muito provável. Não tenho qualquer motivo para supor que as mulheres descobertas fossem mais emancipadas do que as que cobriam os seus cabelos com lenços. Desse almoço retirei uma única conclusão: na capital xiita, que a ignorância suporia jugulada por barbudos fundamentalistas, as raparigas podem exibir as suas diferenças, mesmo que delas não abusem. Na Turquia da laicidade militar, isso não é tão fácil: elas estão proibidas de frequentar a universidade se levarem o lenço para a sala de aula.

Quanto ao mais, não é por acaso que Fadlallah tem que emitir, em pleno século XXI, uma fatwa contra a violência de género. Ele conhece o seu mundo. Suspeito que sabe que, por detrás das ilusões, na esfera privada da família e na empresa, o patriarcado impõe a sua lei.

A POLIGAMIA ENTRE LENDA E REALIDADE

Na velha Fustat medieval, os contratos de casamento incluíam cláusulas sobre a poligamia, que era uma prática interdita entre os cristãos, mas permitida nas outras confissões. Não se tratava de um fenómeno massivo. Era praticada nas famílias mais ricas, que viviam no Cairo, e só ocasionalmente em Fustat, onde surge como recurso da família quando a esposa não é fértil ou foi atingida por uma enfermidade que a impede de tratar dos filhos. Na verdade, era tão rara como cara.

A autorização para o concubinato dependia da primeira esposa e as disposições contratuais eram claras. A segunda mulher tinha que viver em domicílio próprio e afastado e não podia beneficiar de qualquer favoritismo. As cláusulas iam ao ponto de definir as obrigações sexuais do marido e o vestuário que a nova esposa podia usar para que a primeira não se sentisse prejudicada ou preterida. Em caso de incumprimento, esta adquiria o direito ao divórcio e apanhava o dote do marido, um poderoso antídoto contra decisões menos ponderadas.

Ao longo das viagens que fiz apenas deparei com uma situação de poligamia. Foi em *Hama,* uma cidade síria, entre Damasco e Alepo, cujo cartão de visita é uma rede de noras gigantes de época romana. Por detrás da maior delas encontra-se um café. Naquela sexta-feira, estava repleto. Um homem de meia-idade meteu conversa connosco, radiante pela oportunidade para desenferrujar o seu inglês. Importante industrial de perfumes e sabões de Alepo, trazia no porta-bagagem do seu Packard dos anos 50 um conjunto de "kits" de beleza da sua fábrica. Não nos largou enquanto não aceitámos um para cada uma das nossas esposas. O ambíguo uso do plural é propositado. Este homem encontrava-se em Hama no cumprimento das obrigações familiares com a sua segunda esposa, que aqui vivia. Também ela tomava o seu café e fumava tranquilamente um cigarro. Seria de supor que a Síria, um dos mais seculares regimes do Médio Oriente, tivesse interdito a poligamia. Engano: ela é legal, embora socialmente irrelevante, como nos confirmou o industrial com quem falámos. As condicionantes a que obedece são, sem tirar nem pôr, as que descrevi para a Fustat medieval.

A poligamia e o harém no mundo islâmico alimentaram durante algum tempo as fantasias coloridas dos viajantes de Ocidente. Hoje, pelo contrário, é apresentada como prova definitiva do "atraso" dos países de maioria muçulmana. Em tempo de "conflito de civilizações", este é o tipo de "superioridade" que dá imenso jeito. Até por isso, convirá separar os bons dos maus argumentos.

Facto: a poligamia é residual nos países árabes. Pratica-se apenas entre famílias muito ricas, em particular nos países da Península Arábica. Nessa fronteira de riqueza e poder se situa o industrial que conhecemos

Síria, Hama

em Hama. As suas fábricas permitem-lhe manter uma segunda esposa... e ainda uma extensa colecção de carros antigos. A poligamia é ainda ocasionalmente praticada no extremo oposto da escala social, entre famílias camponesas pobres, onde a carência de braços e a extensão da prole a recomendam por motivos económicos. No mais, os homens contentam-se com a mulher que têm.

Facto: a abolição toca uma corda sensível. O Corão não obriga, mas recomenda explicitamente que os homens tomem por esposas as mulheres viúvas, as órfãs e as necessitadas. O livro reflectia sobre uma realidade social angustiante. Muitas mulheres da Península Arábica do século VII perdiam os seus maridos nas razias e outras tantas eram repudiadas pelos mais diversos motivos, ficando sem qualquer tipo de protecção. O Corão actua, neste particular, como uma espécie de segurança social "avant la lettre". O prazer do homem não é chamado à colação. Sucede com a poligamia o mesmo que com a herança: o que era uma legislação progressiva deixa de o ser com a passagem do tempo.

Facto: alguns países de maioria muçulmana proibiram, entretanto, a poligamia ao abrigo de um argumento religioso – quando o Profeta a autorizou, impôs, ao mesmo tempo, a igualdade de tratamento das mulheres. Ora isso, na sociedade moderna, é impossível de garantir...

Este é o momento de introduzir um dos mais saborosos diálogos de que me recordo no Iémen. Numa daquelas etapas inesquecíveis e intermináveis

que as suas estradas de montanha oferecem, decidi "picar" o nosso guia com o espinhoso tema. Não deve ter sido a primeira vez que um ocidental o invectivou porque reagiu de imediato:

– *"Mas porque é que vos preocupa tanto a nossa poligamia, que nos obriga ao tratamento das mulheres por igual, quando vocês, na Europa, a praticam a bel-prazer, sem respeito nem regras?"*

O golpe foi baixo e puxei dos galões:

– *"Pois, mas essa não é a única diferença entre nós. Há outra: na nossa terra, uma mulher também pode ter vários homens."*

O nosso interlocutor replicou, desconcertado e desconcertante:

– *"E como é que vocês sabem quem é o pai?!"* [143]

Entre golpes e contragolpes, faça-se o ponto: a poligamia é ilegal no Ocidente, mas existe; e é inexpressiva no mundo árabe, embora autorizada. O brio com que encostei o guia às cordas assentava numa falácia. Na Europa, a possibilidade de uma mulher manter relações amorosas simultâneas não

143 Fragmento de diálogo registado no IIIº caderno de viagens.

é igual à dos homens e só nas elites é socialmente admitida. Nós sabíamos, mas ele não. Por outro lado, a sua observação final, que ouvi a muitos outros muçulmanos, associa com clareza a poligamia, não ao prazer do homem, mas ao seu poder na família. A substância deste debate, mais do que jurídica, é de cultura. A persistência da poligamia legal é, evidentemente, um resquício de desigualdades antigas. Por isso, a sua abolição constitui um avanço nos direitos das mulheres. Mas não nos enganemos: por si só, a abolição não muda a realidade. Esta é que, pelo contrário, nos prega partidas.

ROSTOS POÉTICOS

> *"Senti-me fascinada e aterrada pela revolução. Desesperadamente, queria perceber."* [144]

Esta viagem abandona agora o Mediterrâneo e as areias do deserto para aterrar, por algumas horas, em Amesterdão. Encontro-me agora no interior de um paralelepípedo negro com dois ecrãs frontais. No primeiro, um homem de barba e camisa branca canta poemas de um poeta sufi do século XIII. No segundo, uma plateia masculina, também de camisas brancas, escuta atentamente. Depois, uma mulher substitui o homem. O seu cantar é um gemido que cresce na escuridão. Do outro lado, já ninguém ouve. A plateia esvaziou-se.

Um pouco adiante, noutra sala, cruzam-se num único ecrã os movimentos de um grupo de homens com os de um grupo de mulheres. Os primeiros movimentam-se no interior de uma fortaleza, por sinal de construção portuguesa, em Essauira, no Sul de Marrocos. São as segundas que verdadeiramente interessam. Todas usam *chador* – uma peça de tecido negro que veste a mulher dos pés à cabeça, deixando apenas o rosto e as mãos visíveis. São elas que atravessam o deserto, que chegam à praia e se aventuram no mar. Eles não. Eles só vêem, mas não se atrevem. Quem desafia o desconhecido são elas.

Acabei de vos apresentar duas vídeo-instalações[145] de Shirin Neshat, uma iraniana que vive nos Estados Unidos desde 1975. Oriunda de uma família rica de Teerão e educada num colégio católico, emigrou com 18 anos, depois de se ter iniciado a revolução que iria transformar o Irão numa república islâmica. Shirin regressou ao seu país, em 1990, onde ficou por algum tempo. Durante uma década, o seu trabalho evocará, a preto e branco, essa memória forte. O olhar da artista é radical. A sua obra reflecte a visão de uma clivagem irredutível entre o Islão e a Modernidade, simbolicamente condensada no véu das mulheres.

Shirin Neshat não é uma orientalista que suaviza os rostos femininos para os tornar encantatórios aos olhos dos homens de Ocidente. Não, ela é uma iraniana da América que quer desesperadamente compreender o que sucedeu ao seu país e não consegue. A sua primeira obra é uma série fotográfica

[144] Shirin Neshat, in *La Ultima Palabra*; Charta, 2005.

[145] Respectivamente *Turbulent*, de 1998, e *Rapture*, de 1999.

Egipto, interior de centro comercial no Cairo

com o seu próprio rosto e mãos, em diferentes posições e situações, pintados com poemas em delicadíssima caligrafia *farsi*. O poder destas imagens é tão forte que a crítica nelas impressa quase se transforma na propaganda do seu contrário. A tensão entre o corpo e o véu é agravada pelo facto da artista recorrer a poemas de duas iranianas com posições ideológicas opostas. A primeira, Forough Farrokhzad, era uma poetisa maldita, que morreu nova, com 31 anos de idade. Os seus versos assumem, sem interditos, o corpo, o sexo e o amor. A segunda, Tahereh Saffarzadeh, pelo contrário, transformou-se numa devota de Khomeiny depois de ter estudado nos EUA. Os seus poemas elogiam o sacrifício e o martírio.

A série é tão arrepiante que a autora se sentiu na obrigação de a explicar:

> *"A poesia é a voz simbólica e literal das mulheres cuja sexualidade e individualismo foram enclausuradas pelo chador."*

A obra de Shirin Neschat arrebata, independentemente dos seus pressupostos ideológicos. Ela é Artemísia Gentileschi, mais do que Nadine Labaki. Os poemas que pintou sobre o seu rosto e mãos não têm o poder libertador dos contos de Xerazade. Em Shirin, as caligrafias são chicotes que silvam o ar. A sua arte é poderosa, não porque conquiste, mas porque denuncia.

Síria, Mesquita central de Damasco

O ponto de vista desta iraniana imigrada é minoritário no mundo islâmico, mas não é uma excepção. Os dirigentes modernistas do Médio Oriente, com os olhos postos no Ocidente, interpretaram o papel simbólico do hijab ou do chador exactamente como o faz Shirin Neshat. Na Turquia ou na Argélia dos militares ela seria uma artista de Estado.

Curiosamente, o primeiro "desvelamento" público ocorreu onde ele seria menos expectável: no Afeganistão. Corria o ano de 1919 quando o rei afegão Amanulah, depois de obrigar os seus súbditos a deixarem os trajes tradicionais à porta da cidade de Cabul, em sessão solene decide retirar a burca à sua esposa, ante os olhares atónitos dos chefes tribais...

A coragem do monarca afegão deve louvar-se. Mas este primeiro "desvelamento" já transporta consigo a ambiguidade que irá marcar os seguintes. No primeiro quartel do século XX formaram-se grupos feministas no Cairo, em Istambul, em Damasco e em Beirute. Em regra, eles beneficiam de protecção nas altas instâncias. As egípcias, por exemplo, inspiravam-se na acção do seu vice-rei que, em 1873, abrira a primeira escola para raparigas, encorajando a sua frequência sem véu. As primeiras exigências das mulheres mais instruídas incidem nestes dois aspectos. Elas exprimem, por um lado, a vontade de integração numa comunidade mundial de valores modernistas; por outro lado, o movimento colhia igualmente apoio entre quantas viam no "desvelamento" uma forma de distinção elitista face às mulheres do povo.

Turquia, mulheres num café de Istambul. Na página seguinte:
mulheres no El Fishawy, café do Cairo

305

Para os dirigentes nacionalistas, o primeiro aspecto era o determinante. Quando o pai da nação turca, Kemal Ataturk, proibiu, em 1924 o uso do véu, a interdição aplicava-se igualmente ao "fez" que os homens traziam na cabeça. Na verdade, ele queria que o seu povo se vestisse à ocidental. Estaria convencido de que o hábito faz o monge?

Em 1936, o xá Reza Palhavi, do Irão, imitou o turco e proibiu as mulheres de trabalharem cobertas. A interdição do chador durou seis anos e teve que ser abandonada porque estava a atingir duramente o emprego feminino que queria emancipar. Por aqui se vê que o ataque aos símbolos facilmente pode produzir efeitos contrários ao pretendido.

O líder que mais longe levou a ocidentalização dos hábitos pela lei foi Bourguiba, o fundador da Tunísia independente: de um só golpe, acabou com a poligamia e o repúdio, instaurou o divórcio a pedido e fixou uma idade mínima para casamento. Em 1967, quarenta anos antes de Portugal, já a Tunísia regulamentava o direito ao aborto. É indiscutível que os líderes árabes nacionalistas ou pró-ocidentais das décadas de 50 e 60, pressionados pelas mulheres mais instruídas e reivindicativas, tentaram modernizar os seus países e melhorar o estatuto das mulheres. Porque não o conseguiram? A minha explicação é pouco canónica: além de modernistas, eram déspotas. Todos, sem excepção, acabaram por transformar as mesquitas num reduto de liberdade para os seus povos.

UMA HISTÓRIA INACABADA

A mesquita, um reduto de liberdade? O tipo enlouqueceu! Julgo que não. Quando as lideranças reformistas ou revolucionárias se abalançam à mudança dos hábitos e costumes, devem saber que mexem com uma das maiores invenções da Humanidade – a tradição – e com os seus maiores guardiães – os homens de religião. Se julgam que a vontade tudo quer e tudo pode, descuidando os modos, com grande probabilidade estampa-se. Num primeiro momento, a força impõe. Depois, a vida antiga espreita a oportunidade para se vingar. Em regra, consegue. Porque o tempo dos hábitos e dos costumes não é o da política.

As mesquitas transformaram-se em redutos de liberdade por outras razões ainda. Os poderes modernistas produziram elites de homens e mulheres ocidentalizados nos modos de vestir e até de pensar, mas nem por isso particularmente "novos". Os regimes nacionalistas do século XX mostraram-se quase sempre mais preocupados com o monopólio e a exibição da força do que com o investimento de natureza social. Em sociedades moldadas pela pobreza, a saúde e a educação continuaram, em grande medida, a ser garantidas pelas antigas redes de assistência clânica e religiosa. A liberdade também é isto – está-se com quem está connosco quando precisamos de ajuda. A persistência de brutais desigualdades sociais não facilitou a aceitação popular dos códigos modernizadores.

Deixei para o fim o factor que me parece decisivo: a partir do século XIX, o Mediterrâneo falha o seu encontro com a História. O primeiro embate teve o dedo de portugueses e andaluzes. A descoberta da via marítima para a Índia e a colonização das Américas deslocou o centro de gravidade do mundo para Ocidente. O Mediterrâneo, que levava séculos de avanço sobre outras regiões do planeta, teve que se reinventar. Surpreendentemente, resistiu bem. Foi algures entre o século XIX e o século XX que este mundo se atrasou, quando o capitalismo acelerou na Europa e fez do resto do planeta uma imensa periferia. A resistência ao colonialismo tem, então, dois braços: o primeiro é laico, reformista e urbano. A Nadha rejeita a imposição externa mas, ao mesmo tempo, é atraída pelas ideias que assaltam a Europa. A segunda, pelo contrário, vê na defesa de uma identidade cultural ameaçada a sua referência para a mobilização anticolonial. Há pontos de contacto entre o pan-arabismo e o pan-islamismo, mas o modo como uns e outros olham para as mulheres é muito distinto. A aceleração do tempo nos últimos 50 anos não facilitará as coisas. Como sustentei na introdução a este livro, as sociedades do Sul e do Leste do Mediterrâneo entraram em "curto-circuito". Foram expropriadas do bem imaterial mais precioso de que dispunham – o tempo. Invadidas pelos sinais do futuro eram simultaneamente presas do tempo lento da sua história. O aumento da influência islamista é consequência de uma desesperada busca de sentido num mundo que parece ter perdido o seu nexo. A popularidade do conservadorismo de matriz religiosa é também o resultado do fracasso político e social dos nacionalismos e das esquerdas laicas do Médio Oriente. Mas não representa o fim desta história. Esse conservadorismo, que é, também, resistência e adaptação, contém os germes da sua própria transformação.

DOS MIL USOS DO VÉU

A equação de Shirin Neshat é muito simples: o véu enclausura; o véu é o Islão; logo, o Islão enclausura. Terá razão? A resposta é não e sim, por esta ordem.

Não, porque a desigualdade entre homens e mulheres é a que decorre da separação espacial entre dois mundos – um, público, pertença dos homens; outro, privado, onde mandam as mulheres. Esta separação não é imputável às religiões monoteístas, precede-as. É um produto da divisão do trabalho em condições de sobrevivência, que a cultura greco-romana generalizou no Mediterrâneo.

Não ainda, porque a natureza do véu não é independente de quem o usa nem da circunstância em que o coloca. O véu tanto pode significar clausura, como vontade. Ao contrário do que se pensa, nem sempre o hábito faz o monge. Num dos vídeos que vos descrevi, é um grupo de mulheres que atravessa o deserto e se atreve ao mar. Elas usam, todas, o chador. O que este cobre é a vida e não a submissão.

Mas sim, porque as religiões estão longe da inocência. Elas intricaram o véu na separação do espaço físico entre os sexos. Esta observação deve ser matizada. O judaísmo, por exemplo, tinha um pavor místico das cabeleiras femininas. Ainda hoje as famílias de tradição religiosa usam o lenço no espaço público. Contudo, isso não impede a maioria dos judeus de se vestir como muito bem lhe apetece. Com o cristianismo não foi muito diferente. São Paulo dizia às mulheres que se deviam cobrir para não atraírem a atenção dos anjos, que eram do sexo masculino na sua imaculada percepção. Hoje, nos países de tradição cristã, o véu foi circunscrito aos ofícios religiosos, embora sobreviva como hábito e costume nos meios rurais e piscatórios. Com o Islão, o resultado acabará por não ser diverso.

As religiões também legitimaram o uso do véu para efeitos políticos. Moisés, depois de ter recebido a segunda dose de mandamentos no Sinai, sentiu-se iluminado e colocou um véu sobre o rosto, que só retirava quando ia a despacho com o Altíssimo. Os califas abássidas e os fatimidas do Cairo apreciaram a ideia e também passaram a receber sempre por detrás de uma cortina. Os escribas dos últimos explicaram que tal acontecia para evitar que os adeptos ficassem cegos ante a luz divina que deles irradiava... Piergiorgio Odifreddi[146] anota com humor que a expressão "karnu panav", cara radiante, foi traduzida por São Jerónimo, no século V, como "cornuta fácies". Daqui nasceu a lenda de Moisés com cornos, que Miguel Ângelo retomaria em 1515, na sua famosa estátua para a tumba de Júlio II. Entre os cristãos, o uso de

146 In Por Qué no Podemos Ser Cristianos, pág. 74; RBA, 2008.

Síria, cinema em Damasco. No plano seguinte: Síria, loja feminina no souk Hammadieh, em Damasco

separadores entre o rei e os súbditos foi mais contido. De memória, recordo--me que o négus da Etiópia, que nunca era mostrado ao povo, também recebia deste modo. É capaz de não ter sido caso único. Por outras palavras, há véus e véus, tantos quantas as funções que se lhe quiserem atribuir.

DAR TEMPO AO TEMPO

Não raro, encontro-me na ingrata posição de, "por lá", defender o que considero ser uma conquista universal da civilização – o direito à igualdade entre os homens e as mulheres – e "por cá", explicar porque é que as nossas medidas se não devem impor à bruta e muito menos com mísseis. Parece contraditório e, por vezes, é-o.

Que sei das mulheres deste mundo? Bem menos do que desejaria. Deixo--vos, simplesmente, com algumas imagens e impressões de viagem.

Lembro-me da cabina de um TIR iemenita. Claro que não tinha aqueles calendários com mulheres de seios roliços que fazem húmidos os sonhos dos nossos camionistas. O rosto da mulher que acompanhava as viagens do iemenita encontrava-se coberto por um lenço e por um niqab. À vista apenas ficavam os olhos. Era com eles que o camionista sonhava enquanto conduzia. Já o disse atrás e repito agora: na universidade de Sanná, a capital, as raparigas já suplantam os rapazes. O mesmo sucede por todo o Mediterrâneo. Apesar disso, não quero regressar a um país que guardo no coração,

enquanto as suas ruas e praças apenas forem povoadas por homens, mulheres e sombras. O véu integral do rigorismo islâmico é uma clausura. Mesmo sabendo que por debaixo dele moram as cores da vida.

Lembro-me agora da última noite no deserto de Tinduf, na tenda da família Saleh. Wabha, de 18 anos, ligou o pequeno rádio e começou a dançar para os convidados. Vestia uma peça única de tecido, de cores eléctricas, que a cobria dos pés à cabeça. Wabha devia guardá-la para as grandes ocasiões e esta era a sua ocasião. O véu que a cobria era o do encanto e não o da reserva.

Wabha nunca deixou de dar notícias. Uma a duas vezes por ano dirigia-se ao único posto telefónico da wilaya para nos ligar. O seu sonho: chegar a Espanha para se juntar ao seu tio, imigrante em Valência. Tanto quanto sei, conseguiu. Ela usava lenço, pois usava. Mas no Sara até os homens usam lenço e foi entre este povo de nómadas condenados ao refúgio que encontrei os espíritos mais livres.

Recordo, agora, Nejma e Salma, duas irmãs, naturais de Tanger, que estudam na universidade. Visito-as sempre que vou a Marrocos. São muçulmanas, bem como os pais, a avó e os dois irmãos, mais novos. Esta é uma típica família de classe média, o que em Marrocos quer dizer pouco. A casa, alugada, tem dois quartos e uma sala. Nesta, dorme a avó, porque um dos quartos é para os pais e no segundo fica a irmandade, arrumada em beliches. O pai é economista e a mãe trabalha como contabilista numa oficina de reparação de automóveis. Para que as filhas frequentassem a universidade, o casal teve que vender o seu carro. Nejma e Salma partem cedo para as aulas e regressam ao cair da noite. A faculdade é a sua vida. Nos cursos de ciências exactas, as raparigas são quase todas como elas: vestem à ocidental, carregam nas pinturas e estão longe, muito longe, do estilo de vida dos islamistas. Já nas faculdades de Teologia e em cursos como os de Direito, é esmagador o peso dos «barbudos» e das raparigas veladas. Estes dois universos não comunicam entre si. Não se falam sequer. Os barbudos não têm as primeiras nem em pequena nem em grande conta e elas replicam por igual:

"São gente primitiva que se desviou da verdadeira mensagem do Islão". [147]

Este tipo de clivagem é bem mais funda do que as existentes entre "tribos" de jovens no Ocidente. Apesar disso, as expectativas e opiniões de veladas e "desveladas" são surpreendentemente aproximadas. Num estudo realizado por duas sociólogas na principal universidade de Argel, as autoras comparam as aspirações e opiniões das universitárias veladas e "desveladas".

[147] Apontamento registado no VIº caderno de viagens.

Surpreendentes resultados: 91 por cento das que usam véu e 96 por cento das que não usam querem exercer uma profissão quando concluírem os estudos. Há 40 ou 50 anos, estas percentagens seriam, não apenas inferiores, como radicalmente separadas. Resposta seguinte: 44 por cento de ambos os grupos considera que as mulheres podem exercer qualquer profissão, embora 96 e 75 por cento, respectivamente, achem que existem trabalhos especificamente femininos. Pergunto-me se em Portugal as respostas seriam assim tão diferentes. Talvez hoje fossem. Mas sê-lo-iam há 40 anos? As percentagens só se afastam quando se pergunta às argelinas se concordam que ambos os sexos recebam a mesma educação: a esta afirmação só 49 e 66 por cento respondem afirmativamente. As opiniões voltam, contudo, a aproximar-se quando a questão incide no direito à prática feminina do desporto: 84 e 96 e por cento estão de acordo.[148] O modo de ver o mundo das mulheres é seguramente mais adequado aos tempos modernos do que o que sairia da cabeça dos rapazes. De qualquer modo, o conjunto revela que o que separa não é o véu.

Ainda em Tanger, tomo tranquilamente um café matinal quando, na mesa ao lado, se senta um casal. A mulher, talvez com 40 anos, traz um lenço sobre os cabelos. A conversa deriva para aí e ela dispara:

313

"Comecei a usá-lo há dois anos e ainda hoje não sei porquê. Antes vestia jeans e camisas de alça sem qualquer problema".

Salma e o marido estavam de férias. Tinham partido para Antuérpia há 18 anos, durante as vagas de imigração marroquina, aliás com muitas semelhanças às que ocorreram com os portugueses nas décadas de 60 e 70. Salma não encontra uma resposta racional para os seus actos. Também deixou de trabalhar e sai de casa cada vez menos. Todavia, nem por sombras se tinha transformado numa rigorista. Eis a minha explicação para o sucedido: reagia instintivamente ao clima gerado após o 11 de Setembro numa cidade dominada pela extrema-direita. Cobriu-se porque o véu também pode ser uma assinatura, uma identidade à defesa.

Concluo esta breve digressão com uma fotografia tirada no souk Hammadieh, o do centro de Damasco. A imagem revela a transfiguração do próprio véu. Ele passou a ser socialmente recomendável? É evidente que sim. Mas no exacto momento em que se massifica o seu uso, a consequência é a sua própria banalização. As mulheres não tardaram a descobrir como lhe poderiam dar a volta. Fizeram dele um objecto de moda. Em verdade vos digo, leitores do género masculino: elas sabem mais da vida a dormir do que nós acordados.

148 Djeghida Imache e Inês Nour, citadas por Francois Burgat in *El Islamismo Cara a Cara*, pág. 236; Bellaterra, 2000

EPÍLOGO
PARAÍSOS TERREAIS

Na estrada que desce para Babyounesh, uma pequena aldeia de pescadores das cercanias de Ceuta, há um momento em que a montanha se despe de vegetação e a rocha cinzenta se inclina, abrupta, sobre a costa. A vista abre-se, então, sobre o Mediterrâneo, descobrindo, enorme, do outro lado do mar, o penhasco de Gibraltar. Esta visão do estreito não anda longe da que o próprio mar oferece. Propomos-lhe, por isso, um pequeno exercício: feche os olhos e respire fundo. Você é um nauta que largou do Mediterrâneo oriental, dobrou a primeira fronteira, entre a actual Tunísia e a Sicília e entrou "noutro" mar. Coloque três mil anos em cima dos seus ombros. Você é contemporâneo dos primeiros fenícios e gregos que se atreveram no Mediterrâneo ocidental. Depois do primeiro aperto, avista-se o segundo, o da verdadeira fronteira deste mar. É, também aí que, ao fim da tarde, o Sol se esconde. Nesse tempo, o estreito poderia ser bem mais apertado do que é hoje. Recortado por duas colunas colossais – a Norte, o penhasco negro, e a Sul, em contra-luz, as montanhas do Rif – o encontro do Mediterrâneo com o oceano tinha o aspecto de um grande canal de água apontado ao infinito. Você viu muita coisa na vida, mas nunca uma porta como aquela. Assinalaria ela o fim de um mar ou a entrada num novo mundo? Para o saber, é preciso ultrapassar o medo e aventurar-se.

No seu périplo para ocidente, num ancoradouro que não fica longe do delta do Nilo, você tinha ouvido relatos estranhos sobre a existência de uma grande e poderosa ilha no lugar aonde o Sol se escondia. Até lha descreveram. Era habitada por criaturas fantásticas, gigantes, e possuía riquezas sem par. Céptico, você começou por duvidar. Depois, pensando melhor, concluiu que talvez não fosse impossível. Ao Mediterrâneo chegavam, amiúde, metais preciosos de origem incerta, mas situada a ocidente. Seriam da terra do Sol? Fossem de onde fossem, algo existia para lá do mar conhecido. Os dois colossos de rocha e o canal doirado que se abre ante os seus olhos, acabarão por o convencer: onde pode repousar o astro dos astros, senão em cama de ouro?

Mais tarde, há 2.500 anos, Platão daria nome e história a esse lugar: entre mito e realidade, nascia a Atlântida.

A UTOPIA DE PLATÃO

A narrativa de Platão não é uma simples alegoria. Ela inspira-se num relato que lhe fora feito por Sólon, um aristocrata e legislador ateniense de primeira grandeza, que, por sua vez, a recebera de um respeitável sacerdote egípcio. Por outro lado, os dois escritos onde Platão desenvolve a sua Atlântida – o *Krítias* e o *Timaios* – são posteriores, em duas a três centenas de anos, às primeiras expedições gregas para lá das colunas de Hércules. Uma delas, a do navegador Kolayos, incendiou a imaginação popular porque regressou carregada de metais preciosos. Platão descreve uma ilha que não conhece recorrendo quer a Sólon quer à poesia oral dos seus. Ele sabia que marinheiros se tinham aventurado para ocidente, mas é menos provável que estivesse seguro de que tivessem chegado, por via marítima, a Tartessos, uma civilização antiga da actual Andaluzia. A lenda de uma ilha rica e poderosa para lá do estreito de Gibraltar confunde-se com a existência, essa comprovada, de uma terra habitada e rica em metais preciosos, no Sul da Península Ibérica.

Curiosamente, há uma passagem do profeta Isaías onde se refere a existência de uma cidade longínqua a que chama Tarschisch. Mesmo que tal passagem não lhe pertença – Isaías foi vítima de vários acrescentos posteriores –, é plausível que seja a da versão grega, Tartessos. Mas também não é grave se assim não for. Com maior ou menor fundamento histórico, a Atlântida de Platão é, assumidamente, uma utopia, um passado remoto e idealizado que se projecta como desejo e lição de futuro.

Eis como tudo se passou: no sorteio de terras que os deuses fizeram entre si, coube a Poseídon, o deus dos mares, a Atlântida. «*Aí criou cinco gerações de filhos varões e gémeos*», tendo o mais velho, e primeiro rei, recebido o nome de Atlas, «*que serviu para designar toda a ilha e o mar Atlantikon que o circunda*». Concebida por um deus e administrada pelo primogénito, o relato, que Platão atribui a Krítias, não poupa nos encómios:

"Tinham acumulado riquezas em tal quantidade que, seguramente, nunca antes deles uma casa real as possuiu em tão grande número nem as possuirá facilmente no futuro." [149]

O texto garante que tais riquezas se encontravam na própria ilha e descreve--as em pormenor:

"Em primeiro lugar, todos os metais duros e maleáveis que se podem extrair das minas e, entre eles, aquele de que na actualidade apenas se conhece o nome: o oricalco (...) que, depois do ouro, era o metal mais apreciado daquele tempo". [A ilha] produzia também madeira com abundância e alimentava com generosidade todos os animais domésticos e selvagens. Inclusivamente era muito numerosa a espécie dos elefantes". [150]

Krítias faz ainda referência às espécies aromáticas, aos frutos e cereais que neste paraíso eram *"vigorosos, soberbos, magníficos e em quantidades inesgotáveis".* [151] Nesta altura do relato já o Jardim do Éden nos parece modesto e ainda não chegámos a metade das maravilhas. Platão parte da abundância para a descrição da capital e dos seus templos e palácios, antes de se deter nos aspectos da organização política e militar. Na Atlântida, cada uma das dez províncias tinha o seu rei e estes encontravam-se, alternando os anos pares e ímpares, para *"deliberarem sobre os assuntos comuns".* Enquanto a "natureza do deus" e a sua influência "divina" os influenciou, tudo correu bem.

"Os seus pensamentos eram sempre verdadeiros e sábios; mostravam-se serenos e prudentes (...). Por isso, desdenhando do que não fossem virtudes, estimavam pouco as suas riquezas e encaravam como carga a sua massa de ouro e bens, sem se embriagarem pelo excesso das suas fortunas e sem perderem o equilíbrio no caminho recto." [152]

317

149 Relato de Kritias, in *Veinticinco Estampas de la España Antigua*, pág.17; Colección Austral, Espasa-calpe; 2ª edição, 1977.

150 Idem, pág. 17.

151 Ibidem, pág. 17.

152 Ibidem, pág. 26.

Neste julgamento de ordem ética e moral se encontra a chave que permite interpretar a lenda. Krítios acentua que os reis,

> *"Com uma inflexível sobriedade, consideram que todas estas vantagens se alimentam pela virtude e pela amizade recíproca e que, pelo contrário, a concupiscência e a estima dos bens as destroem."* [153]

A fonte do filósofo devia estar carregada de razão porque, com o tempo, tais valores se foram extinguindo. Os reis da Atlântida, filhos de pai divino, tinham mãe terrena. Foram, por isso, contaminados por *"numerosos ingredientes mortais"*. *"Dominou-os o carácter humano"*, o que se revelaria fatal. O relato de Krítias interrompe-se abruptamente no momento em que Zeus, o deus dos deuses, irritado com as mais recentes *"disposições miseráveis"* da linhagem real, a convoca para um ajuste de contas.

O fim da Atlântida encontra-se no relato, bem mais breve, de outro grego, Timaios:

> *"Produziram-se violentos terramotos e cataclismos. No espaço de um dia e de uma noite terríveis, todo o vosso exército foi devorado pela terra e a ilha igualmente desapareceu sepultada debaixo das águas."* [154]

EM DEMANDA DA ATLÂNTIDA

A referência ao cataclismo final fez com que vários estudiosos associassem a lenda à catástrofe vulcânica que se abateu sobre Tera. Mas se fosse o caso, a Atlântida situar-se-ia no Mediterrâneo oriental e seria mais uma das suas ilhas, não se entendendo as referências explícitas ao Atlantikon e muito menos a Atlas, o primeiro dos reis.

Refira-se ainda que a existência de um "Mar das Espérides", a ocidente, é referida por Heródoto, que é anterior a Platão. A nossa hipótese mantém-se, portanto, em terra firme: a ilha situa-se para ocidente, nos lugares do desconhecido. Assim são as utopias e assim nos convém que esta seja.

Nesta direcção, uma das possibilidades mais apetitosas é a sugerida por dois heróis de banda desenhada, Blake e Mortimer. Numa das suas aventuras, os britânicos situam a Atlântida nas profundezas das Furnas açorianas. Tal conjectura esbarra, contudo, na descrição de Timaios:

318

[153] Ibidem, pág. 26.

[154] Relato de Timaios, obra assinalada, pág.14.

"Naquele tempo era franqueável este mar [o Atlântico, n.a.] porque havia uma ilha frente ao estreito a que vós chamais, na vossa língua, Colunas de Heracklés." [155]

A circunstância de os Açores se encontrarem bem para lá do estreito, diminui o alcance da hipótese. É que, prossegue Timaios,

"A ilha em questão era mais extensa que a Líbia e a Ásia reunidas e, desde ela, os viajantes podiam passar às outras ilhas, de onde, por sua vez, se ganhava o continente oposto a este ponto digno do seu nome." [156]

Esta descrição é extraordinária, desde logo, porque parece antecipar o continente americano! Seja como for, dificilmente o arquipélago atlântico se podia equivaler às gigantescas dimensões assinaladas por Timaios. Quando muito, os Açores pertenceriam ao "extenso e maravilhoso império" dos reis da Atlântida...

A referência a uma ilha em "frente ao estreito" motivou investigações geológicas em Marrocos. Esses estudos, que nos foram apresentados em Tanger, confirmam a existência de quatro picos vulcânicos no fundo do mar, datáveis de há 18 mil anos, e que se situam entre Marrocos e o início da costa algarvia. Antes da subida das águas, seriam esses os picos de uma ilha "em frente ao estreito"? Esta hipótese não é inverosímil. A África e a Europa formaram inicialmente um só continente. A separação foi caótica e podem ter existido, entre Portugal e Marrocos, ilhas que entretanto desapareceram. Do mesmo modo, é plausível que a última grande desglaciação tenha provocado uma séria elevação do nível das águas no Mediterrâneo submergindo diversas ilhas. Uma das teorias mais fantásticas sobre o dilúvio bíblico é a que o explica como resultado desta subida das águas. Teria sido a força bruta deste grande movimento dos mares que abriu o canal do Bósforo e salgou o Mar Negro. A memória dos sobreviventes ter-se-ia, assim, transformado em dilúvio.

Feito o parêntesis, regressemos à Atlântida. Com ilha ou sem ela, o que não custa acreditar é que a Península Ibérica, abordada por mar e navegável até à ponta de Sagres, se apresentaria aos olhos dos nautas de então como uma gigantesca ilha. E se aí existiam metais preciosos em abundância, a céu aberto, e ainda uma civilização antiga, então... a nossa aposta é a de que a Atlântida bem pode ter sido Tartessos.

319

[155] Idem, pág. 12.

[156] Ibidem, págs. 12 e 13.

Leram bem: "aposta". Aqui estamos, contribuindo alegremente para a mistura entre lenda e realidade, especulando e deduzindo, por exclusão de partes, a hipótese que mais nos agrada: nós, peninsulares, os verdadeiros herdeiros dos antigos atlantes! Mas porque consigo tenho praticado o jogo da verdade, humildemente lhe digo que outros, de maior saber e melhor argumento, me conduziram a esta simpática especulação. [157]

DESVIO PELO JARDIM DO ÉDEN

Na senda das grandes narrativas gregas, os relatos de Kritias e Timaios transpiram como os de Homero. Apesar disso, são de distinta natureza. A *Odisseia*, escrita em data incerta, algures entre os séculos VII e VI aec, parte da realidade – as viagens no Mediterrâneo, de oriente para ocidente – para se encontrar com lotófagos, ciclopes e mortos-vivos; já a Atlântida, pelo contrário, sai da terra dos mitos para as fronteiras da realidade no exacto momento em que se assume como desejo e promessa política.

A Atlântida ganha, isso sim, em ser comparada com os paraísos da narrativa bíblica. A descrição física do Jardim do Éden não anda longe da enunciada por Platão, talvez porque a riqueza e a variedade vegetal e animal, essa antecipação mítica de África, sempre tenham animado os espíritos condenados à secura do Mediterrâneo. Essa é a principal semelhança. No mais, contam as diferenças. Na Atlântida trabalha-se, no Éden passeia-se. A glória da Atlântida, embora inspirada e fecundada pela divindade, é o fruto de uma construção humana. Já o Jardim, antes do pecado, é um autêntico "dolce fare niente". Na versão bíblica, o trabalho só começa depois do castigo. Pode dizer-se mais: o castigo é o trabalho. A segunda diferença entre relatos é ainda mais inquietante. Eis como tudo começa a correr mal no Éden:

> "A serpente, o mais astuto de todos os animais (…), disse à mulher: 'É verdade ter-vos Deus proibido comer o fruto de alguma árvore do jardim'?;
> A mulher respondeu-lhe: 'Quanto ao fruto da árvore que está no meio do jardim, Deus disse: 'nunca o deveis comer, nem sequer tocar nele, pois, se o fizerdes, morrereis' (…).
> A serpente retorquiu à mulher: 'Não, não morrereis; mas Deus sabe que, no dia em que o comerdes, abrir-se-ão os vossos olhos e sereis como Deus, ficareis a conhecer o bem e o mal'". [158]

320

[157] Esta é a hipótese de um dos mais importantes arqueólogos espanhóis, António Garcia y Bellido, falecido em 1972. O autor desenvolve-a no livro *Veinticinco Estampas de la España Antigua*, que inclui, na integra, os relatos de Kritias e de Timaios.

[158] In *Bíblia Sagrada*, Génesis capítulo 3, Versículos 1-13. As traduções que uso neste capítulo são as da *Bíblia, O Livro dos Livros*, Edição Expresso, comentada por Carreira das Neves.

Embora seja o réptil que atribui a Deus a vontade de impedir que a Humanidade distinguisse entre o Bem e o Mal, a verdade é que Adão e Eva só descobrem a vergonha da nudez depois da dentada fatal. Antes, eram tão inocentes como qualquer recém-nascido. Pode dizer-se que, neste caso, a serpente conhecia bem o seu criador. A tentação do conhecimento foi o pecado original.

Como no Éden, também os atlantes serão condenados pela divindade. Mas o motivo é de outra natureza: os seus reis deixaram de governar bem. Para Platão, a glória da Atlântida dependia do "bom governo", um fruto do encontro entre o trabalho humano e o sopro divino.

No Éden, o pecado de Adão e Eva foi o fruto da árvore do conhecimento; na Atlântida, o abandono da sabedoria. A humanidade do Éden esteve bem enquanto pôde ter, sem ser; a dos atlantes tramou-se quando preferiram o ter ao ser.

O que mais inquieta no relato bíblico não é o modo como aí se identifica a felicidade com a ignorância ou o pecado com o saber. Talvez nesse primeiro momento o Criador estivesse, também ele, a aprender. A maçada é que o seu comportamento se repete sempre que a Humanidade se põe à prova.

No episódio do dilúvio, a ira divina extermina toda a vida à face da Terra, salvo a que se refugia na Arca de Noé. Após este apocalipse, que é na realidade uma refundação, a narrativa bíblica não resiste, contudo, a uma versão revista e ampliada da cena da maçã. Quando *"em toda a Terra, havia somente uma língua e se empregavam as mesmas palavras"*, a Humanidade tentava *"construir uma cidade e uma torre cuja extremidade atingia os céus"*. Neste episódio podemos observar a comunidade trabalhando entusiástica e maravilhosamente para um fim comum. A Torre de Babel é a Atlântida da Bíblia. Contudo, a obra vai ser votada ao esquecimento, inacabada. Não porque os homens dela se tivessem desinteressado, mas porque estavam a ser capazes de a fazer. Eis como Eloím olha para o atrevimento:

"Se principiaram desta maneira, coisa nenhuma os impedirá, de futuro, de realizarem todos os seus projectos. Vamos, pois, descer e confundir de tal modo a língua deles para que não se compreendam uns aos outros. E o Senhor dispersou-os dali para toda a face da Terra, e suspenderam a construção da cidade." [159]

[159] In *Génesis*, capítulo 11, Versículos 1-9.

De então para cá, seja o Paraíso um Jardim ou a Torre de Babel, que Pieter Brueghel imortalizou num espantoso quadro de pintura bíblica, nunca mais a Humanidade deixou de penar. [160]

Esta breve digressão pelos dois primeiros paraísos bíblicos não deixa o Criador em boa posição. Ajudemo-lo. A narrativa hebraica é, apesar de tudo, uma fantástica viagem. Nela se descobre a mesmíssima Humanidade temente e destemida, que está presente nos textos gregos. Em ambos os casos, quando o objectivo, a meta, desaparece da linha do horizonte, a Humanidade levanta os braços para o céu e implora; mas se o dia está límpido, ousa. Ousa sempre.

O REINO DE DEUS

Os judeus acreditavam que Deus reinava no Céu e que um dia o faria na Terra. Os cristãos eram da mesma opinião. Em rigor, é uma dupla utopia. Ao longo de dois capítulos muito bem argumentados, o já citado E.P. Sanders presume que Jesus partilhasse dessa opinião. Sobre o reino celeste, o que se encontra para lá da morte, os evangelhos adiantam pouco, o que só abona em seu favor. Já no que toca ao reino em Terra se arriscam mais, deixando larga margem à interpretação humana. Para Jesus e para os seus seguidores, esse reino estava próximo. Esta seria, aliás, a principal razão porque o profeta nunca apelou à criação de uma sociedade alternativa. Se ela aí vinha pela mão do Altíssimo, porque se haveria de perder tempo a propô-la aos homens? Por outro lado, Jesus nunca rompeu com a convicção dominante entre os hebreus, segundo a qual:

> *"Deus era sempre o actor principal (…). O reino aproxima-se e as pessoas podem preparar-se para a sua chegada, mas, fora disso, não podem fazer nada a seu favor: o reino é como o estado do tempo (…). Tal como o fermento, cresce por si próprio. Mas é sempre Deus que faz aquilo que tem de ser feito."* [161]

Esta hipótese não é seguramente a que mais agrada às minhas amizades cristãs. Mas é a que permite explicar a ansiedade dos primeiros cristãos e o modo como se tiveram que adaptar a uma Promessa que nunca mais chegava:

> *"Jesus disse, originalmente, que o Filho do Homem chegaria num futuro próximo, enquanto os seus ouvintes ainda estivessem vivos (…).*

160 A *Torre de Babel*, de Pieter Brueghel, o Velho (1525-1569), encontra-se exposta no Kunsthistoriches Museum, em Viena.

161 E.P. Sanders, in *A Verdadeira História de Jesus*, págs. 219 e 228; Casa das Letras, 6ª edição, 2005.

Depois da sua morte, os seguidores anunciaram o seu regresso iminente (...).
Quando começaram a morrer, disseram que alguns ainda estariam vivos
quando ele chegasse (...).
Quando quase toda a primeira geração estava morta, insistiram que um
discípulo ainda estaria vivo. Depois, este morreu e foi necessário declarar
que, realmente, Jesus não tinha prometido nem sequer a esse discípulo que
ele estaria vivo para ver o grande dia (...).
Portanto, nas décadas depois da morte de Jesus, os cristãos tiveram que
rever permanentemente as suas primeiras expectativas.
Este facto torna muito provável que a expectativa tenha tido origem em
Jesus." [162]

Deixemos as agruras dos primeiros cristãos. Elas têm, pelo menos, a virtude de garantir que Jesus não pensava no Apocalipse, nem era um típico pregador do arrependimento, como João Baptista. Visionário, devoto e radical, Jesus acreditava simplesmente que o seu Pai iria criar, na Terra, o mundo ideal já amanhã. Até àquele momento, Iavé tinha salvo o seu povo. Agora, que "o tempo se completa", iria fazer muito mais.

A Atlântida de Jesus tem diferenças com o Reino dos Céus: lá em cima manda o Pai; cá em baixo, a intendência seria a do "Filho do Homem", ou seja, a do próprio Jesus. Lá em cima só teriam lugar os que passassem no Dia do Juízo; cá em baixo, o reino era para os bons e para os maus, para os puros e os impuros. Reinariam a Paz e a Justiça, mas estas eram de ordem terrena. O ungido *"retribui a cada um conforme o seu procedimento"*.

Neste "banquete" não há excluídos, mas a hierarquia está presente. Os apóstolos acreditaram tanto nesta mensagem que um deles, Pedro, pergunta a Jesus qual seria o seu lugar nesse novo mundo. A pergunta é humana. Afinal, eles tinham abandonado tudo para o seguirem. O profeta não foge à dificuldade porque se vê a si mesmo como instrumento do Pai:

"No dia da regeneração, quando o Filho do Homem se sentar no seu trono
de glória, vós, que me seguistes, haveis de sentar-vos em doze tronos para
julgar as doze tribos de Israel."

Os que o seguem serão recompensados:

[162] Idem, pág. 230.

"Aquele que tiver deixado casa e irmãos (...) ou campos por causa do meu nome, receberá cem vezes mais e terá a vida eterna por herança." [163]

O Reino de Jesus é um reino político. Paulo de Tarso compreende isso muito bem quando afirma que Cristo irá reinar *"até que tenha colocado todos os inimigos debaixo dos seus pés".* [164]

Agora sim, é possível regressar à viagem que marca encontro com a Promessa em terra firme. É essa que os relatos de Kritias e Timaios, pela pena de Platão, inauguram, e que o Novo Testamento confirma. O reino do "Filho do Homem" já não é como o do Éden antes do pecado, um jardim sem lugar para o trabalho e para o conhecimento. O modelo que segue é, paradoxalmente, o da Atlântida, até na hierarquia que sugere.

Dezasseis séculos mais tarde outros dois cristãos irão renovar a tradição. É possível reencontrá-la na *Utopia*, a cidade do não lugar, de Thomas Moro, e na *Cidade do Sol*, de Tommaso Campanella. O que podia levar um lorde inglês, que chegou a chanceler de Henrique VIII antes de acabar no cadafalso por amor às suas mais íntimas convicções sobre o poder na terra, a escrever um livro sobre a cidade-que-não-existe-mas-devia-existir? Provavelmente, a sua própria experiência de governante. De facto, a obra divide-se em duas partes: a primeira é uma crítica poderosa das injustiças que se praticam no reino. O autor identifica na propriedade privada a raíz das desigualdades e é daí que parte para a sua descrição da cidade ideal. Tommaso Campanella, um calabritano profético, chega à mesma conclusão na sua utopia, esta escrita em cativeiro.

As duas descrições têm muito em comum, embora difiram nos pormenores e no estilo. O britânico sustentava, por exemplo, que todos deveriam fazer rotativamente o trabalho necessário a todos. Já o calabritano era de opinião que cada um deveria trabalhar de acordo com as suas aptidões e que o necessário à comunidade se poderia fazer com horários diários de 4 horas. Ambos encaravam a repartição do tempo entre o que era necessário – o trabalho – e o que era verdadeiramente útil – o conhecimento. A muralha da Cidade do Sol desdobra-se em seis círculos concêntricos. Nesses muros, de um e de outro lado, estavam gravadas as imagens do Saber Universal. As crianças visitariam esses graffitis imaginários, aprendendo "sem esforço nem medo" os astros, os números, as figuras geométricas, a vida vegetal

[163] Relato presente nos três evangelhos: Mateus 19,29; Marcos 10,29; Lucas 18,29 e seguintes. Uso o de Mateus, pág. 1601; Difusora Bíblica; 2001

[164] Paulo de Tarso, *Primeira Carta aos Coríntios* 15, 25-28; pág. 1885 da referida edição.

e animal, as máquinas inteligentes e as letras. O muro que dava para o exterior, para o mundo real, era um grande fresco onde se homenageavam os grandes legisladores e inspiradores do sonho – Moisés, Mercúrio, Maomé e Jesus e ainda os seus apóstolos, que Campanella, além de astrólogo e mago, era também dominicano. Ele via a sua cidade num lugar alto, em pleno equilíbrio com a Natureza. No cimo estava o templo, aberto e sem muros. O seu altar é esférico, uma representação do sol. Nesta descrição helicoidal e ascendente da Utopia se redescobre a *Torre de Babel* de Brueghel, os zigurates mesopotâmicos que a inspiraram e até a capital de Akhenatón.

A busca do paraíso em terra é aventura sem idade. A Atlântida de Campanella, se tivesse nome de mulher, seria a 56ª das Cidades Invisíveis que Marco Pólo relatou através da pena inspirada de Ítalo Calvino.

Regressemos ao início: onde se localiza, afinal, o lugar do não lugar? A minha preferência é a dos antigos: algures neste mar, porque a Utopia não se entende sem Viagem e sem Promessa. Sem partida com retorno – o caso de Ulisses – ou mesmo sem retorno. Ontem como hoje: para milhares de magrebinos e negros da África subsariana que demandam a Europa, que é ela senão a sua Atlântida, o céu em terra dos tempos modernos?

APANHADOS

No porto de Tânger, os polícias procediam a uma última vistoria dos camiões TIR antes do embarque. Sabem que há sempre alguém que consegue misturar-se com a mercadoria, tentando a sorte. Conhecem também como é que uma exportação legal, com papéis em ordem, é substituída por um carregamento de *kif*, o haxixe do *Rif*, pouco antes da chegada à cidade. Naquele dia, deviam ter ordens estritas para justificarem o seu salário.

O controlo apanhou um clandestino que se encaixara no chassis de um dos camiões. Esta técnica, que não é fácil de detectar, é muito usada no Canal da Mancha, entre a França e a Inglaterra. A polícia só deu com o desafortunado porque a sua trouxa se tinha desprendido e abanava junto a uma das rodas. Era muito jovem e não foi maltratado. Com uma pancada nas costas e alguns risos, voltou ao país de onde não chegou a sair.

Engenhos deste tipo são o pão-nosso de cada dia em Tânger. Quando regressávamos das filmagens, o nosso ferry atrasou-se uns bons 30 minutos porque os serviços de alfândega procuravam três miúdos que se tinham esgueirado para dentro do barco. Mesmo que a sua tentativa fosse bem sucedida, o mais provável era serem capturados na fronteira de Algeciras, do lado espanhol. Aí não há sorrisos nem pancadinhas nas costas. Polícias e cães não ligam às matrículas, que enganam. Tiram a pinta do suspeito pelas caras e pelos cabelos. Se os condutores têm aspecto magrebino, as viaturas são controladas a pente fino. Se não, passam. Pelo menos até à próxima barreira da Guardia Civil, numa das estradas da Andaluzia. Muito se controla neste Mediterrâneo.

Há algo de irracional no procedimento. A torneira da imigração legal foi fechada; ela prossegue, portanto, clandestina. As autoridades europeias reforçaram nos últimos anos a fiscalização das águas entre Marrocos e o Sul de Espanha, bem como o Mediterrâneo oriental. Os mais modernos meios policiais e marítimos são usados para capturar as "pateras" que transportam imigrantes em mar alto. Esta intensa fiscalização ocupa muitos polícias, mas nem por isso é particularmente eficaz. As vedetas rápidas com recursos tecnológicos sofisticados que vemos nos serviços noticiosos esquadrinham dia e noite e capturam com modos de arrastão. Conseguiram diminuir as tentativas de travessia na sua área de jurisdição porque estas se tornaram muito mais arriscadas. Mas isso não diminuiu o número de quantos procuram a Europa, apenas alterou as principais rotas da imigração e encheu os centros de detenção para os sem-papéis. Atingir a Europa a partir das ilhas Canárias passou a ser um risco apetecível, apesar das embarcações da Mauritânia serem bem mais rudimentares do que as pateras marroquinas e o Atlântico mais impiedoso do que o Mediterrâneo. As estatísticas europeias não enganam: o volume anual de clandestinos africanos que atingiram a Europa estabilizaram no Mediterrâneo, mas aumentaram significativamente no Atlântico. Ao mesmo tempo, a diminuição de saídas a partir da costa marroquina traduziu-se no crescimento das que se ensaiam a partir da Líbia. Em consequência, o centro de detenção da ilha de Lampedusa encontra-se em permanente estado de sobrelotação.

O aperto da fiscalização nas águas marroquinas foi ainda responsável pela acumulação de milhares de imigrantes nas terras altas que rodeiam Ceuta e Melilla, cidades africanas sob administração espanhola. Em 2006, esses desesperados, com fome e sem nada a perder, tentaram passar em massa. Lançaram-se sobre duplos muros de arame farpado, de seis e oito metros de altura, com escadas improvisadas de madeira. Os que conseguiram, chegaram à Europa, mesmo que esta fosse a que ainda se situa em África. Os que foram capturados no corredor entre barreiras, ou morreram no acto ou foram imediatamente devolvidos a Marrocos, apesar de, juridicamente, se encontrarem em solo europeu. Os serviços de segurança marroquinos meteram a "carga" em camionetas que a levaram até às fronteiras com a Argélia e a Mauritânia, e aí a largaram. Organizações humanitárias detectaram, dias depois, grupos de homens e mulheres vagueando pelo deserto, sem que alguém lhes pudesse valer. Alguns conseguiram atingir os campos de refugiados saharauís na região de Tinduf, no Sul da Argélia. Pelo menos esses sobreviveram.

Visitei o centro de acolhimento de imigrantes de Melilla na sequência destes trágicos acontecimentos. Por comparação com o de Lampedusa, fiquei bem impressionado. As pessoas dormem em tendas de campanha, com 30 a 40 camas individuais. O espaço público tem arruamentos, bancos, uma ou outra árvore e até um pequeno campo com tabelas de basquetebol. À entrada do centro, duas tendas gigantes servem de cantina e outra garante assistência médica. Não há problemas de ordem sanitária nem de água potável. Os imigrantes têm ainda a possibilidade de aprender o castelhano e podem sair entre as oito da manhã e as seis da tarde. Por outras palavras, têm direito a procurar emprego.

Foi numa das tendas de campanha que conheci dois guineenses que falavam impecavelmente o português. Tinham saído de Bissau há mais de um ano, na companhia de outros três. Um ficou pelo Mali e os outros dois morreram na aventura. Para aqui chegarem, os sobreviventes seguiram os itinerários dos passadores. Trabalharam na Líbia e na Argélia o necessário para pagarem a continuação da travessia. Das redes de tráfico se dizem horrores. Mas como poderemos classificar os que, fechando a torneira à imigração legal, colocam quem quer mudar de vida nas mãos de tal gente? Os dois guineenses tinham, ambos, o ensino secundário completo. O seu objectivo era atingir Madrid. Não sei se conseguiram. Espero que sim, de todo o coração.

Estive também em Lampedusa, uma ilha pacata. A sua população vive da pesca e dos euros de turistas que preferem paz e tranquilidade a hotéis de cinco estrelas e noites de estalo. Esse ambiente agradável torna ainda mais bizarro o centro de detenção de imigrantes que se esconde nas traseiras do aeroporto. Ao contrário do de Melilla, não tem água potável. As instalações provisórias são baixas e apertadas, de paredes de alvenaria e tecto de zinco. Encheram-nas de beliches, bem para lá do razoável. Se no Inverno deixam passar o frio, no Verão são caldeiras irrespiráveis. Mesmo assim, não há espaço para mais de 160 detidos. Visitei esse centro em 2006. No dia anterior à chegada dos eurodeputados tinham despachado 700 africanos para outros centros em Itália, senão os recambiaram directamente para a Líbia. Ficaram apenas os magrebinos. Acredite ou não, eles estavam mais revoltados com o "racismo" dos responsáveis do centro do que com as infernais condições de vida do lugar. Pensavam que os subsarianos, que tinham chegado depois deles, tinham sido privilegiados, "só porque eram negros". Não foi fácil explicar-lhes que, provavelmente, muitos tinham sido repatriados ou que o iriam ser em breve.

Em Lampedusa todos mentem. Mentem os responsáveis, sobre os direitos invisíveis dos detidos e mentem estes porque não podem revelar a sua verdadeira identidade nem o país de origem. A mentira é a única verdade deste jogo desgraçado. Os responsáveis têm a certeza de que aquela gente não é iraquiana nem palestiniana, como declaram, e que nem todos se podem chamar Mohamades e Youssifes. Mas esses são os nomes e as nacionalidades que colocam no formulário destinado ao competente serviço de carimbos que acabará por selar o destino de cada um. Os polícias, por seu turno, sabem que não podem recorrer a "métodos expeditos" de obtenção da verdade. Usam outros: os duches são de água salgada, a água potável é severamente racionada, bem como o leite, a alimentação é a de um campo de prisioneiros da IIª Grande Guerra e a dormida é como tiver que ser. Eles têm 40 dias para quebrar os detidos através desta tortura mansa. Estes, por seu turno, sabem que as suas declarações iniciais se devem manter a todo o custo. O seu formulário só assim poderá chegar à secção de pedidos de asilo. Sem advogados e sem intérpretes, a comunicação entre os dois lados da secretária deve raiar o absurdo. Mas se a resistência do detido for firme, acabará por ser transferido para outro centro na Itália peninsular. Passo a passo, a Europa fica mais próxima.

Nada disto é particularmente edificante. Nem sequer eficaz. Para o período de 2007 a 2013, Bruxelas tenciona gastar 5 mil milhões de euros com políticas de imigração. Metade desta verba será consumida neste tipo de andanças marítimas e burocráticas. Por outras palavras: quase 2,5 mil milhões de euros destinam-se a repatriar 1 a 2 por cento dos imigrantes que já se encontram na Europa – mesmo que ela não passe de um centro de detenção. Dificilmente é possível encontrar dinheiro mais mal gasto. Num recente relatório encomendado pela Comissão Europeia a uma entidade independente, destinado a avaliar as políticas em vigor, conta-se uma história exemplar: em Paris, as autoridades deram com uma cidadã cabo-verdiana indocumentada. Como não há voos regulares entre a capital francesa e o aeroporto da ilha do Sal foi preciso contratar um jacto para a repatriar. A cabo-verdiana não desistiu dos seus direitos e colocou uma acção, que ganhou. Em consequência, pôde reentrar legalmente em França. Quem pagou o bilhete de volta foram, evidentemente, os nossos impostos.

Se a política de controlo e repatriamento não é eficaz, o que é eficaz? Eficaz é a miragem.

CAFÉ HAFRAJ

O mais romântico dos lugares de Tânger é o Café Hafraj. Situa-se sobre a escarpa ocidental da cidade e alinha-se em socalcos, caiado de branco e pontuado por laranjeiras e limoeiros. É aí que termino a leitura de um pequeno e intenso romance, *Cannibales*.[165]

Leio-o de um fôlego e estou perto do momento da conclusão. Há uma hora ou duas vesti a pele do protagonista principal, um malinês que dá pelo nome de Pafadnam. Vejo-o com os meus olhos, respeitando os do seu criador. Pafadnam está sentado numa pequena praceta em meia-lua, com vista para o porto. Anoitece e ele sonha com a linha que as montanhas do Sul de Espanha ainda recortam do outro lado do mar. Com ele estão mais seis. Esforço-me por sentir nas pernas o peso das muitas centenas de quilómetros que percorreu para chegar a esta cidade, a sua porta africana para a Atlântida. Trouxe consigo apenas o necessário para o salto: algum dinheiro de bolso, uma muda de roupa e vontade, carradas de vontade. Na praceta, ele aguarda. Já passaram quase sessenta dias desde que chegou e o passador ainda não deu novas. O dinheiro que trazia esgotou-se, mas não a paciência.

Ao seu lado há quem esteja pior, quem tenha perdido a conta aos dias. Apesar disso, ninguém desiste. Nem ele nem os outros. Nenhum, depois

165 Mahi Binebine, *Cannibales*; Editions La fénèche.

de ter partido, quer regressa à terra natal de mãos a abanar. Um dia, se tiver vencido, fará essa viagem. Mas nunca antes de ter tentado o destino. Entre a vergonha da desistência e o risco da viagem, não há hesitação possível.

Pafadnam sabe que aquele mar engoliu muitos antes dele, que a calma das águas é aparente e que a "patera" em que acabará por embarcar pode não aguentar. O encontro do Atlântico com o Mediterrâneo dá borrasca quando menos se espera. Ele sabe, também, que do lado de lá estará por sua conta e risco e que são mínimas as possibilidades de escapar à polícia na praia. Há algum tempo, isso não o preocuparia em excesso. Mas, agora, o governo do seu país tem acordos de repatriamento com a Europa. E no entanto... fica. Fica e aguarda porque o azar só sai aos outros.

Enquanto espera, contam-lhe histórias. Devem ser todas parecidas com as que vamos sabendo pelas notícias. Mais sessenta morreram outro dia, algures no mar da Líbia; ou trinta ao largo de Tânger, bem mais a ocidente. São números em cima de números, mais uns numa lista de quatro mil em menos de uma década. Pafadnam não é forte em contas. De que valem elas quando a Promessa está ali, ao alcance da vista, à distância de uma barcaça, de um passador, das últimas notas, do direito à sorte e, principalmente, da protecção de Alá?

Entre os seis que o acompanham há uma mulher de extraordinária coragem, com um recém-nascido ao colo. É berbere, do Sul de Marrocos. Decidiu partir porque o marido, imigrado em França, deixou de dar sinais de vida há um ano. Se sobreviver à travessia, não pode ser extraditada porque leva consigo a sua filha. Não terá que correr à frente da polícia, só precisa de chegar. São cada vez mais as mulheres grávidas ou com recém-nascidos que tentam a passagem. De acordo com as estatísticas da polícia de fronteira espanhola, correspondem a um terço das capturas. Recentemente, o governo de Madrid inventou uma solução para este problema: tem programas de imigração legal e sazonal exclusivamente para mães. Podem trabalhar nas colheitas desde que os filhos fiquem no país. Deve ser uma medida para promover a natalidade entre os magrebinos...

Pafadnam não é casado. Partiu com o apoio da sua família e o da aldeia. Ele tem que chegar para começar a saldar a sua dívida. Confia no Altíssimo porque o que este retira com uma mão logo retribui com a outra. Assim há-de ser com ele. A sorte para os danados só pode ser uma sorte danada. Isto penso eu na pele de Pafadnam. Muitos morrem, pois morrem. Mas não conseguiram muitos mais chegar à outra margem? Não suplantaram eles o medo da travessia nocturna, as correntes imprevistas, as lanchas policiais e os controlos de terra? Com ele não será diferente. É um dos muitos que continuarão a escrever o destino franco do Mediterrâneo. Das viagens primordiais aos imigrantes clandestinos deste século, do comércio às guerras entre cidades, das fugas às invasões, este mar inventou-se como lugar de travessia. Está na sua natureza. É do seu fado.

No romântico café onde me encontro, sentado numa velha cadeira de ferro forjado, interrompo a leitura. Passo mentalmente em revista as páginas que acabei de ler. Cannibales é um livro tramado que enfrenta a tragédia e nela viaja sem licença. Suspeito que as suas últimas páginas se concluem em tragédia e que Pafadnam não terá a sorte que fez por merecer. Pouso o livro na mesinha de madeira carcomida e respiro fundo. Está uma bela manhã de sol, sem nuvens. Diante dos olhos, tenho a costa de Cádiz recortada no horizonte. Finalmente, percebo que Tânger é, simplesmente, a margem de outra margem e que existe, entre elas, uma ponte invisível e indestrutível. Sorrio então para enfrentar de novo o destino de Pafadnam. Sei agora que qualquer que ele seja, valeu a pena. Afinal, a Atlântida não é uma miragem, nem sequer uma vista. Ela vivia em Pafadnam, como mora em cada um de nós. É esta a utopia deste mar.

No plano seguinte: Turquia, na praça vizinha ao bazar das especiarias no centro de Istambul

GLOSSÁRIO

ABÁSSIDA Segunda dinastia de califas do Islão. Sucederam aos Omeíadas de Damasco no ano de 750 ec e instalaram a sua capital em Bagdade. O primeiro califa abássida foi Abu'l Abbas As-Saffah (750-754 ec).

ABU SIMBEL A 320 quilómetros de Assuão, em território núbio, é o templo mais belo e extravagante do Antigo Egipto, mandado construir por Ramsés II cerca de 1244 aec. A sua construção durou 20 anos. Tem 38 metros de fachada e 65 de comprimento e foi esculpido numa única massa rochosa. Na fachada tem quatro estátuas do faraó sentado em tronos de 20 metros de altura, que simbolizam os seus atributos e sustentam a fachada. Em 1965, num projecto iniciado em 1959 e coordenado pela UNESCO, o templo foi cortado, desmontado e reinstalado numa plataforma 65 metros mais alta para salvá-lo da subida das águas em consequência da construção da barragem de Assuão. A operação teve tanto sucesso que o fenómeno que ocorria duas vezes por ano, em 21 de Março e 21 de Setembro, se manteve: um raio de sol atravessa às 5h 58 os 65 metros que separam a entrada do santuário iluminando os ombros esquerdos de Amon Rá e de Ramsés II. Minutos mais tarde, ele desloca-se e ilumina Harmakis. Desaparece 20 minutos depois, sem iluminar a estátua de Ptah, o deus da escuridão.

ACÁDIA Império centrado na cidade de Agade e que abrangia a região da Mesopotâmia central. Agade foi fundada por Sargão I cerca de 2350 aec e situava-se provavelmente na margem ocidental do Eufrates, cerca de 50 quilómetros a Sudoeste da actual Bagdade, mas o local exacto nunca foi determinado. Sargão I dominou os sumérios do Sul da Mesopotâmia e expandiu o seu império à Síria e ao leste da Ásia Menor. Governou mais de 50 anos, e os seus sucessores mantiveram a supremacia acadiana por mais de cem anos.

ALAUÍTA Corrente islâmica derivada do xiismo. Os seus adeptos também são conhecidos como nusairitas, do nome do seu fundador, Abu Shu'ayb Muhammad ibn Nusayr (falecido em 868 ec). O termo alauítas significa "seguidores de Ali" e mistura crenças e ritos islâmicas, gnósticos e cristãos. Só no século XIX alguns ocidentais tiveram acesso aos textos religiosos da seita, até então mantidos em segredo. A maioria dos alauítas vive na Síria, onde são a mais importante minoria religiosa (cerca de 1.350.000 fiéis).

AMON Deus egípcio cujo nome significa "o Oculto". No início era apenas uma divindade secundária, mas ganhou preponderância na XI dinastia egípcia, passando a ser um complemento de Re, o deus Sol. Amon é o poder divino invisível que está presente no Universo.

ANÚBIS Deus-chacal, é o antigo deus egípcio da morte e dos moribundos, protector das necrópoles e encarregado da mumificação. Era também ele que guiava a alma dos mortos no Além.

ÁPIS Representado como um touro, é a manifestação terrestre de Ptah, uma divindade primordial egípcia, o patrono dos artesãos. Também se identificou com Re (costuma ser representado com o disco solar entre os cornos) e mais tarde com Osíris, como deus funerário.

APOLO Filho de Zeus, era o patrono dos arqueiros, dos poetas, dos músicos, das profetisas e adivinhos, e dos médicos. Como era eternamente jovem e belo, era o deus da juventude e o protector dos adolescentes.

APSU É o mar de água doce que se estende debaixo da superfície terrestre, reino ou palácio do deus Enki/Ea e fonte da vida. Partilha a origem com Tiamat, o oceano salgado superficial, os dois elementos primordiais do cosmos primogénito surgido de Nammu. Como divindade e elemento primordial, aparece nos mitos da cosmogonia mesopotâmica.

ARQUIMEDES Matemático e inventor grego (287 aec-212 aec), foi o fundador das ciências da estática e da hidrostática, e era também um engenheiro hábil. Quando os romanos sitiaram a sua Siracusa natal, em 213 aec, inventou armas balísticas que não impediram mas atrasaram a conquista da cidade. Desenvolveu o princípio da alavanca e o das roldanas múltiplas. Ficou famosa a história de que teria corrido nu pelas ruas de Siracusa, gritando Eureka (achei) ao aperceber-se, ao tomar banho, que o volume de um corpo podia ser medido pelo volume de água que deslocava. O princípio de Arquimedes diz que todo o corpo mergulhado num líquido sofre uma pressão vertical de baixo para cima igual ao peso do volume do líquido que desloca. Por isso um barco flutua.

ARTEMISA Filha de Zeus e irmã gémea de Apolo, Artemisa é a deusa virgem, dedicada completamente à caça e à vida na Natureza, protectora dos animais selvagens, em especial dos cervos. Vive rodeada de ninfas, castas como a deusa, que a acompanham nas caçadas e nos momentos de ócio. Tal como Apolo, é arqueira. Também intervém nos partos e ajuda ao crescimento das crianças.

ATRAHASIS Herói sumério do dilúvio, também chamado de Ziusudra e Utanapistim, é o único homem a quem foi concedida a vida eterna, junto com a sua mulher.

BABILÓNIA Cidade-estado da antiga Mesopotâmia, nas margens do rio Eufrates, a sul da moderna Bagdade. Alcançou a sua prosperidade por se encontrar sobre o eixo de importantes rotas comerciais no Médio Oriente. Por duas vezes foi o centro de grandes impérios: o primeiro teve como seu maior expoente o rei Hamurabi, que chegou ao poder em 1792 aec e ficou famoso pelo seu código de leis. O segundo império, chamado neo-babilónico, teve o seu auge no reinado de Nabucodonosor II (604-561 aec) e incluiu os territórios actuais da Palestina e da Síria. Nesse período, transformou-se na maior cidade do mundo antigo.

BERBERES Conjunto de populações muito díspares, que falavam línguas vagamente originárias de um tronco comum e que, em tempos antigos, habitaram partes importantes da Península Ibérica e do Norte de África. Ainda hoje são maioritários em Marrocos e nas zonas montanhosas da Argélia.

BES Deus egípcio de aspecto grotesco, divindade muito popular e génio protector das parturientes e dos filhos recém-nascidos. É representado como um anão de rosto chato, de língua pendurada, barba que parece uma juba de leão, orelhas de leão, braços fortes, ventre inchado e pernas curvas.

BIBLOS Também conhecida por Jbail, situa-se na costa mediterrânica do actual Líbano, a 42 quilómetros de Beirute. Foi povoada primeiro durante o Neolítico, por volta de 5000 aec. Segundo o filósofo e historiador Fílon de Alexandria, era famosa por ser a mais antiga cidade do mundo. Aparentemente, os gregos chamaram-lhe Biblos por ser através dela que o byblos, o papiro egípcio, era importado para a Grécia. Foi um importante porto fenício. As diferentes civilizações – egípcia, grega, romana, persa e otomana – deixaram-lhe as suas marcas.

BOKHARI (MUHAMMAD IBN ISMAIL AL-BOKHARI) Estudioso muçulmano (810-870 ec), viajou pelo império abássida durante 16 anos, colectando depoimentos sobre os ditos e a vida do profeta Maomé (hadites), retendo os que considerava verdadeiros. É o autor de uma das seis principais colecções de hadites.

CAIRO Foi em 641 ec que o general Amr Ibn El-As conquistou o Egipto e fundou a cidade de Fustat como um campo militar. Fustat cresceu sob os omeíadas e os abássidas, mas, em 969, os fatimidas, novos senhores do Egipto, decidiram construir uma nova capital que rivalizasse com Bagdade: o Cairo, "O Vitorioso", em árabe. Em 1176, Saladino reuniu Fustat e o Cairo numa só cidade, cercando-a de uma muralha, e construindo também a cidadela. Hoje é a capital do Egipto, uma metrópole de mais de 12 milhões de habitantes.

CALIFA Líder da comunidade islâmica na linha de sucessão de Maomé. Os primeiros califas, chamados de "bem guiados", foram Abu Bakr (632--634 ec), Omar ibn al-Khattab (634--644 ec), Uthman Ibn Affan (644-656 ec) e Ali Ben Abu Talib (656-661 ec).

CARAVANSERAL Termo formado a partir de uma palavra persa que significa "hospedaria para viajantes", é um edifício complexo, muitas vezes fortificado, que serve de abrigo às caravanas de mercadores. O acesso é feito por uma única porta que se fecha sempre de noite. Em torno de um pátio e de um poço ou cisterna, um corpo dotado de galerias oferece alojamento e, no nível térreo, estrebarias para os animais e salas para arrumar as mercadorias. Normalmente, o caravanseral tem uma mesquita ou, pelo menos, uma sala de orações.

CARNAQUE Vasto domínio monumental egípcio que os gregos chamavam de Hermonthis. O conjunto é composto de três centros, separados e rodeados cada um de uma cerca de tijolos crus. O maior é o santuário de Amon, no meio, que se estende por cerca de 30 hectares, e é o maior do mundo. Diodoro da Sicília afirmava ser o mais antigo da antiga Tebas, a antiga capital do Império Novo (1550-1069 aec). A seu lado, o santuário de Montu, o deus da guerra, é um quadrilátero de cerca de dois hectares de superfície. Do outro lado, o outro santuário é dedicado à deusa Mut, esposa de Amon.

DAMASCO Capital da actual Síria, é uma das mais antigas cidades continuamente habitadas do mundo. Escavações arqueológicas mostram que as suas origens remontam a 6.000-5.000 aec. Passou a ser uma cidade importante quando os arameus a fizeram capital do seu reino. Foi conquistada por Alexandre Magno, alvo de disputa entre selêucidas e ptolomeus e finalmente anexada por Pompeu ao Império Romano. Mas o seu apogeu ocorreu depois da conquista árabe, quando a dinastia omeíada a fez capital do seu califado (661 a 750 ec). O último califa omeíada transferiu a sua capital para Harran, e a partir daí Damasco conheceu algum declínio. Foi suplantada por Bagdade, quando o califado abássida aí instalou a sua capital.

DUMUZI Deus sumério, filho da deusa Sirtur, esposo de Inanna/Ishtar e irmão de Gestinanna. Em alguns textos também recebe o nome de Tamuzu.

É uma das personagens mais complexas da mitologia mesopotâmica. No mito da organização do Mundo, Enki/Ea responsabiliza-o por cuidar do gado. Num poema, o deus ganadeiro Dumuzi enfrenta o deus lavrador Enkimdu para obter a mão de Inanna/Ishtar. Noutro poema, seduz a deusa mostrando o seu poder: dos seus flancos e mãos surgem rios de leite e creme. Além da personalidade de deus-pastor, Dumuzi aparece também como deus condenado aos infernos que foge sem esperança, e finalmente deus infernal, o arquétipo do deus que morre e ressuscita, em relação com o ciclo vegetal.

DRUSOS Seita religiosa e política que se separou dos xiitas ismaelitas no século XI. Os seus partidários vivem principalmente no Líbano, na Síria e em Israel. O nome deve a sua origem a um missionário ismailita, al-Darazi, que proclamou a divindade do sexto califa fatimida, Abu 'Ali al-Mansur al-Hakim (985-1021). Os drusos crêem que tanto Hakim como Hamzah ibn 'Ali, um dos fundadores da seita, regressarão ao mundo para estabelecer uma ordem justa. As escrituras drusas são as Rasa'il al-hikmah (Epístolas da Sabedoria), na sua maioria escritas pelo sucessor de Hamzah, Baha al-Din al-Muqtana.

ENLIL Faz parte, junto com Na, Enki e Ninhursag, dos maiores deuses da mitologia mesopotâmica. É o deus do céu, do vento, da tempestade. O seu principal centro de culto era a cidade de Nippur. No mito, Enlil, irritado pelo barulho que os humanos faziam, decide acabar com eles, enviando-lhes sucessivamente uma epidemia, a seca, e, finalmente, o dilúvio.

EPOPEIA DE GILGAMESH Poema épico da antiga Mesopotâmia, é um dos primeiros textos de ficção literária conhecidos da Humanidade. Pensa-se que teve origem numa série de lendas sumérias do herói Gilgamesh que foram reunidas num longo poema. O seu registo mais completo está numa tábua de argila escrita em língua Acádia do século VII aec; mas foram encontradas tábuas com excertos que datam do século XX aec.

ERATÓSTENES Matemático, bibliotecário e astrónomo grego (285-194 aec). Nasceu em Cirene, Grécia, e morreu em Alexandria. Criou a esfera armilar; calculou com bastante precisão para a época a distância da Terra ao Sol. Suspeitou que a Terra era esférica e, com auxílio da trigonometria, mediu com relativa precisão o perímetro da sua circunferência máxima. Em 236 aec, foi escolhido para ser director da famosa Biblioteca de Alexandria.

ESTRABÃO Filósofo, historiador e geógrafo grego (63/64 aec-24ec), autor de uma monumental história em 24 volumes, que se perdeu, e de uma Geografia em 17 volumes que nos chegou quase intacta e é uma importante fonte de informação do mundo antigo.

EUCLIDES Matemático grego (?-300 aec), fundou uma escola de matemática. O desenvolvimento das suas teorias está contido nos treze volumes dos seus Elementos. Deu à geometria uma série de axiomas e postulados que não se modificaram durante dezanove séculos, até ao surgimento das geometrias não-euclidianas.

FATIMIDA Dinastia do Islão que se instalou na Ifriqiya (actual Tunísia) em 909 ec e no Egipto em 969 ec, tendo reinado sobre diferentes áreas do Magrebe, do Egipto e do Levante até 1171 ec. A elite governante pertencia ao ramo ismaelita do xiismo. O último califa fatimida foi Al-Adid (1149-1171), que fez uma aliança entre o seu califado e os cruzados cristãos contra os muçulmanos sunitas de Nur al-Din. Morreu de causas naturais, e, com ele, a sua dinastia, substituída pelos aiúbidas, cujo fundador foi Saladino.

FREDERICO II Imperador do Sacro Império Romano-Germânico (1194-1250). Era neto de Frederico Barba-Ruiva e ficou conhecido como Stupor Mundi, a "Maravilha do Mundo", devido à extensão do seu poder e às capacidades militares, intelectuais e administrativas. O seu reinado foi dominado por um prolongado e inglório conflito com o Papa. Todos os seus herdeiros foram vítimas deste conflito e pereceram no período de 22 anos após a sua morte.

GEZIRA Significa "ilha", e é realmente uma ilha do Nilo, parte da cidade do Cairo. Desabitada até meados do século XIX, era uma faixa de terra aluvial de 3,5 por um quilómetro. No início do século XX com o grande desenvolvimento urbano da capital, Gezira

teve um enorme desenvolvimento urbano. Actualmente, divide-se quase em duas: a parte Norte, a residencial Zamalek, e a Sul, mais verde e arborizada.

GIZÉ A necrópole de Gizé fica na periferia do Cairo, a cerca de 25 quilómetros do centro, numa planície de 2.000 metros quadrados. Lá estão a grande esfinge e as pirâmides de Kufu (ou Quéops), Quéfren, e Menkaure (ou Miquerinos). Esta última tem três pequenas pirâmides-satélite. A de Quéops é a maior, com 160 m de altura (49 andares), e é conhecida como Grande Pirâmide. Foi construída cerca de 2550 aec. Um provérbio egípcio diz: "Todo o mundo teme o tempo, mas o tempo teme as pirâmides".

GUERRAS PÚNICAS Três guerras travadas nos séculos III e II aec entre Roma e Cartago. A primeira deu-se em torno do controlo do estreito de Messina e foi ganha por Roma, que conquistou a Sicília. A segunda foi marcada pela invasão das tropas cartaginesas à Itália pelo general Aníbal. Depois de algumas vitórias, os cartagineses seriam derrotados no Norte da Itália e forçados a regressar para defender Cartago. A terceira guerra terminou com a vitória total dos romanos, que arrasaram a cidade e declararam a África província romana.

HAFEZ AL ASSAD Presidente da Síria desde 1971 até à sua morte, em 10 de Junho de 2000. Em 1966, na sequência de um golpe de Estado do partido, assumiu a pasta de ministro de

Defesa e apoderou-se da Presidência num novo golpe dentro do partido, que não teve derramamento de sangue, conhecido por Revolução Correctiva de 1970. Conseguiu normalizar o país depois de um longo período de instabilidade. Impôs um regime autoritário, mas ganhou a fama de justo e forte, uma "raposa". O seu filho, Bashar Al Assad, é o actual presidente do país.

HAMURABI Sexto rei da Babilónia (cerca de 1795 aec-1750 aec), estendeu o seu controlo sobre a Mesopotâmia até formar um império, depois de vencer diversas guerras com reis vizinhos. Ficou conhecido pelo conjunto de 282 leis escritas a acádio a que se deu o nome de Código de Hamurabi, descobertas em 1901 em Susa, perto de Dizful, no actual Irão.

HATSHEPSUT (1540-1481 aec) Soberana do antigo Egipto, filha de Tutmosis I. Após a morte de Tutmosis II, seu meio-irmão e marido, sucedeu-lhe o jovem sobrinho de Hatshepsut, Tutmosis III, muito novo para assumir o trono de faraó. Assim, Hatshepsut assumiu como governante efectiva, foi coroada faraó e chegou mesmo a usar uma barba postiça para convencer os militares a aceitar a sua autoridade. Governou por 20 anos. O templo, mandado construir em Deir El-Bahari, como monumento funerário para Tutmosis I e para ela própria, foi concebido pelo arquitecto Senenmut com uma concepção revolucionária, que ainda hoje parece moderna. A sua localização tira pleno proveito do dramático circo de rochas que se eleva no fundo do vale. Mais tarde, o templo foi transformado em convento cristão, chamado "Convento do Norte", o que também explica a sua excelente preservação até hoje.

HÉRCULES o mais célebre herói grego (Héracles é o nome grego), a sua fama e popularidade estenderam-se por todo o Mediterrâneo e durante toda a Antiguidade. De grande estatura, força e energia, atribuíam-se-lhe um sem número de façanhas. Procuraram-se ordenar todas as proezas que lhe eram atribuídas no célebre ciclo Doze Trabalhos (Athloi), no conjunto de empresas e expedições independentes deste ciclo (Praxis) e nas aventuras menores que protagonizou no decorrer dos Trabalhos (Párerga).

IAVÉ Deus supremo da religião hebraica, criador do Céu, da Terra, das plantas, dos animais e do homem.

IBN BATUTA (Shams ad-Din Abu Abd Allah Muhammad ibn Muhammad ibn Ibrahim al-Luwati at-Tanyi) viajante e explorador, nascido em Tânger a 25 de Fevereiro de 1304. Na sua primeira viagem, em 1325, visitou o Egipto, Meca e o Iraque. Mais tarde, correu o Iémen, a África Oriental, as margens do rio Nilo, a Ásia Menor, a costa do Mar Negro, a Crimeia, a Rússia, o Afeganistão, a Índia, as ilhas da Sonda (Indonésia) e a China. Nos últimos anos de vida esteve em Granada. Realizou depois a travessia do deserto do Sara pelo famoso e mítico trilho das caravanas de Tombuctu.

Acabou por se fixar no seu país de origem, Marrocos, onde acabaria por falecer em 1377, na importante cidade de Fez. Como testemunho das suas viagens, deixou ficar obra ditada, e escrita pelo seu secretário, intitulada Tuhfat Annozzâr Fi Ajaib Alamsâr, que relata jornadas aventurosas da sua vida.

IBN KHALDOUM filósofo, historiador, jurista, é considerado o pai da sociologia. Nasceu em Túnis, a 27 de Maio de 1332, e morreu no Cairo a 17 de Março de 1406. Era de uma família do Sul da península Arábica que se estabeleceu na Andaluzia mais tarde foi para o Norte de África, onde Ibn Khaldoum nasceu. A maior parte da sua vida foi dedicada à política, à prática do Direito e ao ensino. Durante cerca de quatro anos ficou isolado num castelo do Magrebe (na Argélia actual), onde compôs a sua mais importante obra, al-Muqaddima, literalmente a Introdução à Grande História dos Árabes e Berberes. O livro é também o primeiro trabalho de sociologia jamais escrito.

INANNA Deusa jovem, amante e guerreira, amada e temida, Inanna é a uma das divindades mais importantes da mitologia mesopotâmica. Também conhecida por Ishtar nos textos acádios, Inanna é, segundo a tradição mais aceite, filha primogénita de Nannar/Sin e Ningal, e irmã gémea de Utu/Samas. Não é o frequente modelo de deusa-mãe, mas sim o de deusa jovem, sensual de reacções apaixonadas. A sua ira era temível e caprichosa, e era capaz das mais temíveis vinganças.

ISHTAR – ver INANNA

LUXOR A Luxor actual cresceu a partir das ruínas de Tebas, antiga capital do Império Novo (1550-1069 aec) e situa-se a 670 km ao Sul do Cairo. É a mais monumental das cidades que têm vestígios da antiga civilização egípcia. A velha capital foi dividida em duas por um canal do Nilo: Luxor fica a Sul, Carnaque ao Norte. O principal testemunho do antigo esplendor em Luxor é o magnífico templo que os egípcios chamam "o harém meridional de Amon", de 260 metros de comprimento, começado a construir por Amenófis II, ampliado por Tutmosis III e completado por Ramsés II.

MAAT Era a personificação divina da ordem, da justiça e da verdade, termos que no Egipto Antigo tinham o mesmo significado. Maat é filha de Atum e engendrada antes da primeira geração de deuses, o que significa que estava presente já na origem da Criação, impondo o equilíbrio entre os seus diversos componentes.

MARDUK Principal deus do panteão local da cidade de Babilónia. O seu nome começa a figurar na lista de deuses a partir do reinado de Hammurabi. No auge político de Babilónia, acaba por receber uma dignidade semelhante à de Enlil e poderes e funções similares aos de Enki/Ea, como deus da sabedoria e protector dos homens. No século XII aec substitui definitivamente Enlil como deus activo principal do panteão mesopotâmico.

MÁRI Situada na actual Síria, Mári dirigiu a Suméria cerca de 2400 aec. A sua situação estratégica permitia-lhe controlar o comércio entre os férteis vales do Tigre e do Eufrates e o Mediterrâneo. Construída entre os séculos XXVIII e XXIX aec, era uma típica cidade-estado, com uma malha urbana de planta circular, organizada em torno do palácio.

MEDUSA Uma das irmãs Górgonas, possuía uma monstruosa cabeça rodeada de serpentes; o seu olhar era capaz de converter em pedra quem o enfrentasse. Foi Perseu que lhe cortou a cabeça, que manteve, porém, o terrível poder. Na versão de Ovídio, as serpentes na cabeça da Medusa são um castigo de Atena por se ter unido a Poseidon num santuário de Atena; antes, era a mais bela das Górgonas.

MENELAU Tanto ele como o irmão Agamenon foram expulsos de Micenas por Egisto e instalaram-se em Esparta. Menelau casou-se com Helena e, quando esta foi raptada por Paris, apelou ao juramento que tinham feito todos os seus pretendentes antes do casamento com Menelau, para que o apoiassem. O rapto deu início, segundo a narrativa de Homero, à guerra de Tróia.

MEHMET ALI ou Mohammad Ali, em árabe (1769-1849), foi um oficial albanês do exército otomano enviado para o Egipto para combater as forças da invasão francesa de Napoleão Bonaparte (1798-1800). Depois da retirada francesa, obrigou o sultão de Istambul a reconhecê-lo como governador do Egipto. No cargo, dotou progressivamente o país de instituições modernas, adoptando inovações técnicas e um sistema de ensino nos moldes ocidentais. Implantou uma dinastia – a dos Khédives ("os vice-reis") e tornou o Egipto no estado mais moderno da região.

MÊNFIS Segundo Heródoto, Mênfis foi fundada pelo rei Menes, o unificador dos dois reinos do Egipto, em 3100 aec. Da antiga capital do Antigo Egipto, que manteve esse estatuto desde a sua fundação até cerca de 2200 aec, só restam hoje ruínas, situadas a 20 quilómetros do Cairo. Como centro do culto de Ptah, conheceu o seu apogeu na VIa dinastia. O crescimento e desenvolvimento de Alexandria significaram o progressivo definhamento da cidade.

MESQUITA DE AL-AKMAR Pequena mesquita cujo nome significa "A Luz da Lua", foi construída em 1125 ec por um dos últimos califas fatimidas e tem a fachada de pedra mais antiga das mesquitas do Egipto.

MESQUITA DE AL-AZHAR Fundada em 970 ec, é uma das mais importantes mesquitas do Cairo e tem anexa a segunda mais antiga universidade do mundo ainda em actividade. Os estudos na universidade começaram em 975, e havia faculdades de lei islâmica e jurisprudência, gramática árabe, astronomia, filosofia e lógica. Em 1961, Gamal Abdel Nasser reorganizou-a, introduzindo estudos de medicina, engenharia e agricultura. Também foi criada uma faculdade feminina, anexa, no mesmo ano.

MESQUITA DE AL-HAKIM Terminada de construir em 1010, no Cairo, foi dedicada a Al-Hakim bi-Amr Allah, califa fatimida do Egipto entre 996 e 1021 ec. Al-Hakim assumiu o cargo quando tinha 11 anos; ficou conhecido pela estabilidade que deu à dinastia fatimida, pela importância que até hoje tem para a seita drusa, e pela sua instabilidade emocional, que fazia com que todos os que lhe eram próximos lhe tivessem verdadeiro pavor, justificadamente.

MESQUITA DE AL-HUSSEIN Construída em 1154/55 para receber a cabeça de Hussein, filho de Ali Ben Abu Talib, o quarto califa. Da mesquita original só resta a entrada, chamada Al-Babb Al-Akhdar, que fica na fachada sul. É considerada um dos principais locais sagrados do Cairo. Durante escavações feitas já no século XX, quando foi totalmente remodelada, descobriu-se que foi construída sobre um cemitério dos califas fatimidas. Entre os artigos sagrados que alberga está aquele que se acredita ser o mais antigo manuscrito do Corão.

MESQUITA DE IBN TOULOUN É o monumento islâmico mais antigo do Cairo, construído em 876-879 ec pelo governador enviado ao Egipto pelo califa abássida de Bagdade e cujo governo se caracterizou por uma independência de facto. É a maior mesquita do Cairo em termos de área ocupada. Foi construído numa pequena colina, o djebel Yashkur, "a colina de acção de graças", onde, segundo uma lenda local, teria assentado a Arca de Noé depois do dilúvio.

MUSHUSSU dragão cósmico da mitologia da antiga Babilónia, era o guardião da porta de Ishtar, associado ao deus Marduk. Tinha cabeça de víbora, o corpo escamado de réptil, as patas dianteiras de leão e as traseiras de águia.

NAGUIB MAHFOUZ escritor egípcio (1911-2006), Prémio Nobel de Literatura em 1988. Começou a escrever aos 17 anos. Em 1934 concluiu o curso de Filosofia na Universidade do Cairo, tendo começado a trabalhar como funcionário público no Ministério dos Assuntos Religiosos. Entre 1939 e 1944 publicou as suas primeiras três novelas, todas ambientadas no Antigo Egipto. Em 1959, a novela Awlad Haratina (traduzida em francês como Les Fils de la Medina) foi banida no Egipto devido à controvérsia levantada pelo recurso a personagens baseadas em Moisés, Cristo e Maomé. Cerca de metade das suas novelas foi adaptada para o cinema. Em 1994, quando saía da sua casa no Cairo, foi esfaqueado no pescoço por um fundamentalista islâmico.

NAMMU Divina mãe primordial da mitologia suméria, da qual nascem as águas primordiais na sua dupla manifestação de oceano subterrâneo de águas doces (Apsu) e oceano superficial de águas salgadas (Tiamat). É também a mãe do deus Enki/Ea.

NARGUILÉ Cachimbo de água, sendo que o fumo passa pela água, que funciona como filtro para limpar as impurezas antes de chegar à boca do fumante. Também é chamado de hookah ou goza. É tradicionalmente utilizado no Norte da África, Oriente Médio e Sul da Ásia.

NAZARI (OU NASRI) Foi a última dinastia muçulmana que dominou o Reino de Granada, de 1238 a 2 de Janeiro de 1492 ec. A sua queda significou o fim do al-Andalus.

NEFTIS Deusa egípcia, irmã de Osíris, de Ísis e de Seth, de quem também é esposa. Muito ligada a Ísis, ajudou-a a procurar Osíris depois do seu assassínio, e auxiliou-a a reunir os seus membros, preparando a sua ressurreição. Ambas estão associadas às barcas solares e à viagem nocturna de Re, o deus-Sol.

NINIVE Antiga cidade assíria da margem oriental do rio Tigre, foi uma importante encruzilhada comercial das rotas que ligavam o Mediterrâneo e o Índico, o que a transformou numa das mais ricas cidades da região. Textos do período helenístico apontam-na como o centro de adoração a Ishtar, cujo culto seria responsável pela sua importância em 1800 aec. Actualmente, as suas ruínas cobrem um área plana perto da confluência do Tigre com o Khosr, junto à moderna Mossul, no Iraque.

NINMAH Deusa suméria cujo nome significa "Grande senhora". Apesar de aparecer pouco no panteão mesopotâmico (só se conhece um templo que lhe é dedicado), tem um papel protagonista no poema de Enki e Ninmah, que narra como algumas divindades menores são obrigadas a trabalhar, o que provoca protestos diante de Enki; este empreende então, junto à deusa Nammu, a criação do homem. A deusa Ninmah é uma das divindades que ajuda Nammu com sucesso.

OMEÍADAS Dinastia que governou Damasco entre 660 e 750 ec. A seguir à sua queda, um dos sobreviventes, Abd Al-Rahman, estabeleceu-se no Ândalus, dando início a um califado independente.

PÉRGAMO Antiga cidade grega situada no território da actual Turquia, no noroeste da Anatólia. Foi a capital do reino de Pergamon durante o período helenístico, nos séculos III e II aec, sob a dinastia dos Atálidas. Foi ali que o pergaminho foi usado pela primeira vez, no século II aec.

PLUTARCO Filósofo grego (46-126 ec), as suas obras incluem uma colecção de ensaios, Os Moralia e Vidas Paralelas, e 46 biografias de famoso gregos e romanos. As Vidas tiveram influência em obras de William Shakespeare como António e Ceópatra, e Júlio César.

PORTA DE ISHTAR Era a oitava porta da cidade interna da Babilónia, mandada construir cerca de 575 aec por Nabucodonosor II, dedicada à deusa babilónica Ishtar. Pela porta de Ishtar passava a Via Processional, ladeada de muros feitos de tijolo vidrado, cobertos de leões em baixo-relevo. Uma reconstrução da porta foi feita no Museu Pergamon, em Berlim, com material escavado por Robert Koldewey entre 1902 e 1914.

PROSERPINA Deusa da germinação, identificada com a grega Perséfone. Filha de Zeus e de Deméter, foi raptada por Hades, o senhor do inframundo. Este produziu uma flor maravilhosa, e quando Perséfone se inclinou para admirá-la a terra abriu-se e da abertura surgiu o raptor. Zeus acaba por intervir, devolvendo Perséfone à superfície mas apenas durante uma parte do ano, enquanto que na outra ela reina sobre as profundezas, com Hades.

SAQQARAH A maior necrópole do Egipto, fica a cerca de 30 quilómetros do actual Cairo e cobre uma área de oito quilómetros de extensão. Servia de necrópole quando Mênfis era a capital do Antigo Egipto. O seu principal monumento é a grande pirâmide em degraus de Zoser, em redor da qual se agrupam outras pirâmides e mastabas. Zoser (2667-2648 aec) foi o primeiro soberano egípcio a confiar a um arquitecto a construção de um monumento funerário grandioso. Imhotep é, assim, o primeiro arquitecto conhecido da História.

SELJÚCIDAS Dinastia turca fundada por Toghroul, senhor do Irão ocidental, que entrou em Bagdade em 1055 e se fez reconhecer pelo califa como sultão, três anos mais tarde – o que significou, pela primeira vez no Islão,

a separação entre os poderes espiritual e temporal. O sultanato seljúcida evoluiu rapidamente para um estado militar hierarquizado no modelo persa, sustentado numa burocracia iraniana, e um exército pluriétnico chefiado por turcos. Os próprios seljúcidas iranizaram-se culturalmente, e a sua capital passou para Ispahan. A dinastia seljúcida durou até 1194.

SERÁPIS Deus criado em Alexandria, certamente durante o reinado de Prolomeu I, diante da necessidade de política de oferecer ao novo reino helenístico um deus híbrido, capaz de satisfazer a religiosidade local e a dos conquistadores macedónios. O seu nome parece vir da fusão de Osíris e de Ápis.

SUMÉRIOS Habitantes do Sul da Mesopotâmia nos 4º e 3º milénios aec. Desenvolveram a escrita cuneiforme, provavelmente o mais antigo sistema de escrita do mundo, que consistia em signos inscritos com uma "cunha" em tabuinhas de argila. Cerca de 3.000 aec, a fertilidade das terras entre os rios Tigre e Eufrates permitiu o surgimento de cidades-estado como Uruk, Erida e Ur.

SHURUPPAK Actual Tell Fara, no Iraque, era uma antiga cidade suméria situada a 50 quilómetros de Nippur, nas margens do Eufrates. O nome significa "lugar de cura".

TEBAS Cidade do antigo Egipto, no local que ocupava existem hoje Luxor e Carnaque. Era a capital de Waset, o quarto nomo do Alto Egipto e foi a capital de todo o Egipto durante parte da 11ª dinastia (Médio Reinado) e a maior parte da 18ª (Novo Reinado). Nela se cultuava com grande pompa o deus Amon, associado em tríade a Mut e Khonsu. Foi saqueada em 627 aec por Assurbanipal, o que marcou o início do seu declínio. Os ptolomeus mandaram destruí-la.

TEMPLO DE PHILAE Construído pelos ptolomeus (dinastia macedónia que governou o Egipto de 305 a 30 aec), foi dedicado ao culto de Ísis, um dos mais antigos do Egipto, e que se manteve posteriormente, no período romano. A tradição obrigava todos os egípcios a fazerem uma peregrinação ao templo uma vez por ano. Na sequência da construção da grande barragem de Assuão, foi necessário desmontar todo o templo e mudá-lo para uma ilha próxima, 150 metros mais a norte, para evitar que ficasse submerso.

THOT Deus egípcio da sabedoria, divindade que se manifesta na Lua. Assegura a regularidade do seu ciclo, recompondo o olho de Horus mutilado por Seth. Converteu-se no patrono das actividades intelectuais, talvez porque as fases da Lua eram usadas para calcular fracções de tempo e proporcionavam um exemplo celeste de um todo que se convertia paulatinamente em nada e vice-versa. Thot controlava os cálculos e era também o senhor da palavra e da escrita.

TRÊS GRAÇAS Representadas por jovens nuas enlaçadas pelos braços, as graças romanas eram as Cárites gregas, as três filhas de Zeus e de Eurínome, em geral conhecidas pelos nomes de Tália, Eufrosina e Aglaia. Célebres pela beleza, na origem eram deusas da vegetação, mas passaram a personificar a beleza e a graça, e também as actividades do intelecto e as artes. Foram as suas habilidosas mãos que teceram o véu da Harmonia.

UGARIT Provavelmente, foi nesta cidade fenícia que se situou o primeiro grande porto internacional da História. Os egípcios vinham ali carregar madeira, os fenícios promoviam o comércio do cobre de Chipre e dos cereais, vinho e sal de cultivo local. Mas a cidade entrou verdadeiramente na História quando aqui se descobriram as primeiras tabuinhas de argila com inscrições escritas num alfabeto de 30 caracteres, o primeiro a surgir no mundo, em que cada caracter corresponde a um som determinado.

UR Cidade da antiga Suméria, situa-se hoje no Iraque, a 16 quilómetros de Nassíria. É famosa devido às ruínas de um imponente zigurate de 21 metros de altura, construído em 2100 aec durante o reino de Ur-Nammu e dedicado a Nanna, a divindade lunar dos sumérios.

URUK Antiga cidade da Suméria e posteriormente da Babilónia, a leste do Eufrates. Pensa-se que o moderno nome do Iraque é derivado de Uruk. No seu apogeu, cerca de 2900 aec, Uruk tinha de 50 a 80 mil habitantes e era a maior cidade do mundo, ocupando 6 quilómetros quadrados de área muralhada. A história mitológica diz que era a cidade de Gilgamesh, o herói da Epopeia de Gilgamesh. Escavações realizadas em 1928 mostram a existência de sucessivas cidades dentro das muralhas. Foram achados zigurates dedicados aos deuses Anu e Inanna.

VALE DOS REIS Vale no Egipto, perto da antiga Tebas, onde, por um período de 500 anos, do XVI ao XI séculos aec, foram construídos túmulos de reis e de nobres. A sua utilização começou com a inesperada decisão de Tutmosis I de separar o seu túmulo do templo funerário, e de não mais sepultar o seu corpo num templo faustoso e sim num local secreto, rompendo com uma tradição de 1.700 anos. Com a descoberta, em 2005, de uma nova câmara e, em 2008, de duas entradas tumulares, foram descobertos no Vale, 63 túmulos e câmaras, no total, que vão de simples poços a complexos tumulares de mais de 120 compartimentos.

WAHABISMO Movimento político--religioso fundamentalista, nasceu em 1744 na Arábia, da aliança entre um pregador, Mohammed Ibn Abd El--Wahhab, e um chefe tribal, Mohammed Ibn Saud. Wahhab era partidário do retorno à pureza original do Islão, estigmatizando como heréticos todos os que não concordassem com ele. Proibiu o tabaco, a música, qualquer aproximação pública entre homens e mulheres e impôs o uso da barba aos homens. Em 1803, os wahabitas conquistaram a cidade santa de Kerbala, no Iraque, massacrando a população,

e depois tomaram as cidades santas de Meca e Medina. Derrotados por Mehmet Ali, os wahabitas reagruparam-se em Riade, que fizeram a sua capital. Em 1932, Abdel Aziz Ibn Saud proclamou-se senhor de um reino da Arábia Saudita, cujo estatuto internacional viria a ser firmado pelo petróleo.

ZAMALEK Bairro residencial da classe alta do Cairo, que ocupa a parte Norte da ilha de Gezira, no Nilo. Tem inúmeras embaixadas e residências de embaixadores, bons restaurantes, hotéis, casinos e clubes desportivos.

ZEUS Soberano dos deuses e dos homens na mitologia grega. Era o deus dos fenómenos atmosféricos, soberano sobre o céu. Soberano também sobre o mundo, era o garante da ordem universal e da manutenção das leis humanas, patrono do Estado e das instituições.

ZIGURATE Templo em forma de pirâmide com degraus, construídos na Babilónia e na Assíria entre o 3º milénio e o século VI aec. O acesso ao santuário era feito por uma rampa ou escadaria. O centro era feito de tijolos cozidos ao sol, enquanto o exterior da construção exibia adornos de tijolo queimado, normalmente vitrificados em cores diferentes, contendo possivelmente significado cosmológico. Alguns dos exemplos mais notáveis dessas estruturas incluem as ruínas na cidade de Ur e de Khorsabad, na Mesopotâmia. Os Maias, na América, construíram estruturas semelhantes.

LUÍS LEIRIA

Miguel Portas e Camilo Azevedo durante a rodagem de Périplo, no Monte Nebo

Entre 2002 e 2003, os autores deste livro viajaram pelo Mediterrâneo. Dessas viagens resultou um documentário em quatro episódios para televisão, que recebeu o nome de Périplo, histórias do Mediterrâneo, sem o qual este livro nunca teria visto a luz do dia. Os primeiros agradecimentos vão para a equipa que partilhou os bons e os maus momentos das filmagens – o Quintino e o Vasco, operadores de som e imagem, e a Ana, o Luís, o Paulo e a Vanda, produtores – e ainda para o Rui Madruga, que tratou da pós-produção.

A ideia de realizar Périplo, histórias do Mediterrâneo, partiu do Luís Leiria, que então trabalhava então na Mínima Ideia, uma pequena produtora independente. Foi a sua obstinação que tornou possível a série. O Luís acompanhou ainda a preparação de textos para os documentários. Uma boa parte do material que coligiu e escreveu encontra-se agora reflectido neste livro e é ainda de sua autoria o glossário que o acompanha. Ao Luís, o mais cúmplice dos agradecimentos.

Se a ideia partiu do Luís Leiria, já a hipótese que decidiu a viagem foi do Cláudio Torres. Ele admitia que a "Atlântida", essa fantástica ilha que as águas um dia teriam engolido, a ter fundamento para lá do mito, se devia procurar numa não menos mítica civilização, a de "Tartessos", que era conhecida no Mediterrâneo. Daí ao famoso oricalco, o metal dos atlantes, a distância era a da imaginação: nós, periferia da Europa da abundância, co-herdeiros do mais perene dos paraísos terreais... Sorrimos, pois. E que é um sorriso, senão uma decisão? Ao modo maravilhado do Cláudio olhar para a vida em comunidade dedicamos este livro.

Foi conturbada a escrita. Inicialmente concebido como "álbum" de fotografias com legendas, acabou por tomar outros caminhos, roubados às férias e a vários fins-de--semana. Tenho por isso mesmo que agradecer à Teresa e aos meus dois filhos a benevolência com que encararam as minhas ausências presentes ao longo do último ano. Agradecemos à Sofia Leite ter-nos cedido três fotografias que tirou numa viagem que fez à Síria com o Camilo.

Finalmente, quero ainda agradecer ao António Loja Neves, que procedeu à revisão do texto e ao José Manuel Puresa, à Marisa Matias, ao Pedro Rodrigues e à Maria Tengarrinha, que acompanharam as diferentes fases da escrita e que fizeram pertinentes observações de caminho.

MIGUEL PORTAS

ESTE LIVRO FOI COMPOSTO COM OS TIPOS UTOPIA
E CRONOS, DESENHADOS POR ROBERT SLIMBACH.
FOI IMPRESSO EM PAPEL MUNKEN LYNX,
EM MAIO DE 2009.